VEGETARISCHE
HUNDE- UND KATZENERNÄHRUNG

James A. Peden

VEGETARISCHE HUNDE- UND KATZENERNÄHRUNG
James A. Peden
Übersetzung aus dem Amerikanischen: Vegi-Büro, Schweiz
Ergänzt von Stefanie Pech, M.A.
Titel der Originalausgabe:
„Vegetarian Cats & Dogs“
Third Edition

Library of Congress Catalog Number 90-082536

Bibliografische Information der Deutschen Bibliothek
Die Deutsche Bibliothek verzeichnet diese Publikation in der Deutschen Nationalbibliografie; detaillierte bibliografische Daten sind im Internet über www.dnb.ddb.de abrufbar.

1 2 3 2005 2004 2003

Herausgegeben von Andrea Clages und Renato Pichler
Lektorat: Andrea Clages
Titelgestaltung: Ivonne Trenkel
Gesamtherstellung: Die Werkstatt, Göttingen
Printed in Germany
ISBN 3-926914-40-8

Echo Verlag, Lotzestr. 24a, 37083 Göttingen
www.echoverlag.de

James A. Peden

Vegetarische Hunde- und Katzenernährung

ECHOVERLAG

Zur Erinnerung an Little Tyke, in Dankbarkeit für ihre Liebe und Inspiration

Dieses Buch ersetzt nicht die Besuche bei Ihrem Tierarzt. Weder Autor noch Verleger übernehmen irgendeine Haftung für Schäden, die sich aus der Anwendung der hier vorgestellten Mittel und Methoden ergeben könnten. Das Hinzuziehen eines nach Möglichkeit ganzheitlich arbeitenden Veterinärs wird empfohlen, damit eine fachmännische Behandlung jederzeit gewährleistet bleibt.

Inhalt

Anhang

Kapitel der Herausgeber

Übersichten

Vorwort

Aus verschiedenen Gründen genoss ich es, die erste Auflage von *Dogs & Cats Go Vegetarian* zu lesen. Mir gefiel die Ausgewogenheit zwischen den philosophisch-spirituellen Betrachtungen und den ausführlichen und wissenschaftlich ausgereiften Rezepten für Hunde- und Katzennahrung.

Ich habe dieses Buch vielen meiner Kunden empfohlen, die für die praktikablen und einfachen Möglichkeiten der schmackhaften und nährstoffdichten Ernährung ihrer Tiere dankbar waren.

Nach meiner Auffassung ist das wichtigste Kapitel dieser neuen Ausgabe „Und so geht es". Die vielen erfolgreichen positiven Erfahrungen jener, die die Ernährung ihrer Haustiere von einer konventionellen auf eine vegetarische umgestellt haben, sollen viele Nachfolger finden.

Für einen Tierarzt ist es stets sehr ermutigend, eine Heilung aufgrund einer neuen Behandlungsweise beobachten zu können.

Ich spüre, dass dieses Buch einen Beitrag leisten wird, die Veränderung unserer gegenwärtigen Kultur voranzutreiben in Richtung eines liebevolleren und verantwortungsvolleren Umgangs miteinander, der das Leben von Mensch und Tier stärker respektiert. Vielleicht können wir die Erkenntnisse der liebevollen und sanften Löwin Little Tyke und deren Auswirkungen auf die vielen Hunde und Katzen als einen Mikrokosmos verstehen, der uns zu einem lebenswerteren Makrokosmos führen kann, in dem weder Mensch noch Tier abgeschlachtet werden.

Wir können bereits diese starke Energie spüren, die die Tiere dazu bringt, sich der Prophezeiung der Bibel anzunähern, so dass sich eines Tages das Kalb neben dem Löwen niederlegen wird.

Michael W. Lemmon, DVM

Michael Lemmon praktiziert als ganzheitlicher und allopathischer Tierarzt im Highlands Veterinary Hospital in Renton, Washington. Seit langem beschäftigt er sich mit den natürlichen Heilmethoden, basierend auf seinen Erkenntnissen der Augendiagnostik, Kräuterkunde und Massage.

Seine Spezialgebiete sind die klassische Homöopathie, Akupunktur und Ernährungswissenschaft. Er arbeitet sowohl im Ausschuss der American Holistic Veterinary Medical Association als auch im Resort of the Mountain, einem ländlichen Erholungszentrum, das sich auf Heilungs-, Reinigungs- und Verjüngungskuren spezialisiert hat.

Danksagung

Ein Buch wie dieses ist das Ergebnis vieler Begegnungen.

Leider hatte ich nicht das Glück, in einer vegetarischen Familie aufzuwachsen, was meinen jüngeren Bruder jedoch nicht davon abhielt, sich klar zum Essen zu äußern. Er stopfte das ganze Fleisch in seine Backentaschen, wo er es für die Dauer der Mahlzeit aufhob. Dort behielt er es, bis alle anderen den Tisch verließen, um erst dann zu beenden, was er als so unappetitlich empfand. Er sah zwar aus wie ein Backenhörnchen, aber instinktiv wusste er genau, was er zu tun hatte.

Erst als ich zur Schule kam, hörte ich den Ausdruck „Vegetarier" im Zusammenhang mit einer exotischen Lebensweise vom anderen Ende der Welt zum ersten Mal. Die Gesetze des Manu (Laws of Manu) schienen mit meiner damaligen Welt nichts zu tun zu haben.

Mein Beruf erforderte es einst, viele neue Mitarbeiter einzustellen. Mir fielen besonders diejenigen auf, die liebevoller mit ihrer Umwelt umgingen, als ich es tat. Ich möchte mich bei Norman Coates und Linda bedanken, die mir mit ihrer sanften Art eine gewaltfreie Lebensweise zeigten und mir halfen, meine Ernährungsgewohnheiten zu verändern. Bevor ich sie kennen lernte, schien alles um mich herum viel schwieriger.

Mein Dank gilt auch Lynn Burns (Barbara Lynn Peden), die so unermüdlich am Anfang unserer Forschungen beteiligt war. Ich möchte mich auch bei all den Wissenschaftlern bedanken, die die genauen Bedürfnisse unserer tierischen Freunde an Nährstoffen ermittelten und nicht selten ihre persönlichen Erfahrungen dabei mit einfließen ließen. Auch den Tierärzten, die uns immer wieder in unserem Ansatz unterstützten und Mut machten, möchte ich an dieser Stelle danken. Ich hätte mit dieser Arbeit niemals so weit kommen können, wären da nicht die unzähligen Helferinnen und Helfer gewesen, die gemeinsam mit ihren eigenen geliebten Hunden und Katzen Pionierarbeit leisteten.

Danke an alle, die wie John Robbins Bücher schreiben und Magazine veröffentlichen, welche immer wieder auf die Gefahren hinweisen, die aus einer Gesellschaft erwachsen, die auf tierverarbeitender Wirtschaft basiert. Einige Reporter setzten ihr Leben aufs Spiel, um aus Schlachthöfen zu berichten. Man muss alles vergessen, was man in der Schule über das glückliche Leben auf dem Bauernhof gelernt hat. Dieses wurde durch skrupellose multinationale Konzerne ersetzt, die vor dem Gesetz jedoch denselben Status haben wie ein einfacher Landwirt.

Ich möchte mich bei meinem spirituellen Lehrmeister bedanken, der Gewalt gegen Tiere stets verabscheute. Schon als Junge mied er in seinem kleinen Dorf alle Plätze, an denen Schweine, Schafe, Rinder und Geflügel getötet und Fische gefangen wurden. Er mied die Küchen, in denen das Fleisch zubereitet wurde.

Wenn ein Huhn für eine Mahlzeit ausgesucht wurde, lief er zu dem Tier und herzte es so liebevoll, dass seine Eltern ein Einsehen hatten und es verschonten. Wenn seine Familie Fleisch aß, lief er zu seinen vegetarischen Nachbarn, bei denen er willkommen war.

Zu guter Letzt möchte ich mich bei meiner warmherzigen Frau und Kollegin Kathi bedanken. Seit sie Mitglied unseres Teams wurde, teilt sie voller Leidenschaft meinen Traum von einer besseren Welt, ganz ohne jede Gewalt.

James A. Peden

Wer die Erlaubnis erteilt, ein Tier zu schlachten
Wer es zerteilt
Wer es tötet
Wer Fleisch kauft oder verkauft
Wer es kocht
Wer es anrichtet
Wer es isst
Der ist auch Schlächter des Tieres

Laws of Manu

Über den Autor

James A. Peden wurde in Glendale in Kalifornien geboren. Beeindruckt durch die Friedfertigkeit vegetarisch lebender Kollegen in seinem damaligen Job wurde er mit Mitte Zwanzig Vegetarier. Artikel über die Milchindustrie und später ein Buch über Schlachthäuser brachten den Durchbruch zum veganen Leben. In den siebziger Jahren entwickelte und vertrieb er den organischen Frucht-Nuss-Riegel „Sun Bar“. Mehr als vier Millionen dieser Riegel wurden verkauft.
1985 gründete er seine neue Firma Harbingers of a New Age (HOANA, *Botschafter eines neuen Zeitalters*), die ein Jahr später mit der Produktion des von ihm entwickelten Nahrungszusatzes für Katzen begann. Seine Forschungen für Vegecat fanden hauptsächlich an der Universität von Oregon statt und wurden durch zahlreiche Beiträge von führenden Wissenschaftlern unterstützt.
James Peden lebt mit seiner Familie und seinen Tieren in Troy, Montana.

Einführung

Da ich schon seit langem vegetarisch lebe, wollte ich nie die konventionellen Schlachtereiprodukte kaufen, die als „Tierfutter" deklariert sind. Zunächst aßen unsere vierbeinigen Freunde dasselbe wie wir: Sonnenblumenkerne, Sesamsaat, Linsen, Algen und Hefeprodukte. Die Katzen ergänzten diese Ernährung durch den Fang von Mäusen.

Um Aufklärung bemüht, verfasste ich 1985 ein Bändchen mit dem Titel *Dogs & Cats Go Vegetarian,* welches über einen Versandhandel für Müsliriegel (Trinity Sun Bars) vertrieben wurde. Da klar war, dass nicht alle Katzen Mäuse fangen konnten, und aus der Überlegung heraus, dass auch unser Hund zusätzliche Nährstoffe benötigen könnte, fuhren meine Frau und ich ins benachbarte Corvallis, zur Tiermedizinischen Fakultät der Universität von Oregon. Damit begann ein bedeutsames Projekt, das ein Jahr später zu einer erweiterten Publikation führte.

Wissenschaftliche Zeitschriften und Artikel, Wissenschaftler und Forscher aus der ganzen Welt sowie Rückmeldungen von begeisterten Anhängern machten dieses Buch erst möglich, das Lichtjahre von dem ursprünglichen Werk entfernt zu sein scheint. Durch immer neue Erkenntnisse bezüglich unserer lieben, vierbeinigen Mitbewohner werden die Forschungen weiter fortgesetzt. Es ist eine Entwicklung, in der sowohl dem Lernen als auch dem Verlernen gleich große Bedeutung zukommt.

Unsere Gesellschaft mag eventuell auf wissenschaftlichem Fortschritt basieren (wenn denn die Gefährdung der Menschheit als Fortschritt verstanden werden möchte), aber ganz gewiss basiert sie auf Gewalt gegen Tiere.

Ungesehene Qual und ungehörte Schreie empfindsamer Tiere sind ästhetisch verhüllt in den Regalen der Supermärkte. In den Gängen finden sich Schlachtereiprodukte die selbst dem abartigsten menschlichen Geschmack zuwider wären. Früher stellten diese ein millionenschweres Entsorgungsproblem dar, bis findige multinationale Lebensmittelhersteller diese als lukrative Einnahmequelle erkannten, indem sie sie als Tierfutter deklarierten.

Entdecken Sie auf den folgenden Seiten eine leidenschaftliche Antwort auf die quälende Frage nach der richtigen Ernährung für unsere normalerweise Fleisch fressenden, vierbeinigen Kameraden.

Kapitel 1
Die Erleuchtung
der Löwin

Als Vierjährige wog die ausgewachsene afrikanische Löwin fast 160 Kilogramm, ihr Körper war 3,15 m lang, und sie konnte über 60 km pro Stunde laufen. Angehörige dieser Großkatzengattung fressen Gnus, Zebras, Gazellen, Antilopen und Giraffen, und auch ihr Schädel war mit kurzen, kräftigen Kiefern für das Töten und Verschlingen solcher Beutetiere bestens geeignet. Aber dieses besonders große, kerngesunde Tier bestand auf vegetarischer Ernährung!

Eine schmerzhafte Geburt

Georges und der Zoodirektor standen vor dem stabilen Käfig, umklammerten die massiven Gitterstäbe und beobachteten nervös, was darin vor sich ging: Kaum drei Schritte von ihnen entfernt, zeigte ein bösartiges, rasendes Raubtier seine messerscharfen Krallen und blitzenden Fangzähne. Seine bernsteinfarbenen Augen mit leiderfülltem Blick nahmen die beiden Männer jedoch gar nicht wahr. Georges überkam eine Welle des Mitleids beim Anblick dieser Löwin, die absolut außer sich zu sein schien.

Plötzlich brüllte sie, warf sich gegen das Gitter und schlug ihre Krallen zwischen die Stäbe, welche die erschrockenen Zuschauer vor einem sicheren Tod bewahrten. Georges bedauerte fast seine Bereitschaft, das Verhalten dieser gebärenden und vor Wut tobenden Bestie zu beobachten und zu analysieren. Offensichtlich plante die Löwin eine Wiederholung vergangener Vorstellungen: Sie hatte die Neugeborenen sofort nach der Geburt getötet. Viermal in den letzten sieben Jahren hatten ihre mächtigen Kiefer die eigenen Jungen gebissen und sie dann krachend gegen die Gitterstäbe des Käfigs geschleudert, von denen die kleinen Körper dann leblos auf den Boden glitten.

Die Löwin, die nun zum fünften Mal innerhalb von sieben Jahren Mutter wurde, zerkratzte tobend die Stäbe ihres Gefängnisses, wobei sie von Menschen neugierig und aus sicherer Distanz beobachtet wurde. Um ihr aber wenigstens den Anschein einer gewissen Privatsphäre zu vermitteln, hatte man eilig eine Sperrholzwand rings um den Käfig gestellt. Einige hielten diese Löwin für eine geborene Mörderin. Was war nur in sie gefahren? Fehlte ihr denn jeder normale Mutterinstinkt?

Verglichen mit früherer Freiheit war ihr gegenwärtiges Leben ein trauriger Witz: Der Natur entrissen und gequält von denen, die sie gefangen genommen hatten, fristete sie ein freudloses Käfigdasein. Wollte sie vielleicht instinktiv ihren eigenen Jungen die erlittenen Demütigungen ersparen, indem sie sie tötete?

In freier Wildbahn kommt es vor, dass Mütter verkrüppelt geborene Junge töten. Manchmal, wenn ein Junges tot geboren wird, heult dessen Mutter herzzerreißend, so als ob sie sein Leben zurückrufen wolle. Aber selbst ein Junges zu verstümmeln und…

Nach einem kurzen Aufbäumen kam plötzlich ein neugeborenes Löwenjunges auf Georges zugeglitten. Geistesgegenwärtig packte er es und zog es blitzschnell durch die Gitterstäbe, bevor seine Mutter es töten konnte. Das rechte Vorderbein baumelte kraftlos, zermalmt von den Kiefern der eigenen Mutter.

Schienen und Verbände für Little Tyke

Angesichts einer solchen Wut fiel den entsetzten Zeugen nur ein Satz ein: „Armer kleiner Kerl“ (englisch: „You poor little tyke“).

Es war keinesfalls vorgesehen, dass Georges sich an dem Geschehen direkt beteiligen sollte. Eigentlich hatte er nur zugestimmt, all seine Tierliebe und Sachkenntnis zu Hilfe zu nehmen, um das rasende Verhalten der werdenden Mutter zu erklären. Und nun fand er sich plötzlich als Beschützer eines Löwenkindes wieder.

An diesem denkwürdigen Septembertag fuhr Georges mit der verletzten und blutenden „Little Tyke“ nach Hause, auf seine Hidden-Valley-Ranch bei Seattle, Washington. Dort sollte das winzige Tier aufgenommen werden im Kreise der neben vielen anderen Tieren auch aus Pferden, Rindern und Hühnern bestehenden „Menagerie“. Bei der Ankunft hockten neugierige Pfauen auf dem Dach und Kätzchen spähten interessiert durch einen Pfahlzaun. Ein aufgeregter Georges übergab das drei Pfund leichte Fellbündel seiner Frau Margaret. Die beiden Terrier der Familie tanzten vor Freude über den Familienzuwachs.

Als Little Tyke mit dem verschwommenen Blick eines Neugeborenen zum ersten Mal Tageslicht sah, hatte sie nur eines im Sinn: eine Flasche warme Milch. Der lange Weg der Heilung begann.

Nach sorgfältigen Untersuchungen schlugen die Tierärzte vor, das verletzte Bein zu amputieren. Die Gelenkkapsel, deren Sekret das Gelenk schmiert, war durch die kräftigen Reißzähne der Mutter geplatzt. Durch die austretende Gelenkflüssigkeit bestand die Gefahr, dass Haut und Fleisch sich ablösten.

Georges und Margaret weigerten sich, in die Amputation einzuwilligen. Sie schienten das Bein und entwickelten ein erfindungsreiches System, Salben und Verbände zu erneuern, denn es musste schnell gehen. Also wurde zunächst alles vorbereitet und dann ein alter Bademantel über das schlafende Löwenjunge gelegt, das verletzte Bein durch ein Loch gezogen und der frische Verband angebracht. Das inzwischen sehr wache Junge wehrte sich und wunderte sich über diese Art der Folter. Während des Vorgangs wurde nicht gesprochen, aber sobald der neue Verband sicher befestigt war, rief man: „Wo ist denn Little Tyke?“ Das

Tier wurde aus dem Bademantel gerollt und „gerettet". Und für diese Hilfe leckte das dankbare Junge die Hände seiner Retter. Vorher war Little Tyke bei ihren Behandlungen sehr wütend geworden, doch mit diesem neuen Verfahren hatte sie sich abgefunden, so dass Georges und Margarets Trick sich als erfolgreich erwies.

Die kleine Löwin trug einen kleinen roten Pullover, der sie nicht nur warm hielt, sondern gleichzeitig ihr verletztes Bein schützte. Außerdem wurde sie ständig von ihren Rettern herumgetragen, in deren Firma (einem Kühllager) glücklicherweise auch Wohnräume vorhanden waren, in denen Little Tyke sich bei sanfter Radiomusik ausruhen konnte (später entwickelte sie eine Vorliebe für genau diese Art von Musik). Mit Hilfe von Sulfonamiden und Antibiotika begann das Bein zu heilen und es ging dem Jungtier allmählich immer besser.

Georges und Margaret versuchten, sich Little Tykes Zukunft auszumalen, wenn sie Zoos besuchten und dort drei- bis vierhundert Pfund schweren Fleischfressern begegneten, die der Welt ihren Widerstand entgegenbrüllten. Welch beunruhigende Vorstellung, irgendwann mit einer ausgewachsenen Little Tyke im Wohnzimmer zu spielen!

Little Tyke konnte jeweils für einige Momente ihren Kopf vom Teppich erheben. Das geschiente Bein vor sich herschiebend, bewegte sie sich auf ihre Retter zu. Sie wirkte so klein und hilflos bei diesen Anstrengungen. Georges rief aus: „Du bist also der König der Tiere, du kleiner Kerl!" Die Verbände wurden jeden zweiten Tag erneuert, jeweils gefolgt vom nun bekannten Spiel der Rettung und einer Flasche warmer Milch.

Auch während der Nacht verlangte Little Tyke mit kräftiger Stimme alle drei Stunden nach warmer Milch. Die Zubereitung der Flasche war einfach: Eine Dose Kondensmilch wurde zur Hälfte mit warmem Wasser gemischt. Schnell lernte Little Tyke, auf das Geräusch von laufendem Wasser zu lauschen, wenn sie hungrig war.

Ein hungriges, verwaistes Löwenjunges findet eine Freundin

Little Tyke und Pinky

Drei Monate vor der Geburt von Little Tyke brachte die Tigerkatze der Westbeaus auf dem Dachboden der alten Garage Kätzchen zur Welt. Als Georges

Was für ein riesiges Kätzchen!

hinaufstieg, um die Kleinen zu suchen, glaubte er zuerst, ein Rattennest zu sehen: Eines der Kätzchen hatte überhaupt keine Haare und seine Haut war hellrosa. Aber als der kleine Bursche größer wurde, bekam er wunderbares langes Haar in einer noch nie gesehenen hellrosa Farbe. Im Laufe der Zeit wuchs ihm eine schöne weiße Halskrause. Passenderweise wurde er Pinky genannt.

Als Little Tyke auf der Hidden-Valley-Ranch auftauchte, wich Pinky nicht von ihrer Seite. Die beiden waren unzertrennlich. Wo immer die eine war, war die andere auch anzutreffen. Sie schliefen sogar zusammen auf dem Sofa, eng aneinander gekuschelt. Immer, wenn die Westbeaus in ihren Betrieb fuhren, nahmen sie Little Tyke und Pinky mit. Dort spielten die beiden in den Wohnräumen, bis sie ihre Augen nicht länger offen halten konnten. Dann ruhten sie sich wieder nebeneinander auf einem Sofa aus, begleitet von sanfter Radiomusik aus dem Hintergrund.

Wenn sie nach Hause kamen, wurden zuerst Little Tyke und Pinky im Wohnzimmer vor dem Kamin abgesetzt. Little Tyke steuerte immer sofort den Kamin an und war ganz erstaunt, wenn dort kein Feuer brannte. Sie ging dann so lange auf und ab, bis Georges ein dickes Erlenscheit angezündet hatte. Dann schleppte sie ihr kleines Seidenkissen heran und pflanzte sich mitten darauf. Mit riesigen Augen schaute sie Georges an, als wollte sie sagen: „So ist es schon besser!"

Als Little Tyke drei Monate alt war, wurde deutlich, dass ihr Bein voll ausheilen würde. Sie tollte herum und spielte und trainierte es dadurch. Aber ein anderes Problem war nun aufgetaucht: Wie sollte man sie füttern?

Geheimnisvolle Reaktion

Auf den Rat von Experten hin begannen die Westbeaus nach drei Monaten mit der Entwöhnung von Milch und der Umstellung auf feste Nahrung. Außer einer Lieblingspuppe nahmen sie Little Tyke die meisten ihrer Gummispielzeuge weg und ersetzten sie durch Knochen von frisch geschlachteten Rindern. Dann trugen sie das kleine Jungtier zu den Knochen. Aber welche Überraschung: Sie übergab sich heftig. Ein Schnuppern war schon zuviel gewesen für Little Tyke.

Fachleute ließen keinen Zweifel an der Tatsache, dass Löwen ohne Fleisch nicht leben können und dass sie in der Wildnis nichts anderes fressen – fünf Kilogramm pro Tag für ein ausgewachsenes weibliches Tier. Besorgt über Little Tykes befremdliches Verhalten fragte man sich, wie Fleisch in ihre Ernährung zu schmuggeln sein könne.

In der Zwischenzeit erhielt Little Tyke Babynahrung, nämlich mit Milch gemischte Getreideflocken. Aber um die junge Löwin am Leben zu erhalten, musste ein Weg gefunden werden, sie an den Verzehr von Fleisch zu gewöhnen.

Ein wohlmeinender Freund schlug vor, die Milch mit zunehmenden Portionen von Rinderblut zu vermengen. Aber selbst wenn die Milch nur zehn Tropfen Blut enthielt, wollte Little Tyke nichts mehr damit zu tun haben. Also nahm man nur fünf Tropfen Blut dazu und verbarg diese Flasche. Während Little Tyke unvermischte Milch trank, wurde schnell die Flasche gewechselt – aber wieder verweigerte sie letztere. In ihrer Verzweiflung fügten Georges und Margaret nur einen einzigen Tropfen Blut der vollen Flasche Milch bei, aber Little Tyke verweigerte auch das. Alle waren sprachlos.

Ein anderer Freund riet, in die eine Hand reine Milch zu geben und in die andere Handfläche mit Hackfleisch gemischte Milch. Das Kleine leckte bereitwillig die Hand mit der Milch, aber als Georges die andere Hand hinhielt, wandte es sich trotz offensichtlichen Hungers sofort ab.

Um sie zu trösten, nahm Georges Little Tyke auf den Arm, nachdem er seine Hände mit einem Schlachterhandtuch abgewischt hatte. Sie fauchte vor Angst und schreckte zurück. Es schien ihr wirklich übel zu sein von dem Fleischgeruch an seiner Hand. Erst als er ihr mit gewaschenen Händen eine Flasche frische Milch hinhielt (und ihre Lieblingspuppe), beruhigte sie sich. Sie nuckelte auf ihrem Kissen neben Pinky, bis sie der Schlaf überfiel.

Weihnachten brachte eine weitere furchtbare Erfahrung mit sich. Little Tyke hatte die Angewohnheit, von Möbelstück zu Möbelstück zu springen. Aber einmal landete sie auf einem heißen Kohlenofen. Sie gab einen grauenvollen Schrei

Nein danke, mir wird schlecht

von sich, fiel auf den Boden und wandt sich vor Schmerz. Auf dem Ofen konnte man die Haut der Ballen von allen vier Pfoten sehen und einen 10 mal 15 cm großen Fetzen von ihrem Bäuchlein.

Die Tierärzte wickelten sie in medizinische Kompressen. Zu Hause schlief Little Tyke in einem großen Karton, der mit Watte ausgekleidet war. Pinky wich nicht von ihrer Seite, leckte und tröstete sie, so gut es irgend möglich war. Wenn Little Tyke während der Nacht erwachte und zu jammern begann, konnte sie stets auf die Fürsorge von Pinky rechnen, zur Not auch jede Viertelstunde.

Nach etwa sechs Wochen machte Little Tyke mit diesen wunden Füßen erneut ihre ersten Schritte.

Bald darauf verschwand Pinky. Jeder, der ihn kannte, wollte ihn haben. Vermutlich hatte ihn jemand mitgenommen. Little Tyke betrauerte in den darauf folgenden Monaten den Verlust, aß wenig und verlor Gewicht. Wann immer eine unbekannte Katze ihren Weg kreuzte, zeigte sie lebhaftes Interesse und schnupperte emsig an ihr. Doch sobald sie erkannt hatte, dass es nicht Pinky war, wandte sie sich mit einem traurigen Blick ab.

Nach neun Monaten wurden ihr die Schienen und Verbände abgenommen, und kurz darauf konnte Little Tyke ihr nun ungestütztes Bein mit ihrem vollen Gewicht von 30 Kilogramm belasten. Sie gesellte sich zu den anderen Tieren und beteiligte sich freudig am Treiben auf der Ranch.

Becky

Die merkwürdige Familie auf der Hidden-Valley-Ranch wuchs weiter. Ein Stachelschwein, das hoch oben in einem Baum festgesessen hatte, lebte fortan mit dieser ungewöhnlichen Tiergemeinschaft. Auch ein verkrüppelter schwarzer Schwan aus Australien vertraute sich dem Schutz von Little Tyke an. Racci, der Waschbär, liebte es, Little Tyke zu necken und sich mit ihr auf dem Boden her-

Mittagessen für zwei Freunde

Little Tyke ist ein angenehmer Gast, sauber und ordentlich

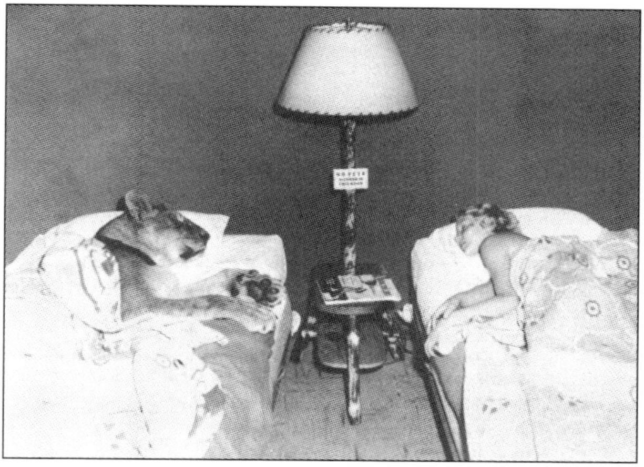

umzuwälzen. Der Hirsch Baby folgte der Gruppe auf anmutige Weise. Und schließlich war da Becky, ein liebenswertes weißes Lamm.

Becky war vor dem Schlachten gerettet worden, als sie erst ein paar Tage alt war. An einem strahlenden Frühlingstag gingen Margaret und Georges zu der schönen Wiese, wo die Tiere sich so gerne aufhielten, und stellten ihnen das neue Mitglied vor. Alle waren sehr neugierig auf Becky. Die Stuten kamen mit ihren Fohlen nahe heran, um an ihr zu schnuppern, und grasten wieder weiter. Bonnie, die eifersüchtige Eselin, war sich nicht sicher, ob sie das Lamm mögen sollte oder nicht. Little Tyke lag mitten der Gruppe und schaute ruhig zu.

Im Kühllagerbetrieb der Westbeaus tauchten täglich mehr Leute auf, die von der vegetarischen Löwin gehört hatten. Auf der Ranch standen manchmal fünfzig oder sechzig Leute herum und warteten darauf, die erstaunliche Großkatze zu Gesicht zu bekommen. In dieser Zeit berichtete man in vielen Zeitschriften und Zeitungen rund um die Welt über sie. Ungefähr zur selben Zeit verkauften die Westbeaus ihren Betrieb und zogen nach Kalifornien. Wenn sie in Motels übernachteten, erhielten sie immer ein großes Zimmer mit zwei Doppelbetten: eines für das Paar und eines für Little Tyke.

Eine Belohnung von tausend Dollar

Die Westbeaus schrieben in einer Anzeige eine Belohnung von eintausend Dollar aus für einen Tipp, wie man die Löwin zum Fleischverzehr bewegen könne. Alle Versuche scheiterten, denn Little Tyke wollte einfach nichts mit Fleisch zu tun haben. Die Westbeaus waren sehr besorgt.

Die Antwort

Immer wieder wandten sie sich an Experten, um mit ihnen das Problem der Ernährung zu besprechen. Schließlich gelang es einem jungen Besucher, ihre Besorgnis zu zerstreuen. Ernst blickte er sie an und fragte: „Lesen Sie denn nicht die

Bibel? Lesen Sie doch einmal Genesis 1,30, dort werden Sie die Antwort finden."

Georges las die Verse sofort. Zu seinem Erstaunen stand dort: „Aber allen Tieren auf Erden und allen Vögeln unter dem Himmel und allem Gewürm, das auf Erden lebt, habe ich alles grüne Kraut zur Nahrung gegeben. Und es geschah so."

An diesem Punkt hörten die Westbeaus nach vier Jahren endlich auf, sich Sorgen zu machen.

Little Tykes Mahlzeiten

Ein typisches Essen bestand aus verschiedenen Getreidesorten, ausgewählt aufgrund des Gehalts an Eiweiß, Kalzium, Fett und Faserstoffen. Margaret kochte immer für einige Tage auf Vorrat. Zur Fütterungszeit erhielt Little Tyke ein köstliches Mahl, bestehend aus zwei Handvoll gekochtem Getreide, zwei Litern Milch und zwei Eiern. Einer der fähigsten Zoodirektoren des Landes sagte, Little Tyke sei die prächtigste ihrer Art, die er je gesehen hatte.

Beim Essen stellte sie allerdings eine Bedingung: Ihre Lieblings-Gummipuppe musste dabei sein!

Die ausgewachsene Little Tyke wurde jedes Jahr sanftmütiger. Da sie Knochen verweigerte, gaben ihr die Westbeaus zur Stärkung der Zähne und des Zahnfleisches Gummistiefel. Sie machten ihr die Stiefel schmackhaft, indem sie diese mit Parfüm besprühten. Ein Stiefel hielt normalerweise einen Monat.

Nationale Berühmtheit

Auch die von Art Baker moderierte populäre TV-Show *You asked for it* präsentierte Little Tyke. Die Produzenten wollten eine Szene mit Hühnern, was für Georges kein Problem war, da Little Tyke sich auf der Hidden-Valley-Farm gut mit diesen verstand. Als die Filmcrew die „Hühner" brachte, erwiesen sie sich als einen Tag alte Küken!

Das Küken im Löwenschlund

Little Tykes einzige frühere Erfahrung mit frisch geschlüpften Küken war jene mit einer Henne und deren Küken, die sich auf eine Wiese der Farm verirrt hatten. Georges hatte sich damals nichts dabei gedacht, bis er sah, wie merkwürdig Little Tyke sich verhielt. Schuldbewusst war sie ins Haus geschlichen und hatte ihre Lippen über offensichtlich geöffneten Kiefern geschlossen. Er rief: „Tyke, was hast du da?" Sofort öffnete die Löwin ihren Rachen, und ein kleines Küken hopste unverletzt heraus. Es flatterte mit seinen kleinen Flügelchen und flog beinahe bis zu seiner aufgeregten Mutter zurück.

Offensichtlich hatte Little Tyke das winzige Küken liebevoll mit ihrer großen Zunge abgeleckt, wie sie es gern zu tun pflegte, und durch einen Zungenschlag das Küken in ihren Mund befördert – und war dann der unfreiwillig entstandenen Situation nicht mehr gewachsen gewesen.

Einen Tag alte Küken, sicher im Löwenmaul

Art Baker führt die Westbeaus und Little Tyke aus

Nun filmte die verblüffte Kameracrew, wie Little Tyke zu den Küken hinüberschlenderte und nach längerem Zögern die Tierchen vorsichtig und sanft mit der äußersten Spitze ihrer Zunge ableckte. Dann verschwand sie mit einem Gähnen. Kurz danach kam sie zurück und legte sich mitten unter die Küken. Sofort schlüpften diese unter die langen, seidigen Haare am mächtigen Hals ihrer starken Beschützerin und spähten aus sicherem Versteck in die Welt.

Eine andere Szene zeigte, wie ein junges Kätzchen nach einer Begrüßung zu den kräftigen Vorderbeinen von Little Tyke spazierte und sich dort niederließ. Da legte Little Tyke eine Pfote um das winzige Tierchen und rückte es liebevoll beschützend näher zu sich.

Die nächste Szene mit einem Lamm erwies sich als Problem. Little Tyke konnte unangenehme Gerüche nicht leiden. Die Lämmer (es waren zwei) waren zwar sorgfältig gebadet worden, doch irgendetwas an ihrem Geruch war immer noch nicht in Ordnung. Zudem blökten die beiden nach ihren Müttern, von denen sie eben erst weggenommen worden waren. Da erinnerte sich Margaret an Little Tykes Liebe für Parfüm, und Georges rieb die Felle der Lämmer mit Kölnisch Wasser ein. Das funktionierte und die Kameraleute hatten ihren großen Tag.

Margaret, Georges und Little Tyke

In der letzten Szene musste Little Tyke einen kleinen Wagen ziehen, in dem die siebenjährige Tochter des Produzenten saß und die Zügel hielt. Es gab weder ein Geschirr noch Bremsen, aber nach ein paar Aufnahmen mit einem hoch erfreuten kleinen Mädchen war die Szene in der glühenden Sonne im Kasten.

Obwohl es Little Tyke während der durch technische Probleme auftretenden Pausen gefiel, die verschiedenen schönen Blumen zu riechen, schien sie nicht ganz sie selbst zu sein. Es fehlte ihr üblicher Enthusiasmus.

Die Filmhersteller wurden mit Post überflutet, und diese Folge wurde eine der populärsten in der Geschichte dieser Show.

Leider bezahlte Little Tyke für die dreiwöchigen strapaziösen Fernsehaufnahmen einen enormen Preis, wobei das plötzlich viel wärmere Klima als ein auslösender Faktor verantwortlich gemacht wurde. Little Tykes Nase und ihre Pfoten wurden ungewöhnlich heiß und ihre Nase begann zu laufen.

Am Tag der Show sollte Little Tyke in der Fernsehsendung erscheinen. Es herrschte glühende Hitze, und die Scheinwerfer machten alles noch schlimmer. Als Little Tyke an der Reihe war, hätte sie viel lieber ausgeruht, aber als guter Kamerad nahm sie zwischen den Westbeaus auf einem Sofa Platz.

Vor den Kameras öffnete Art Baker eine Bibel und las: „Wolf und Schaf sollen beieinander weiden; der Löwe wird Stroh fressen…“

Little Tykes Tod

Sofort nach der Show fuhren sie auf die Ranch zurück. Eine Zeit lang schien es Little Tyke besser zu gehen, auch wenn ihre Nase noch etwas lief und sie Gewicht verlor. Es war rührend, wie sie zu Margaret ging, damit sie ihr den Schleim von der Nase wischte. Sie wusste, dass Margaret immer ein Taschentuch bei sich trug.

Nach einem mit Spielen verbrachten Tag im Juli verließ Little Tyke widerstrebend ihren Platz am Kamin und den Fernsehschirm (den sie so gern ansah) und zog sich um halb zehn in ihr Bett zurück. Am nächsten Morgen stöhnte sie vor Schmerz. Da sie nicht aufstehen und gehen konnte, wurden Tierärzte her-

Die Löwin und das Lamm liegen beisammen

beigerufen, aber bevor diese eingetroffen waren, schleppte sich Little Tyke unter großer Anstrengung auf die Wiese und flüchtete sich in die Arme von Margaret, ihrer geliebten Beschützerin. Instinktiv wollte sie in diesen letzten, kostbaren Momenten ihres Lebens von ihr gehalten werden. So starb sie, während die Tierärzte über die Auffahrt herbeieilten. Die offizielle Todesursache war eine Viruspneumonie, eine infektiös verursachte Lungenentzündung.

Ihre Inspiration wirkt bis heute

Ihr Leben ist vorüber, doch ihre Lehre existiert weiter. Eine ihrer vielen Lektionen, und nicht die unwichtigste, ist, dass Liebe Angst und Brutalität vertreiben kann. Little Tyke hat die erhaltene Liebe und Zuwendung der ersten Momente nach ihrer dramatischen Geburt zurückgegeben.

Tausende bewunderten die Fotos von der Löwin Little Tyke und dem Lamm Becky und ließen sich von diesem Anblick dazu inspirieren, die Welt mit anderen Augen zu sehen: zwei ganz unterschiedliche Naturen genießen die Liebe des anderen! Ein angesehener Rechtsanwalt hängte eine riesige Vergrößerung der Fotografie in seiner Kanzlei auf und zeigte darauf, wenn er kurz vor der Scheidung stehende Ehepaare beriet.

Ein wissenschaftliches Dilemma

Was Little Tyke betrifft, steht die Wissenschaft vor einem Rätsel. Katzen sind die konsequentesten aller Fleischfresser. Ohne Fleisch hätte sie eigentlich erblinden oder eine dilatative Cardiomyopathie (DCM) entwickeln sollen, eine degenerative Krankheit, bei der die Herzmuskeln erschlaffen und immer schlechter Blut pumpen können. Dies geschieht, wenn die Ernährung des Tieres nicht genügend Taurin, eine Aminosäure, enthält.

An der University of California (Davis) bewies man 1976 aufgrund von Untersuchungen, was in den 50er Jahren noch wenig bekannt war: dass Taurin ein wesentlicher Nährstoff für Katzen ist. Ein Mangel an Taurin führt zu einer Degeneration der Netzhaut. Spätere Forschungsergebnisse bestätigten, dass eine unzulängliche Taurinzufuhr zu dilatativer Cardiomyopathie (DCM) führt. Katzen mit DCM, denen Taurin verabreicht wird, erholen sich auf nahezu wundersame Weise, wenn die Krankheit nicht allzu weit fortgeschritten ist. Früher lebten Katzen nach der Diagnose höchstens noch einige Tage oder Wochen.

Taurin ist in der Natur ausschließlich in tierischen Quellen vorhanden. Milch und Eier enthalten minimale Mengen davon. Little Tyke hätte ihren Taurinbedarf mit Milch oder Eiern decken können, wenn sie pro Tag 1.900 Liter Milch getrunken oder mehr als 4.000 Eier verzehrt hätte. Wie und woher erhielt Little Tyke Taurin?

Jahre später habe ich mich von ihrer Geschichte anregen lassen. Mit dem Arsenal der mir zur Verfügung stehenden wissenschaftlichen Untersuchungen entwickelte ich eine Nahrungsergänzung für unsere Fleisch fressenden Tiergefährten, damit auch sie als gesunde Vegetarier leben können.

Die Herausforderung

Warum verleugnete Little Tyke ihren Fleischfresser-Instinkt, mit dem sie geboren worden war? Für die Öffentlichkeit ist Little Tyke eine Kuriosität, für Zoologen eine Ausnahmeerscheinung und für Idealisten eine Inspiration.

Little Tyke war aber nicht die Einzige. Eine Fotografie von 1936 aus Allahabad in Indien zeigt eine weitere eindrucksvolle Löwin. In seiner *Autobiografie eines Yogis* erinnert sich Paramahansa Yogananda: „Unsere Gruppe verließ die friedliche Einsiedelei, um einen Nachbarn, den Swami Krishnananda, aufzusuchen. Er war ein gut aussehender Mönch mit rosigen Wangen und mächtigen Schultern. Neben ihm lag eine zahme Löwin. Das Raubtier war dem Zauber der spirituellen Ausstrahlung des Mönchs erlegen – nicht seinem kräftigen Körperbau, da bin ich mir sicher – und verweigerte jede Art von Fleisch zugunsten von Reis und Milch. Der Swami lehrte das gelbbraune Tier, in einem tiefen, reizvollen Knurren ein ‚Om‘ von sich zu geben – eine Großkatze als Jünger!“

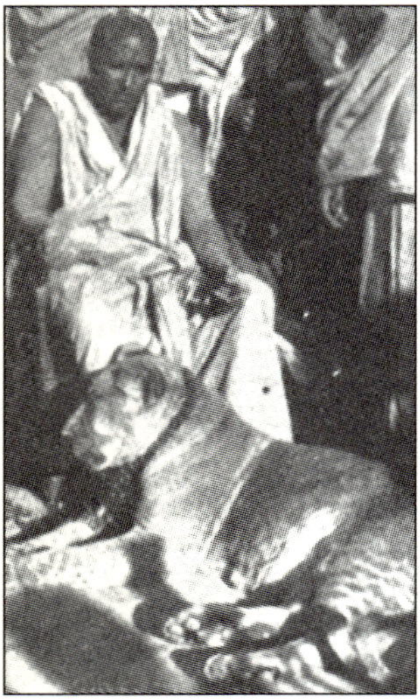

Die Löwin des Paramahansa Yogananda

Diese Lichtwesen führen uns in ein neues Zeitalter der Aufklärung. Scheinbar wundersame wissenschaftliche Fortschritte ermöglichen heute das Füttern von Tieren, ohne andere Tiere dafür zu töten oder deren Produkte zu verwenden.

Kapitel 2

Warum?

Es geschah, als ich dreizehn war. Ich jätete gerade im Garten hinter dem Haus Unkraut und hörte mir, meine treue Cockerspaniel-Hündin Princess an der Seite, ein Baseballspiel der Dodgers im Radio an. Neben dem hohen Lattenzaun, der unser Haus vor der viel befahrenen Straße abschirmte, hechelten ein paar weiße Kaninchen vor Hitze in ihrem Käfig. Das war die Kulisse für die Szene in meiner Erinnerung, von der ich mir bis heute wünsche, sie hätte sich nie ereignet. Rückblickend denke ich jedoch, dass genau dieses Ereignis vielleicht eine entscheidende Rolle dabei gespielt hat, dass die Saat des Mitgefühls in mir aufgehen konnte, die es mir ermöglichte, endlich auch mit dem Herzen zu sehen.

Die verlorene Unschuld

Mein Vater zeigte mir, wie man mit einer Hand das Kaninchen an den Ohren packte, während man mit der anderen das Beil hob. Als ich es ihm nachtat, versetzte das Beil gleich zwei Hiebe – einen dem Kaninchen, den anderen meinem Gewissen. Nie wieder würde ich ein Kaninchen töten können.

Beim Abendessen lehnte ich Fleisch ab und aß dafür mehr Kartoffeln und Mais. Es würden noch Jahre vergehen, bis ich mich endgültig dem Vegetarismus zuwenden würde, aber ab diesem Tag konnte ich nie wieder Kaninchen essen.

Erinnern Sie sich noch an das Kind in der Geschichte von des Kaisers neuen Kleidern, das den dummen Nackten sah und rief: „Aber er hat ja gar nichts an!" Bei diesem Märchen muss ich immer an gewisse Parallelen zu unserer Ernährung denken. Ein glückliches Kind lacht vor Freude beim Radieschenernten, ein anderes weint beim Schlachten eines Kaninchens. Wie ein Kind zu sein – heißt das nicht auch, empfindsam zu sein und die Dinge so sehen zu können, wie sie sind?

Die Konditionierung fängt schon im kleinsten Kindesalter an. Gefördert durch Milliarden blutiger Dollar wird die Meinung aufrechterhalten, dass man Hühner mit genauso gutem Gewissen wie Kichererbsen essen kann, und dass überhaupt „Nutztiere" nicht die gleichen Rechte wie andere Tiere hätten.

Der 4-H-Club, eine Art Landwirtschaftsverein mit über fünf Millionen meist jungen Mitgliedern, ist sich der emotionalen Bindung durchaus bewusst, die zu Tränen des Mitgefühls bei der Schlachtung eines geliebten Tieres führt. Statt jedoch dem Offensichtlichen Rechnung zu tragen – dass nämlich mit Zuneigung und Sorgfalt aufgezogene Geschöpfe auch ein Recht auf Leben haben – bringt man Kindern bei, sich emotional zu distanzieren und die Gefühle in ihren jungen Herzen zu verraten.

Pater White, verantwortlich für den ländlichen Bereich der Erzdiözese Dubuque, Iowa, fordert uns folgendermaßen heraus: „Aber Extremisten wie die Leute von PETA und andere Tier‚rechtler' regen mich wirklich auf. Ich werde mich jedoch trotzdem auf ihre Seite stellen, wenn sie mir ins Gesicht sehen und mir ihre Rechtfertigung für das Töten von Insekten, das Zerschnipseln von Kohl- und Salatköpfen und das Essen von Sellerieherzen geben können."

In der Bibel steht: „Kalb und Löwe weiden zusammen, ein kleiner Knabe kann sie hüten. Kuh und Bärin freunden sich an, ihre Jungen liegen beieinander.

Der Löwe frisst Stroh wie das Rind. Und ein kleines Kind führt sie." Wohin führt das Kind die Tiere? Nun, auf jeden Fall ist klar, dass in diesem Zusammenhang nicht vom Verzehr der Tiere die Rede ist.

Pater White vergisst sein inneres Kind und macht keinen Unterschied zwischen dem Abschneiden eines Salatkopfes im Garten und dem eines Lammes im Schlachthof. Er rechtfertigt das Töten von Tieren, indem er behauptet, dass „Tiere keine Liebe für andere empfinden können, wie das Menschen tun". Anscheinend hat er noch nie die Trauerrituale von Schimpansen gesehen und noch nie treue Hunde erlebt, die jahrelang an den Gräbern ihrer verstorbenen Herrchen ausharren.

Ist das Leben von Tieren und Pflanzen in jeder Hinsicht gleichwertig? Unterscheidet sich ein Lamm wirklich von Gemüse?

Meine Schwiegermutter schickte mir einmal einen Ausschnitt aus der Zeitschrift ihrer Kirchengemeinde, dem *Our Sunday Visitor,* mit dem Titel „Wie viele Tomaten mussten für diesen Salat ihr Leben lassen?". Dort stand geschrieben: „Stört es Sie, die Augen einer Kartoffel auszustechen oder vielleicht die Augen mit der Haut zu essen? Ist es Arroganz, die es uns erlaubt, ein Sellerieherz oder einen Maiskolben zu verzehren? ... oder einen Salat, wohl wissend, dass sein Kopf von der Lebensader abgetrennt wurde? Für wen halten wir uns eigentlich in der Hierarchie des Lebens, dass wir uns berechtigt fühlen, für unser eigenes Überleben Gemüse töten zu dürfen? ... Ich glaube an eine Lebensordnung, die es Menschen erlaubt, niederere Lebensformen – Pflanzen und Tiere – zu essen... Ich glaube, dass sowohl die Geschichte der Genesis als auch der menschliche Verstand uns berechtigen, die Früchte der Erde und auch Tiere (jedoch keine Menschen) zu verzehren. Ich glaube nicht, dass die Tiere, die wir konsumieren, uns gleichgestellt sind. Ich glaube nicht, dass sie die gleichen Rechte haben ... Nur wir Menschen können einander lieben; Tiere können das nicht..."

Wie bitte? Meine Erfahrung zeigt mir, dass Tiere bedingungslos lieben, und zwar ohne die Spielchen, die Menschen so gerne dabei spielen. Wie Fernand Mery einmal sagte: „Wenn man die Eigenschaften wie Sauberkeit, Diskretion, Zuneigung, Geduld, Würde und Tapferkeit von Katzen betrachtet, ergibt sich zwangsläufig die Frage: Wie viele von uns würden wohl eine gute Katze abgeben?"

Gehirnwäsche

Tara Spreadborough schaffte es, unzählige Schichten der Konditionierung zu durchbrechen, als sie uns aus Kalifornien schrieb: „Ich halte derzeit dreizehn Katzen und zwei Hunde. Eines konnte ich jedoch nie begreifen: Wenn ich doch Tiere retten will, warum verfüttere ich sie dann an meine Tiere?"

Seien wir ehrlich – es ist Mord!

Obwohl sie angeblich so human wie möglich getötet werden, reagieren manche Leute mit Entsetzen auf die fünfhundert Opfer, die jährlich in San Francisco bei Zeremonien dargebracht werden, obwohl doch größtenteils Hühner getötet und diese danach auch verzehrt werden. Der Kreisverwaltungsbeamte meinte in einer Stellungnahme zu einem Gesetzentwurf, der dies verbieten sollte: „Ganz ehrlich, auch wenn man die Tiere danach verzehrt, wir protestieren gegen die Ermordung von Tieren."

In unserer Lokalzeitung *Sheriff's Report* wurde berichtet, dass jemand auf die Hühner eines Nachbarn geschossen habe. Von einem Huhn sagte man, es sei „ermordet" worden. Aber Lebensmittelmultis töten Milliarden von Tieren, weil wir uns in einem enormen Krieg befinden – der Mensch gegen den Feind: unschuldige Tiere. Mord nennt man es in dem Fall aber nicht. „Verwertung" hört sich viel sauberer an.

Zum Thema Respekt

Dreißig Jahre gesunde Ernährung ohne Fleisch erleichtern es mir, das in Worte zu fassen, was mir vor so langer Zeit bereits dämmerte: Ernährung mit Respekt für höhere (komplexere) Lebensformen bedeutet zwangsläufig die Entscheidung für den Vegetarismus.

Unser Rechtssystem ist ganz eindeutig: Das Töten von Menschen ist das schändlichste aller Verbrechen. Wie sieht es dann aber mit dem Vernichten von Leben aus, das äußerst menschenähnlich ist? Tieren werden sehr häufig menschliche Qualitäten zugestanden; dazu muss man nur die Zeichnungen sehen, die man Generationen von Kindern vorgelegt hat. Mag es auch in Zeichentrickfilmen, Videos oder interaktiven CD-ROMs dargestellt werden, die Nachricht ist immer dieselbe: Hühnern, Kühen, Enten und Schweinen werden ebenso wie den verschiedensten anderen Tieren menschliche Eigenschaften zugeschrieben.

Das geht so weit, dass die Tiere in diesen Darstellungen sogar menschliche Kleidung tragen. In einer derartig verstandenen Hierarchie ist das Leben von Tieren eindeutig höher stehend als das von Pflanzen. Welches Tier will schon gefressen werden? Wenn man sie bedroht, hoppeln, hüpfen, fliegen, schwimmen, rennen oder schlängeln sie davon. Pflanzen warten geduldig und locken uns mit herrlich gefärbten Früchten und wunderbar duftender Fülle. Wir selbst brauchen keine in Worte gefasste Rechtfertigung, aber wo soll man anfangen, wenn Familie, Freunde und Tierärzte nach dem „Warum" fragen? Manchmal hilft es also, den Grund für die vegetarische Ernährung unserer Haustiere auch in Worte fassen zu können.

Ethische Gründe

Tiere denken, überlegen, empfinden Schmerz, hoffen, gründen Familien und kommunizieren. Kommt Ihnen das bekannt vor? Im Allgemeinen sollen Tiere vor Missbrauch und Qual geschützt werden, nur Nutztiere oder Tiere für Forschungszwecke nicht, die doch aber auch alle genau dieselben Anlagen haben. Ist es nicht ganz schön egoistisch zu meinen, dass Tiere ausschließlich für den menschlichen Gebrauch und Missbrauch leben? Ist Speziesismus nicht eine andere Art von Rassismus? Manch einer definiert sein Glaubenssystem durch Religionen und zitiert aus religiösen Schriften, die behaupten, dass Tiere zu unserem Vergnügen da sind. Aber es gibt auch Religionen, deren Lehren von der Einheit aller Schöpfung und dem gleichen Respekt für alle sprechen.

Lieben oder Töten

Ein auf dem amerikanischen Kabelsender HBO gesendeter Dokumentarfilm mit dem Titel *To Love or Kill: Man vs. Animal* (Leben oder Töten: Mensch gegen Tier) zeigte Familien mit Kindern, die in bester Laune in Käfigen eingesperrte Hunde oder Katzen für ihre nächste Mahlzeit auswählen. Das betreffende Restaurant in China brüstete sich damit, dass täglich 500 Hauskatzen geschlachtet werden, um die Gelüste der Kundschaft zu befriedigen. Das wird einfach so nebenbei gesagt, als ob man anderswo über den Restaurantverbrauch an Selleriestangen oder Salatköpfen redet.

Der amerikanische Kongress hat 1971 das Tierschutzgesetz dahingehend geändert, dass Tieren ein Anspruch auf humane Behandlung und Pflege zusteht. Das amerikanische Landwirtschaftsministerium jedoch, in dessen Verantwortung die Umsetzung dieses Gesetzes liegt, weigert sich, Ratten, Mäuse und Vögel als Tiere zu definieren, so dass diese weiterhin vom Gesetz ausgeschlossen bleiben. Was sind sie denn dann, wenn nicht Tiere?

Wenn nun Mäuse dermaßen definiert werden, gilt dies dann demnächst auch für Rinder und Hühner? Wird das nicht ein Dilemma bei denjenigen hervorrufen, die Tiere nutzen und essen? In einigen Teilen der Welt herrscht eine vollkommen andere Auffassung zum Thema Mensch gegen Tier.

In einem kürzlich in der *New York Times* erschienenen Artikel wird ein ermutigendes Bild des sich verbessernden rechtlichen Status von Tieren in den USA gezeichnet. Rechtsanwälte, die sich für Tierrechte einsetzen, sagen: „Die Vorstellung, dass Tiere nichts als Besitz sind, entwickelte sich einige Jahrhunderte vor der modernen Auffassung, Tiere als empfindsame Wesen mit Wahrnehmungsvermögen und sogar Gefühlen zu betrachten."

Die vehementesten Kritiker der Bewegung für Tierrechtsgesetze sind Viehzüchter und Vertreter von Pharmaunternehmen, die Tierversuche durchführen.

Die Northwestern School of Law (Rechtsfakultät) des Lewis & Clark College in Portland im amerikanischen Bundesstaat Oregon gibt seit 1984 eine Fachzeitschrift namens *Animal Law* heraus. Darin findet man Abhandlungen, wie die von Steven M. Wise, einem Rechtsanwalt aus Boston, der Rechte für Tiere einklagt, die den Menschen am ähnlichsten sind (z. B. Schimpansen). Wise sagt, dass die gegenwärtigen gesetzlichen Anstrengungen Wege im Interesse von Tieren ebnen werden. Diese langfristigen Strategien beweisen, dass Tiere keine Sachen sind, die wir nach Belieben nutzen können.

Je mehr schlaue Rechtsanwälte sich mit Tieren und deren Rechten befassen werden, desto umfassender könnten die darauf folgenden Bewusstseinssprünge werden. Wie Frau Tischler vom Animal Legal Defense Fund einmal sagte: „Mein Engagement besteht darin, dass ich meine Klienten nicht esse."

Unterstützung durch Tierärzte

David Jaggar schloss im Jahr 1965 seine Ausbildung in Tiermedizin und -chirurgie an der Universität Edinburgh (Schottland) ab. Zunächst arbeitete er in England als niedergelassener Tierarzt und kam dann zum U.S. Department of Agriculture (amerikanisches Landwirtschaftsministerium), bevor er begann, an der medizinischen Fakultät der University of Cincinnati zu unterrichten.

Seine Arbeit als Tierarzt brachte ihn in Kontakt mit Tieren, die zu Forschungszwecken verwendet wurden, mit Nutztieren, Pferden aus den verschiedenen Bereichen des Reitsports und Haustieren. Er war entsetzt vom Ausmaß des Leidens und der Ausbeutung der Tiere.

Zwar lehnt er die Vorteile der westlichen Medizin, insbesondere in den Bereichen erste Hilfe und Notfallmedizin, nicht ab, aber er konzentriert sich auf weniger weit verbreitete Ansätze der Tiermedizin wie Akupunktur, Ernährung, Kräuterkunde, Homöopathie und chiropraktische Medizin. Er ist Gründungsmitglied und ehemaliger Präsident der International Veterinary Acupuncture Society. In der Zeitschrift *Vegepet Gazette* schrieb er: „Allerdings bleiben viele ganzheitlich orientierte Tierärzte skeptisch, wenn es darum geht, Katzen keine Fleischprodukte zu verfüttern, wie es deren biologisch entwickelten Fleisch fressendem Verhalten entspräche. Ein Kollege brachte das besonders deutlich zum Ausdruck, als er meinte, dies sei eine regelrechte Verletzung der Rechte von Katzen. Über die ernährungsphysiologischen Bedürfnisse von Katzen gibt es Unmengen an Informationen. Ich sehe keinen Grund, weshalb es ihre Rechte verletzen sollte, diesen Bedarf aus pflanzlichen Quellen zu decken. Es ist bekanntermaßen schwer, eine solide philosophische Basis für Aussagen zum Thema Tierrechte aufzustellen, aber sicher ist es keine größere Verletzung der Tierrechte, Katzen eine vegetarische Ernährung zu ermöglichen, als

1) das Zähmen von Katzen und sie vom Jagen der eigenen Nahrung abzuhalten
2) das Töten von Millionen von Hühnern, Rindern, Schafen, Pferden, Fischen usw. zur Ernährung von Haustieren.

Es ist schwer einzusehen, warum Katzen das Recht haben sollen, das Fleisch der oben genannten Tiere zu fressen, wo dieses Fleisch doch niemals Teil der Ernährung einer Raub- oder Wildkatze wäre. Darüber hinaus wurde dieses Fleisch häufig als nicht zum menschlichen Verzehr geeignet oder als verseucht eingestuft, somit ist die bewusste Fütterung von Katzen mit solcher Nahrung wohl eher ein Verstoß als eine Würdigung der Rechte von Katzen.

Wer Katzen vegetarisch ernährt, wird häufig auch in der Richtung kritisiert, dass man Gott spiele, indem man der biologischen Evolution von Katzen als Fleischfresser entgegenwirke und sich der Natur entgegenstelle – genau wie Leute, die die Gentechnik vorantreiben. Aber nichts ist so absolut natürlich, dass es völlig unabhängig von menschlichem Verhalten und Kontrolle bleiben kann, denn wir beeinflussen alle Lebewesen unseres Planeten.

Katzen besitzen wie Menschen eine kulturelle Entwicklungsdimension, auch wenn diese weniger stark ausgeprägt ist als bei uns. Kulturelle Entwicklung erfolgt weitaus schneller als biologische. Wir haben die Fähigkeit (und manch einer würde sagen: auch die Verantwortung) zu entscheiden, welche Art Mensch wir werden wollen. Wenn wir uns entschließen, Katzen als Haustiere ‚auszubeuten', übernehmen wir die Verantwortung für unsere Beziehung zu ihnen.

Katzen sind, wie wir festgestellt haben, ziemlich flexibel und können sich auf vielfältige Weise dem Menschen anpassen. Anstatt also Gott zu spielen, sehe ich, dass manche Menschen und Katzen einen neuen Weg der kulturellen Evolution und der Beziehung entwickeln mit dem Potenzial, das Leiden auf dieser Welt zu verringern, eine kooperativere Beziehung zwischen menschlichem und nichtmenschlichem Leben zu entwickeln und die Gesundheit der Katzen weit stärker zu berücksichtigen als es diejenigen tun, die sich auf die Seite der vorrangig profitorientierten konventionellen Tierfutterindustrie schlagen.

Es ist dringend erforderlich, endlich das Leid der Tiere zu verringern. Das Töten verschiedener Tierarten zur Verfütterung an Katzen und Hunde kann heute nicht mehr gerechtfertig werden, da gesunde alternative Ernährungsformen preiswert und leicht verfügbar sind."

Freundschaft statt Beute

Ein Kunde fragte einmal Michael W. Fox, den bekanntesten Tierpsychologen der USA, wie lange Streifenhörnchen wohl lebten. In *Understanding Your Cat* (Verstehe deine Katze) schrieb er als Antwort darauf: „Da sie Beutetiere von Eulen, Wieseln, Füchsen usw. sind, haben sie viele Junge, aber nur wenige davon leben länger als zwei oder drei Jahre. In Gefangenschaft sind sieben Jahre sicher ein Rekord. Was Ihre fünfzehnjährige Katze angeht, die das Eichhörnchen als Junges als Spielgefährten mitgebracht hat und immer noch mit ihm spielt, so unterstützt dies meine feste Überzeugung: Haustiere brauchen Freunde, und, vorausgesetzt keines ist frustriert und leidet Mangel an Sicherheit, Nahrung und Zuwendung, können und werden Raub- und Beutetier, Löwe und Maus friedlich zusammenleben."

Weg mit dem Fleisch

Elizabeth Trowley aus Michigan, USA: „Ich war unheimlich begeistert, als ich erfuhr, dass ich meinen Zwergschnauzer Holly gesund vegetarisch ernähren konnte. Wir haben keinerlei Fleisch oder Eier im Haus, weder für Menschen noch für Haustiere."

Susan Moloney, Connecticut, USA: „Das Füttern unserer Katze war unsere allerletzte Verbindung zum Schlachthof. Wir sind wirklich froh, diesen Kontakt endlich beenden zu können!"

Alison Shepard, Florida, USA: „Danke für Ihr wunderbares Produkt! Damit habe ich eine streunende, fast verhungerte Katze in ein wunderschönes Tier verwandeln können (zur großen Überraschung unseres Tierarztes), und all das, ohne meine ethischen Werte verraten zu müssen!"

Darlene Boord aus Kalifornien bezeichnete ihre Entdeckung von Vegecat als „eines der wichtigsten Ereignisse in meinem Leben". Sie fuhr fort: „Vorher steckte ich immer in einem Dilemma. Sollte ich die Schlachtindustrie unterstützen, indem ich sie dafür bezahlte, Tiere zu töten, die ich an meine Tiere verfüttern konnte? Oder sollte ich lieber meinen eigenen geliebten Tieren Schaden zufügen, indem ich ihnen ernährungsphysiologisch ungeeignete Nahrung zu fressen gab? Ich hielt es für falsch, einen Nahestehenden zu verletzen im Interesse irgendwelcher namen- und gesichtslosen Massen anderswo. Wenn man sich um die Seinen nicht ausreichend kümmert, wie kann man dann hoffen, anderen gerecht zu werden? Daher fühlte ich mich gezwungen, weiterhin dieses furchtbare Katzenfutter für meine geliebten Haustiere kaufen zu müssen. Aber nach der Entdeckung von Vegecat bin ich überglücklich, dass ich keinem Wesen mehr Tod oder Leid zufügen muss."

Anführer sind nicht immer vorbildlich

Darlene, die in der Tierrechtsbewegung aktiv ist, teilte uns ihre Enttäuschung mit über einige der Anführer und deren Engstirnigkeit im Hinblick auf die Ernährung der eigenen Tiere, durch die diese eine sonst vorbildliche Lebensweise mit einem Makel belegen:

„Meine persönliche Erfahrung im Dialog mit Leuten, denen diese Themen angeblich wichtig sind, war doch eher ernüchternd. Sogar H. sagte einmal, dass seine Katze es nicht mochte und er sie deswegen auch nicht damit füttere. Das ist wirklich unglaublich. Ich finde, dass jemand, der in der Öffentlichkeit für Veganismus und Tierrechte usw. eintritt und darüber auch allen Leuten immer wieder predigt, mit gutem Beispiel vorangehen muss und sich nicht als schwächstes Glied der Bewegung zeigen darf. Wo hat der Mann nur seine Prioritäten? Was ist denn wichtiger: darauf zu achten, dass die Katze nicht etwas fressen muss, das ihr nicht schmeckt, oder das Quälen und Töten unschuldiger Tiere zu beenden?

K. sagte mir kürzlich am Telefon, dass es teurer und zeitaufwändiger wäre, ihre Hunde vegetarisch zu ernähren, und dass sie es deswegen nicht täte. Ich bitte Sie, ist denn das Beenden des Schlachtens nicht wichtig genug für den Einsatz von ein bisschen mehr Zeit und Geld? (Abgesehen davon halte ich es für nicht teurer.) Es ist sehr enttäuschend, wenn führende Persönlichkeiten so reden und handeln."

Weggefährten

Ann Waters, Kalifornien, USA: „Meine Katze ist jetzt Vegetarier – dank Ihrer Hilfe. Ich bin auf einem spirituellen Weg, für den unsere Tiere und wir selbst Vegetarier sein müssen."

Wer je einen Hund oder eine Katze geliebt hat oder von ihnen geliebt wurde, kennt die mögliche Tiefe einer solchen Beziehung. Streng vegetarische Haushalte müssen diese wundervolle Erfahrung nun nicht mehr wegen ungeklärter Ernährungsprobleme missen.

Joanne Stepaniak, Pennsylvania, USA: „Wenn es Sie und Ihr Produkt zur veganen Ernährung unserer Katze nicht gäbe, hätten wir sie nicht aufgenommen und dann auch nicht die Erfahrung genießen können, dieses herrliche Geschöpf kennen und lieben zu lernen."

Carol Arens, Arkansas, USA: „Ich habe stets vermieden, eine Katze zu besitzen, weil ich es für unmöglich hielt, eine Katze ohne Fleisch zu ernähren. Als ich Rudy fand, war sie ein kleines, an einer Landstraße ausgesetztes Kätzchen und so winzig und krank, dass der Tierarzt ihr Überleben infrage stellte. Da ich nun dieses hilflose Geschöpf einmal gefunden hatte, befand ich mich in einer Zwickmühle: Ich konnte mich nicht zum Kauf von Tierfutter überwinden, das auf Kosten anderer Tiere hergestellt worden war, aber ich konnte mich auch von diesem süßen Kätzchen nicht abwenden, das so dringend Pflege und Nahrung brauchte.

Zum Glück erinnerte ich mich, dass ich einmal von Vegekit gehört hatte. Rudy ist heute fast ein Jahr alt und absolut gesund und glücklich. Sie mag das Hafer-Soja-Rezept, das ich in nur zehn Minuten zubereiten und im Kühlschrank aufbewahren kann. Beim Füttern gibt es keinen widerlichen Gestank, und die Hefe im Rezept scheint Flöhe und Zecken abzuweisen, so dass diese kein Problem darstellen, obwohl wir auf dem Land leben. Darüber hinaus scheint Rudy den Geschmack ihrer Mahlzeiten wirklich zu genießen und sich darauf zu freuen. Vielen Dank, dass Sie es mir ermöglicht haben, meine Freundschaft mit Rudy zu erleben, ohne mein Engagement für eine gewaltlose Lebensweise zu kompromittieren."

Haustiere fressen Haustiere

In Tierheimen wurden 1984 über zwanzig Millionen ungewollte Haustiere getötet. Ihr Durchschnittsgewicht betrug zwanzig Kilogramm (Statistik der Tierfriedhöfe). Tierärzte schläferten weitere zehn Millionen Tiere ein, was zu einem Entsorgungsproblem von 600.000 Tonnen führte.

Mülldeponien und Verbrennungsanlagen weigern sich zunehmend, Tierkadaver anzunehmen, aber es gibt noch eine andere Möglichkeit der Entsorgung, mit der man sogar Geld verdienen kann: So genannte Fleischverarbeitungsbetriebe (die geheime Branche) „recyceln" Tierkadaver zu Tierfutter, indem man Tierkörper durch eine Hammermühle jagt, die Knochen zermalmt oder die Kadaver zerhackt. Mit anderen tierischen Abfällen von Schlachthäusern vermischt, wird dies als Nebenprodukt der Fleischerzeugung deklariert und an Tierfutterhersteller verkauft.

Was sind die Preise für Tierkadaver, die für den menschlichen Verzehr ungeeignet sind? 1991 bezahlte ein Betrieb in Greene County 2,4 bis 2,7 Cents pro Pfund für tote Schweine und 0,02 bis 0,04 Cents pro Pfund für Geflügel. Bei solchen Preisen braucht man sich nicht zu wundern, dass stark unter Konkurrenzdruck stehende Tierfutterhersteller ihr Fleisch von solchen Anlagen kaufen.

Im Jahre 1973 veröffentlichte die *Chicago Tribune* eine Reportage, in der ein Sprecher eines Tierfutterherstellers bestätigte, dass fünfzehn Prozent des trockenen Tierfutters aus den Nebenprodukten solcher Anlagen besteht. Heute kaufen die Tierfutterhersteller von vielen kleinen Firmen, wodurch es schwierig wird, genaue Prozentsätze von verwertetem Hunde- oder Katzenfleisch herauszufinden. Verständlicherweise geben sich auch die betroffenen Fleischverarbeitungsbetriebe sehr verschwiegen.

John Eckhouse vom *San Francisco Chronicle* berichtete, dass das Management eines Betriebs (Modesto Tallow) nicht einmal zugab, dass man auch Haustiere verwendete. Aber Mitarbeiter, Verkäufer und staatliche Inspektoren hatten beobachtet, dass regelmäßig Hunde und Katzen in den Anlagen Sacramento und Modesto verarbeitet wurden.

Ein Mitarbeiter einer anderen Firma (Sacramento Rendering) gab zu Protokoll: „Tausende und abertausende Hunde und Katzen werden abgeholt und täglich hierher gebracht." Ein ehemaliger Mitarbeiter bestätigte dies: „Die Kleintiere sind ein wichtiger Teil des Betriebs."

Iris Nowell stellte in ihrem 1978 erschienenen Buch *The Dog Crisis* die Überlegung an, dass „das eine wertvolle und sich selbst erneuernde Nahrungsmittelquelle für Haustiere ist". Sie fuhr fort: „Wie inakzeptabel dies den meisten Menschen erscheint, steht im direkten Verhältnis zur Betrachtung des eigenen Haustiers als menschlich. Es ist eher die Regel als die Ausnahme, dass man einen Hund als Familienmitglied betrachtet. Da eines der mächtigsten Tabus des Menschen der Verzehr von Menschenfleisch ist, überträgt sich diese Einstellung leicht auf das Haustier der Familie, dessen Besitzer ihn eher als Mensch denn als Tier empfinden. Die Hersteller von Tierfutter dagegen würden Hunde ohne Wimpernzucken als Rohmaterial verwenden, denn ihnen geht es um Profite. Angesichts derartiger wirtschaftlicher Vorteile würde man zweifelsohne sogar eine Werbekampagne für sinnvoll erachten, die Kunden mit derartigen Vorstellung vertraut machen soll."

Aber offensichtlich waren Geldausgaben gar nicht nötig. Tierfutterhersteller liefern heute ohne großes Trara sauber verpackte Haustiere als Tierfutter.

Ökologische Gründe

In den USA werden fünfzig Prozent des Gesamtgewichts der Schlachttiere als nicht für den menschlichen Verzehr geeignet eingestuft. Schlachthäuser haben im Jahr 1994 zwanzig Milliarden Kilogramm solcher Ware als sogenannte „Nebenprodukte" entsorgt. Betriebe der Fleischverarbeitung verwandeln diese unglaubliche Menge an Tierleichen praktischerweise zu vier Produkt-Kategorien:

1) Haustier- und Tierfutter,
2) Industrieprodukte, wie z.B. Gummi und Pestizide,

3) Seife und Pflegeprodukte,
4) Talg, Gelatine und andere Nahrungsmittel für Menschen.

Was aber sind die ökologischen Kosten dieses unglaublichen Gemetzels zum Füttern der heute etwas mehr als 55 Millionen Hunde und 70 Millionen Katzen in den USA?

Landwirtschaftsingenieure der Ohio State University gaben zu Protokoll: „Auch die besten der überprüften Tierfabriken gaben nur 34,5 % der Investition an fossilen Brennstoffen in Form von Nahrungsmitteln an uns zurück, wohingegen sogar noch die unergiebigsten von drei untersuchten Betrieben, welche pflanzliche Nahrungsmittel produzieren, 328 % der eingesetzten fossilen Energie mit ihrer Ernte zurückgaben."

100 Pfund pflanzliches Eiweiß produzieren also nur sechs Pfund Rindfleisch. 100 Pfund an Hühner verfüttertes pflanzliches Eiweiß ergibt knappe acht Kilogramm Fleisch, bei Schweinen verringert sich diese Zahl sogar auf ca. 5 ½ Kilogramm.

85 % der jährlich in den USA verloren gehenden sieben Milliarden Tonnen Mutterboden stehen in direktem Bezug zur Viehzucht.

Wenn alle Hunde und Katzen vegetarisch ernährt würden (zugegebenermaßen eine utopische Vorstellung), würden wir neun Millionen Tonnen pflanzliches Eiweiß einsparen. Wie viele der 60 Millionen im letzten Jahr verhungerten Menschen würde das am Leben erhalten?

Ethisch und ökologisch ist es also nicht mehr zu rechtfertigen, Haustiere mit Fleisch zu füttern. Eines Tages wird der Preis dafür einfach zu hoch werden. Und auch die fragwürdige Bekömmlichkeit einer solchen Ernährung ist zu berücksichtigen.

Gesundheitliche Gründe

Valyen Turner aus Oregon schrieb: „Die Vorstellung, eine Katze vegetarisch zu ernähren, ist bewunders- und wünschenswert. Aber ich mache mir Sorgen um die Gesundheit eines Tieres, das über Jahre hinweg so gefüttert wird. Ich weiß, Sie geben an, die von Ihnen propagierte Ernährung mit dem Vegecat-Zusatz erfülle alle Bedürfnisse der Tiere. Ich würde aber gerne erfahren, ob diejenigen Leute, die ihre Katzen vegetarisch ernähren, diese in Haus oder Wohnung halten und ob diese Tiere mindestens zwei Jahre lang vegetarisch gelebt haben. Jedes Tier, das auch nur kurze Zeit im Freien ist, sei es an der Leine oder nicht, kann nicht als vegetarisch ernährtes Tier bezeichnet werden, und jene, deren Tiere ins Freie gehen, können nicht behaupten, dass sie ihre Tiere erfolgreich vegetarisch ernähren. Ich würde unsere Katzen gerne vegetarisch ernähren, aber sie sind reine Hauskatzen, die darüber hinaus ernsthafte Leberprobleme hatten und immer noch daran leiden. Ihre Gesundheit ist meine tägliche Sorge. Mir erscheint es ethisch nicht vertretbar, sie als Versuchstiere für vegetarische Ernährung zu verwenden, wenn dies nicht bereits bei anderen Tieren über eine längere Zeit erfolgreich war."

Diese Sorge können wir gut verstehen. Als wir mit unseren Forschungen anfingen, gab es fast keine Informationen über vegetarische Ernährung von Haustieren (insbesondere Katzen). In Laborversuchen werden Tiere bedauerlicherweise geopfert und ihr Gewebe dann in Scheiben unter dem Mikroskop auf abnorme Entwicklungen untersucht. Das ist für uns natürlich nicht akzeptabel. Mit mehr als dreizehn Jahren Erfolg hinter uns können wir jedoch beruhigt sagen, dass unsere Methode der Ernährung von Fleischfressern unsere kühnsten Hoffnungen weit übertroffen hat.

Annette Savage aus Texas schrieb: „Ich bin wirklich sehr dankbar für die von Ihnen geleistete Arbeit. Ich hatte nur gehofft, dass meine Katzen genauso gesund sein würden wie zuvor. Nie hätte ich mir träumen lassen, dass es ihnen sogar noch besser gehen könnte. Die achtzehnjährige Melanie hat wieder neues Leben, Olivers kupferfarbene Augen werden grün (!) und Egypt, die wildeste der drei, ist genauso kerngesund, schlank und aufsässig wie eh und je."

Es ist eine bekannte Tatsache, dass Tierärzte jedes Jahr Millionen kranker Katzen und Hunde zu Gesicht bekommen. Der Großteil dieser Haustiere wird mit den kommerziell vermarkteten Tiernahrungsprodukten ernährt und aufgezogen, die als jeweils neuester Trend für die Gesundheit der Tiere angepriesen werden. Was steckt also in diesen Nahrungsmitteln, das sie so schlecht macht?

4-D-Fleisch

Tiernahrung enthält häufig nicht genau definierte Nebenprodukte. Dabei kann es sich um Fleisch der Qualitätsstufe 4-D handeln, also solches, das vom Landwirtschaftsministerium der USA als tot, sterbend, krank und verstümmelt (dead, dying, disabled, diseased) bezeichnet wird.

Internationale Nahrungsmittelhersteller haben jedoch ein praktisches Verwertungssystem für diese Abfallprodukte gefunden: große Hersteller von Tiernahrung, die sich im eigenen Besitz befinden. Ganze Tierkadaver (Kühe, Schafe, Schweine usw.) werden zu hunderttausenden verarbeitet, und auch tausende von Tonnen Vogelfleisch landen in dieser Kategorie. Ein großer Teil davon ist von Krebs durchseucht. Mason und Singer berichten in ihrem Buch *Animal Factories,* dass krebskrankes Gewebe von Schlachthäusern durchschnittlich sieben Millionen Kilogramm ausmacht, das sich dann auf den Etiketten der Tiernahrung auf geradezu wundersame Weise in Tiermehl und Nebenprodukte verwandelt.

Endotoxine

Hersteller von Tiernahrung geben diese schlecht definierbaren Substanzen an unschuldige Vierbeiner weiter und garantieren für deren Sicherheit, da bei der Verarbeitung hohe Temperaturen Bakterien abtöten, wie z.B. die Salmonellen, die in 25 bis 50 % des Fleischmehls zu finden sind. Aber nach der Vernichtung der Bakterien bleiben giftige Endotoxine zurück, die erst bei der Zerstörung der Wirtsbakterien freigesetzt werden! Endotoxine werden erst jetzt mit modernen Methoden erforscht; man glaubt, dass sie häufig auftretende Nierenkrankheiten verursachen, die man zuvor genetischen Ursprüngen zuschrieb.

Dr. Richard H. Pitcairn und seine Frau Susan schreiben im Buch *Dr. Pitcairn's Complete Guide to Natural Health for Dogs & Cats* (Umfassender Ratgeber für eine natürliche Gesundheit bei Hunden und Katzen): „Aus seiner Erfahrung als Tierarzt und staatlicher Fleischinspektor schließt Dr. P. F. McGargle, dass die Verfütterung von Schlachthausabfällen an Tiere deren Risiko, an Krebs und anderen degenerativen Krankheiten zu erkranken, erhöht ...... Darüber hinaus entspricht das Ansteigen der Krebsquote der Einführung und verstärkten Verwendung von Tiermehl als Tierfutter."

Frische Fische?

Ein Artikel der Verbraucherschutzorganisation Consumers Report schlug Wellen wegen der Feststellung, dass der Verzehr von Fisch gefährlich ist. Proben von einigen für den menschlichen Konsum bestimmten Fischen ergaben, dass 43 % der Lachse PCB und 90 % der Schwertfische Quecksilber enthielten. Da Fisch eines der am leichtesten verderblichen Nahrungsmittel überhaupt ist, wiesen 40 % eine Bakterienzahl von mehr als 500.000 pro Gramm auf (ein Indikator für Verderb) und 30 % von über zehn Millionen: Also komplett verdorben. Der zu Tiernahrung verarbeitete Fisch ist sogar von noch schlechterer Qualität.

John Robbins schreibt in seinem Bestseller *Diet For A New America* (Deutsche Ausgabe: *Ernährung für ein neues Jahrtausend,* Nietsch-Verlag): „Fische haben eine erstaunliche Fähigkeit, toxische Chemikalien aus ihrer wässrigen Umgebung zu absorbieren und in sich zu konzentrieren. Zum einen ist ihre Nahrungskette extrem lang – Phytoplankton wird von Zooplankton gefressen, dieses wiederum von winzigen Fischen, diese werden von größeren Fischen gefressen, usw. Noch bedeutsamer ist aber, dass Fische das Wasser, in dem sie schwimmen, praktisch einatmen, so dass es auch auf diese Weise zu immer höheren Schadstoffkonzentrationen kommt. Im Endeffekt ist die Wirkung praktisch so, als seien Fische Unterwassermagneten für giftige Chemikalien. Die EPA (amerikanisches Umweltministerium) schätzt, dass Fische bis zu neun Millionen Mal die PCB-Konzentration der Gewässer in sich akkumulieren können, in denen sie leben!"

Hormone

Es ist eine allgemein bekannte Tatsache, dass künstliche Wachstumshormone weit verbreitet eingesetzt werden, damit die Tiere schneller wachsen und mehr Milch produzieren. Fast alle Mastanstalten in den USA verwenden Hormone wie z. B. Steroide oder Synovex (Hormon-Implantate für junge Kühe). Diese Mittel ähneln dem synthetischen Hormon DES (Diethylstilböstrol), das von der Food and Drug Administration (FDA – amerikanische Kontrollbehörde) verboten wurde, weil es Krebs hervorrufen kann. Starke Hormone stimulieren auf unnatürliche Weise das Wachstum des Organismus, auch nachdem das Fleisch oder die Milchprodukte schon zum Verzehr verarbeitet wurden.

Als die Künstlerin Sue Coe in einem Schlachthaus im amerikanischen Bundesstaat Neu-Mexiko Hunderte von gelben Lebern erblickte, denen gelbe Flüssigkeit entströmte, wurde ihr gesagt, sie seien vollgepumpt mit Hormonen. Katzen und Hunde werden durch solches Futter größer (und kranker).

Nahrungsmittelzusätze

Die meisten kommerziellen Tiernahrungsprodukte unterstützten die Massentierhaltung, bieten Nährstoffe von zweifelhaftem Wert und mit Zusätzen, deren Sicherheit fraglich ist. Der chemische Konservierungsstoff BHA ist fast allgegenwärtig.

Natriumnitrat ist so gefährlich, dass die FDA in den achtziger Jahren versucht hat, es zu verbieten. Aufgrund des Einflusses mächtiger Lebensmittelhersteller misslang dieses Vorhaben jedoch. Das Produkt wird für die Färbung von Tiernahrung und als Konservierungsmittel verwendet. Zusatzstoffe, die für die menschliche Nahrung nicht einmal zugelassen sind, tauchen im Tierfutter auf.

Restaurant-Fette

Abfallfett aus Restaurants, das man wochenlang im Freien bei extremer Hitze in großen Fässern aufbewahrt, wird selbst dann noch in der Tiernahrung verwendet, wenn es allenfalls noch als Schmiermittel taugen würde. Viele Allergien sind laut Lisa Newman von der ganzheitlichen Tierpflegevereinigung Holistic Animal Care allein auf diesen Faktor zurückzuführen.

Beim Frittieren kommt es zu einer schnellen Oxidierung, wodurch gefährliche Freie Radikale freigesetzt werden, ebenso Trans-Fettsäuren und sogar noch viel gefährlichere giftige Bestandteile. Auf diese Weise behandeltes Öl, das tagelang extrem hohen Temperaturen ausgesetzt wurde, ist ein wahrer Hexenkessel an veränderten Substanzen, deren Giftigkeit kein Geheimnis ist. So genannte „Fettschmelzer" und Fleischverarbeitungsbetriebe verkaufen dieses Fett an die Hersteller von Tiernahrung, die Antioxidantien und Geschmacksverstärker hinzugeben und diese Mischung dann auf Trockenfutter sprühen. Starke Antioxidantien können den vorhandenen Schaden nicht rückgängig machen, allenfalls weiteren verhindern. Das ist, als schlösse man das Tor, nachdem das Pferd schon durchgegangen ist.

Schöneres Fell

Die Tierfriseurin Anita Frazier hatte ihren Kunden stets geraten, den Katzen Hefe und Kleie in die Nahrung zu mischen. Aufgrund des Magnesiumgehalts halten wir die Zugabe von Kleie zwar nicht für sinnvoll, sie stellte jedoch enorme Veränderungen fest, wenn sie die Tiere wiedersah. Das Fell war erstaunlich

Vanja & Vladimir

schön geworden – eine Veränderung, die sie selbst als unglaublich beschrieb. Vormals fettiges Fell war weniger fettig, mattes Fell war seidig geworden. Aufgrund ihrer sechzehnjährigen Erfahrung mit mehreren hundert Katzen schrieb sie in *The New Natural Cat* (Die Neue Natürliche Katze), dass „der Zustand des Fells ein Barometer der Gesundheit zu sein scheint".

Viele Briefe und Bilder, die wir erhalten haben, illustrieren dies.

Betty Zukov aus Kalifornien teilte uns mit: „Das Fell meiner siebzehnjährigen Hündin ist auf doppelte Länge gewachsen, seit ich sie mit Vegedog füttere. Damit meine ich, doppelt so lang wie überhaupt jemals zuvor, auch als sie noch viel jünger war. Meine Hunde ernähre ich schon seit einigen Jahren mit selbst gekochter Nahrung, aber ich verwendete ein anderes Produkt, für das Fleisch erforderlich war. Ich freue mich wirklich sehr, Fleisch nun endlich vollkommen aus meinem Heim verbannen zu können."

Susan Miller schickte folgenden Beitrag: „Bei unserem jüngsten Besuch beim Tierarzt im März fragte er uns, womit wir unsere Katze Chloe (die zierlichere von beiden) fütterten. Mein Mann, der gerade nicht sehr gut gelaunt war, gab zurück ‚Wieso?'. Der Arzt antwortete, dass sie zur Zeit etwa ein Pfund Übergewicht habe. Wir waren beinahe stolz darauf, da sie im Vergleich zu unseren früheren Katzen stets so dürr schienen. Unser Tierarzt bestätigte jedoch, dass sie ausgezeichnet in Form seien. Ich habe festgestellt, dass sich ihr Fell viel weicher anfühlt, seit ich sie vor einem Jahr auf vegetarische Ernährung umgestellt habe. Sie sind frech, verspielt, kräftig und aufgeweckt ..."

Alison Shepard schrieb uns über Vanya und Vladimir: „Vanya (zehn Jahre alt) und ihr Sohn Vladimir (fünf Jahre alt) waren schon immer Vegetarier. Da wir mit Vladimir züchten wollen, haben wir seine Hüften röntgen lassen, um die Genehmigung dafür zu erhalten. Man hat ihm die bestmögliche Wertung gegeben: Spitzenklasse! Er und seine Mutter haben wunderschönes Fell und herrliche Haut. Hier in Florida sind Hautprobleme sonst sehr häufig, vor allem durch Feuchtigkeit entstandene Dermatitis usw. Außerdem scheinen sie auch nicht von Flöhen befallen zu werden. Die Leute nehmen an, dass wir unser Haus mit Pestiziden bombardieren und auch den Garten damit überfluten, wie das anscheinend sonst alle tun. Sie können gar nicht glauben, dass es nur an der Ernährung liegt."

Les und Susan Stewart aus Kalifornien schrieben über ihre Katze Dancer (wir empfehlen übrigens nicht die Gabe von Kalzium-/Magnesiumpulver): „Vielen Dank für *Dogs & Cats Go Vegetarian* und Vegecat. Wir sind überzeugt, dass Sie damit das Leben unserer Katze Dancer gerettet haben. In den vergangenen sieben Jahren (seit wir Dancer im Alter von fünf Monaten bekommen haben) ernähren wir ihn vegetarisch unter Zugabe von Nahrungsergänzungsmitteln in Pulverform (Seetang, Lezithin, Bierhefe und Kalzium-/Magnesiumpulver). Wir waren der Meinung, dass er das nötige Taurin aus den rohen Eiern und dem Käse bezog, womit wir ihn fütterten. Tagsüber war er draußen; wir wissen, dass er Mülltonnen ausgeräumt und ein bisschen gejagt hat.

Vor etwa einem Jahr sind wir umgezogen, und Dancer wurde aus eigenem Entschluss zur reinen Hauskatze. In wenigen Monaten stellten wir fest, dass er fast den ganzen Tag lang schlief, lethargisch und desinteressiert war, kaum aß und zu unserem Schreck fast drei von seinen neuneinhalb Pfund abgenommen hatte.

Etwa zu diesem Zeitpunkt hatte ich Ihr Buch *Dogs & Cats Go Vegetarian* gerade angefangen. Nachdem ich zunächst einen Taurinzusatz in seine Nahrung gegeben hatte (die Menge schätzte ich, da ich keine Informationen für den genauen Bedarf von Katzen finden konnte) und ihn anschließend auf Vegecat umgestellt habe, kann ich nun erfreut berichten, dass er das verlorene Gewicht wieder zugenommen hat und sich erneut für das Leben interessiert. Wir sind Veganer und sehr dankbar, eine gesunde Fütterungsmethode gefunden zu haben, die nicht zum Abschlachten anderer unschuldiger Kreaturen führt."

Die legendären blauen Katzen Frankreichs

Katherine Kisrow, Eigentümerin der Velure Cattery in Tennessee, schrieb uns: „Ich verwende erst seit kurzem Ihre Tiernahrungszusätze, und zwar mit mehr Spontanerfolg, als ich mir jemals hätte träumen lassen! Zusätzlich zu meinen gemischtrassigen Hauskatzen habe ich eine kleine Gruppe reinrassiger Chartreux-Katzen, der älteste Hauskatzenrasse der Welt. Ironischerweise jagte man diese wunderschönen Tiere einst wegen ihrer Felle und ihres Fleisches.

Seit Jahren schon hatte ich nach einer vegetarischen Ernährungsmöglichkeit für meine Katzen gesucht, rannte dabei aber immer wieder gegen Wände, wie alle anderen in ähnlicher Situation auch. Ich war ganz aufgeregt, als ich in *Vegetarian Times* über das Buch von Barbara Peden las, und bestellte sofort Vegecat. Während einige Mitglieder meiner Tierfamilie nach wie vor auf ihr gewohntes Futter hoffen, rennen ganz besonders die Jüngeren, die noch nicht so feste Gewohnheiten haben, begeistert herbei, sobald sie mich mit der Mischschüssel entdecken. Ich hatte viel Spaß mit den Rezepten im Buch, kenne aber nun die Mengenverhältnisse gut genug, um selbst neue zu erfinden.

Die so ernährten Katzen gedeihen prächtig. Bei einer Katzenausstellung am vergangenen Wochenende gewann eines meiner Tiere sogar den Gesamtpreis für das ‚Beste Kätzchen'. Der Preisrichter hob besonders die hervorragende Verfassung hervor, und ich sagte stolz, dass die Katze ein Vegetarier ist.

Obwohl der Begriff ‚Züchter' heutzutage oft mit negativen Assoziationen belegt ist, glaube ich, dass es wie in allen Lebensbereichen gute und schlechte unter ihnen gibt. Die guten Züchter züchten mit Respekt und Intelligenz und begrenzen die Anzahl der Jungtiere. Katzenausstellungen ziehen viel Publikum an und bieten eine hervorragende Möglichkeit, die Liebe zu und das Verständnis für alle Katzen zu entwickeln. Außerdem kann man bei solchen Anlässen interessierte Besucher über gute Pflege, Tierschutz und mehr informieren. Gerne will ich Vegecat bei solchen Gelegenheiten Katzenkäufern weiterempfehlen, falls Sie nichts dagegen haben, dass ein ‚Züchter' dies tut."

Itty Bitty Kitty Witty

Wir haben uns gefreut, im folgenden Brief noch mehr von Katherine zu hören: „Ich habe weiterhin Erfolg bei der Verwendung von Vegepet-Zusätzen in meiner Katzenzucht und füge ein paar Beweisfotos bei. Eines davon zeigt Velure Gelfling, eine sehr junge Chartreux-Katze, der wir liebevoll den Spitznamen ‚Itty Bitty Kitty Witty' gegeben haben. Als sie erst vier Wochen alt war, versiegte die Milch ihrer Mutter (die meisten Chartreux-Katzen werden erst im Alter von acht bis zehn Wochen abgestillt). Da sie so klein war, hatte ich Angst, dass sie nicht überleben würde. Ich habe versucht, sie nach einem Vegecat-Rezept zu füttern – und sie aß alles mit Begeisterung! Sie wuchs und gedieh und ich freute mich, sie zum ‚Blumenmädchen' bei meiner Hochzeit machen zu können!

Das zweite Foto zeigt Velure Eden, wie sie vom Preisrichter bei einer Katzenshow in Dallas, Texas, im November 1991 begutachtet wird. Obwohl die Katzenausstellung von Purina(!) gesponsert wurde, brachte ich Edens bevorzugtes Vegecat-Rezept mit (ich habe festgestellt, dass es auf Reisen und bei fehlender Kühlmöglichkeit sehr hilfreich ist, trockene Zutaten zu vermengen, Gläser mit biologischer Babynahrung mitzunehmen und alles dann vor dem Füttern zu mischen). Eden wurde zur besten Chartreux-Katze der Show gewählt.

Vor kurzem unterhielt ich mich nach einer Show mit anderen Katzenzüchtern über die Ernährung. Als ich sagte, dass ich die Ernährung meiner Katzen fast ausschließlich selbst zubereite, sagte ein anderer Züchter sofort:

Velure Eden auf der Katzenshow

‚Das ist schlecht!‘ Wie traurig ist doch die Vermutung, dass Selbstgemachtes, bei dem wir immerhin den Ursprung jeder einzelnen Zutat kennen, automatisch minderwertig sein muss, verglichen mit dem gleichförmigen braunen Trockenfutter in aufwändiger Verpackung. Wie vertrauensselig wir doch sind, wie leicht zu übertölpeln… Ich muss allerdings zugeben, dass ich gelegentlich der Einfachheit halber auch noch diese Fertignahrung verwende, wodurch einigen Tieren auch die Eingewöhnung in ein späteres neues Heim vereinfacht wird. Aber das ist in Ordnung – das ‚New Age‘ ist im Kommen.“

Wandelnde Friedhöfe

Es gibt noch einen wichtigen Grund, unsere Behausungen zu „fleischfreien Zonen“ zu erklären. Wie Swami Pragyanand sagt: „Alle Gemeinden vom Nahen Osten bis nach Tibet entsorgen Leichen durch Verbrennung oder Beerdigung, aber stets weg von der Stadt, nicht mittendrin. Menschen haben dagegen ihre eigenen Mägen zu wandelnden Friedhöfen gemacht für tote Ziegen, Hähne, Schweine und andere Tiere und öffnen so tödlichen Krankheiten wie dem Krebs Tür und Tor.“ Wie wahr ist das für die meisten Menschen, insbesondere für jene, die Haustiere halten. Da uns aber jetzt vegetarische Alternativen in der Tiernahrung zur Verfügung stehen, können wir die Toten wenigstens richtig beerdigen und trotzdem weiterhin die Nähe zu unseren vierbeinigen Freunden genießen, die sich ansonsten unseren Ernährungsvorlieben nicht anschließen würden.

Beruferaten

Vor Jahren gab es ein heiteres Beruferaten im Fernsehen. Können Sie herausfinden, welchen Beruf dieser Mensch hat:

1. Ich werde normalerweise aus dem Ausland in die USA gebracht, wo man mir Arbeit verspricht.
2. Gelegentlich schlage ich Tiere mit Bleirohren, damit sie sich bewegen.

3. Ich wate zentimetertief in Blut.
4. Ich arbeite mit Stöcken oder Messern.
5. Die Stellenwechselquote für meinen Job liegt bei 100 % im Jahr.
6. Meine Arbeit fördert Sadismus und Grausamkeit in mir.
7. Meine Spezialität ist das Töten.
8. Man nennt mich Abdecker, Hacker oder Schinder.
9. Wenn mir was an meinen Job liegt, beklage ich mich besser nicht über die Grausamkeiten Tieren gegenüber, die ich ständig vor Augen habe.

Sollten Sie es wider Erwarten nicht erraten haben: Dieser unglückselige Mann arbeitet in einem Schlachthof und verrichtet die Drecksarbeit, damit wir weiterhin mit Produkten und Abfallprodukten vom toten Tier versorgt werden. Er ergreift Hennen, die ein Jahr lang täglich treu und brav ein Ei gelegt haben, und zermahlt sie bei lebendigem Leibe in riesigen Schraubmahlwerken, um sie zu Tiernahrung zu verarbeiten. Die Grausamkeit ist erstaunlich gut dokumentiert im 1997 erschienenen umstrittenen Buch *Slaughterhouse* (Schlachthof) von Gail Eisnitz.

Vielleicht wenden Sie sich angesichts einer solch grauenhaften Stellenbeschreibung angeekelt ab. Aber es besteht eine direkte Verbindung von jedem einzelnen Arbeiter im Schlachthof zum Käufer von Tiernahrung, die Produkte aus Schlachthöfen enthält. Arbeiter in Schlachthöfen morden im Akkord, begehen unmenschliche Grausamkeiten und ziehen sich irgendwann verzweifelt aus der Gesellschaft zurück, damit Tierhalter, sich nichts Böses dabei denkend, bunte Tüten mit Tierfutter kaufen können. Es gibt die Nachfrage, also gibt es das Angebot – und infolgedessen auch unsägliches Leid.

Bei Rindfleisch-Allergien wird von vielen Tiernahrungsfirmen Lammfleisch angepriesen. Hier ist keine Rede mehr vom sanften Lamm, das sich zum Löwen legt.

Sue Coe beschreibt in ihrem sehr deutlich illustrierten Buch *Dead Meat* (Totes Fleisch), was sie in einem modernen Schlachthof erlebt hat: „Ein weißes Schaf mit einem blauen Kennungszeichen und schwarzen Hufen wird hereingebracht. Die Tür schließt sich. Es läuft im Schlachtraum herum. Der Vorarbeiter kommt auf mich zu und sagt mir, dass er und die Arbeiter ihre Gesichter nicht auf meinen Fotos haben wollen. Das Schaf wartet, Hufe und Beine bedeckt vom Blut anderer Tiere. Die Tür wird wieder geöffnet und zwei weitere Schafe werden hineingeschoben. Der Arbeiter draußen hat wohl nicht gemerkt, dass das Töten kurzzeitig unterbrochen wurde. Die Schafe beginnen zu blöken, leise, schreckliche, klägliche Schreie. Dampfendes Wasser aus den Schläuchen wäscht das alte Blut den Abfluss hinunter. Und dann beginnt das Töten erneut …

Schafe blöken auch noch, nachdem man ihnen die Kehle durchgeschnitten hat. Sie winden sich. Jeder Teil meines Wesens sagt mir, gebiete dem ein Ende, rette die Schafe, was aber doch unmöglich ist. Ich denke an Kunst und daran, wie ich das alles zeichnen werde. Wird sich irgendetwas ändern, wenn die Menschen das sehen? Dieser Gedanke an Kunst kommt so schnell nach dem Gedanken an die unmögliche Rettung, als ob ich mich mit ihm selbst zu trösten versuche durch die Vorstellung, dass der Geist eines Tieres an einen anderen Ort wandert. Mir ist übel und meine Beine zittern – meine Hände auch –, aber ich konzentriere mich auf ein ‚normales' Verhalten. Verschiedene Tiere werden umgebracht. Ich will hier raus…"

Im Jahr 1905 schrieb H. G. Wells sein Buch *A Modern Utopia* mit seiner persönlichen Zukunftsvision: „Auf der ganzen runden Welt namens Utopia gibt es kein Fleisch. Früher gab es welches. Aber jetzt können wir den Gedanken an Schlachthöfe nicht mehr ertragen. Und in einer gebildeten Bevölkerung findet man niemand mehr, der einen Ochsen oder ein Schwein zerhacken würde. Die Frage nach der Hygiene des Fleischverzehrs haben wir nicht geklärt. Der andere Aspekt war ausschlaggebend für uns. Ich erinnere mich noch daran, wie ich als kleiner Junge die Schließung des letzten Schlachthofs bejubelt habe."

3. Kapitel
Am besten frisch

Frisch zubereitete und sorgfältig ausgewählte Lebensmittel sind Dosennahrung, getrockneten, gepressten, gefärbten, mit künstlichem Aroma behandelten und konservierten Nahrungsmitteln überlegen. Nahrungsmittelhersteller wollen uns aber vom Gegenteil überzeugen.

Amerikanische Konsumenten geben pro Jahr mehr als 50 Milliarden Dollar für Kadaver (Fleisch) aus. Damit ist es das meistverkaufte Produkt im Lebensmittelhandel. Nur die Hälfte eines Schlachttieres wird wirklich von Menschen konsumiert, weshalb allein in Amerika im Jahre 1998 zwanzig Milliarden Kilogramm Tier-Teile übrigblieben. Tierfutter ist der Ausweg!

1998 wurden in Amerika 5.899.500.000 $ für Hundefutter und 4.660.100.000 $ für Katzenfutter ausgegeben. Das sind zehn Milliarden und 599 Millionen (ein Zuwachs von 25 % gegenüber 1993), um etwas mehr als 55 Millionen Hunde und 70 Millionen Katzen zu füttern!

Im Anhang 1 werden die verantwortlichen Konzerne näher betrachtet.

Ein Gegner von Frischfutter ist Dr. Francis Kallfelz, Professor für klinische Ernährung am New York State College of Veterinary Medicine, Cornell University, der auch als Kolumnist der Zeitschrift *Cat Fancy* bekannt ist. Auf die Frage, ob Haustierbesitzer ermutigt werden sollten, Frischfutter in die Diät der Tiere aufzunehmen, antwortete er in der Zeitschrift *Petfood Industry* (Haustierfutter-Industrie): „Solange vollwertiges und ausgewogenes Futter gegeben wird, ist es nicht nötig, der Hunde- oder Katzennahrung frische Zutaten beizufügen. Soweit es mich betrifft, sehe ich keine objektiven Anzeichen für den Beweis, dass diese Praxis irgendeine nützliche Wirkung haben könnte."

Als er gefragt wurde, ob er gegen frische Nahrungsmittel sei, antwortete er: „Nein, nicht unbedingt, solange Sie davon dem Tierfutter nicht mehr als zehn Prozent des Gesamtgewichts beifügen. Vermutlich wird es nicht schaden, da genügend vorhandene Sicherheitsfaktoren im Haustierfutter ausgleichen können. Allerdings habe ich noch keinen Beweis dafür gesehen, dass es irgendeinen ernährungsbedingten Nutzen hätte."

Dr. Kallfelz' Budget ist zu einem großen Teil von Beiträgen der Tierfutter-Industrie abhängig. Könnte dies der Grund für seine Einstellung sein?

Die 900 Katzen des Francis Pottenger

Zwischen den Jahren 1932 und 1942 leitete Francis Pottenger ein Fütterungsexperiment mit 900 Katzen, um die Wirkungen von frischer im Vergleich zu gekochter Nahrung zu bestimmen. Es ist erbärmlich, Katzen zu opfern, für welchen Nutzen auch immer. Trotzdem resultieren aus dieser Untersuchung, die vor über 60 Jahren durchgeführt wurde, wichtige Ergebnisse.

Seine sorgfältig dokumentierte Arbeit, die 1983 mit dem Titel *Pottenger's Cats* (Pottengers Katzen) veröffentlicht wurde, füllt ein 126-seitiges Buch mit Tabellen und Fotos.

Die Katzengruppe mit gekochter Nahrung war gereizt, von Ungeziefer und Darmparasiten geplagt, litt an Hauterkrankungen, Allergien, Herz-, Nieren-

und Leberproblemen, schlechtem Sehvermögen, Drüseninfektionen, Gelenk- und Nervenkrankheiten. Von der dritten degenerierten Generation überlebte kein einziges Tier länger als sechs Monate, wobei Durchfall und Lungenentzündung die häufigsten Todesursachen waren.

Die Katzen, welche rohe Nahrung erhielten, litten an keiner der zuvor erwähnten Beschwerden und erhielten gute Noten. Beide Gruppen erhielten im wesentlichen genau dieselbe Nahrung, nur war sie für die erste gekocht und für die zweite roh, nämlich intakt in Bezug auf die Enzyme. Dr. Pottenger konnte nur darüber spekulieren, welche Vitalstoffe ausschließlich in roher Nahrung vorkommen und in gekochtem Zustand dann nicht mehr vorhanden sind.

Gewebe-Enzyme, wie auch einige Vitamine, sind hitzeempfindlich; aber genau an diesem Punkt führte ihn seine Forschung auf ein anderes Gebiet. Wie auch immer, seine exakt dokumentierte Studie über den Vergleich zwischen roher und gekochter Nahrung hat große Bedeutung für die Entwicklung einer idealen Ernährungsart.

Obwohl die Pottenger-Studie häufig von anderen zitiert wird, behauptet Kallfelz dennoch: „Es gibt keine objektiven Beweise…"

Auch gegen jene, die natürliches Haustierfutter befürworten, holt er zum Schlag aus: „Natürliches Haustierfutter hat im Vergleich zu konventionellem Tierfutter keinen Ernährungsvorteil. Der tatsächliche Nährwert beider Futterarten ist ähnlich. Genauer gesagt, haben ‚natürliche' Nahrungsmittel sogar einige Nachteile: höherer Preis, unkontrolliertes Fett und allgemein unzureichend definierte Substanzen."

Weiter beklagt er das Fehlen von synthetischen Antioxidantien, wodurch das Fett ranzig werden kann, was wiederum „ernsthafte, medizinische Konsequenzen nach sich ziehen könnte, besonders bei Katzen". Korrekterweise weist er darauf hin, dass auf den Etiketten einiger „natürlicher" Haustierfutterprodukte die Zugabe von Vitamin E als natürliches Antioxidant angegeben wird. Wenn allerdings Vitamin E nicht schon während des Raffinierens des Fettes zugefügt wurde, könnte es unwirksam sein, da dieses Vitamin zwar den Prozess des Ranzigwerdens verhindert, ihn aber nicht rückgängig machen kann. Obwohl Vitamin E weniger giftig ist als andere fettlösliche Vitamine, kann es in größeren Mengen dennoch giftig sein. Er fragt daher: „Wieviel fügen sie hinzu?"

Kallfelz sollte wissen, dass Futterhersteller so wenig Vitamin E wie möglich in ihren Rezepten verwenden, da es eines ihrer teuersten Zutaten ist. Es kann davon ausgegangen werden, dass es nicht giftig ist, obwohl extrem hohe Mengen davon Appetitlosigkeit und eine leicht beeinträchtigte Blutgerinnung verursachen können.

Er ist auch gegen die Zugabe von Kräutern, wie Wallwurz, Rosmarin, Hortensien, Himbeerblättern und getrockneten Seetang. Er weist darauf hin, dass er keinen objektiven wissenschaftlichen Beweis finden konnte, der die Vorteile dieser Inhaltsstoffe belegt. Außerdem sagt er sogar, dass er seinem Hund niemals Tierfutter mit solchen fragwürdigen Substanzen geben würde und dies auch seinen Kunden nicht empfehlen könne.

Offensichtlich hat er die Eigenschaften von Seetang nicht untersucht. Fabriken in den Vereinigten Staaten, Kanada, Irland, Schottland, Frankreich, Dänemark, Holland, Norwegen und Südafrika stellen Tierfutter aus braunen Algen (Seegras) her. Eine norwegische Fabrik erntet Ascophyllum nodosum, trocknet es an der Sonne, entfernt überschüssiges Salz und karamellisiert den enthaltenen Zucker, um einen auf Vieh und Pferde abstoßend wirkenden Geruch zu beseitigen. Das durch diesen Verarbeitungsprozess hergestellte Futter hat angeblich einen Nährwert vergleichbar mit Hafer, verhindert oder heilt Mineralmangel-Krankheiten und bewirkt „bessere Milch, Eier, Fleisch und Fell“.

Dr. Kallfelz müsste nicht weit gehen, um Seetang untersuchen zu können. Professor Cavanaugh, wie dieser tätig an der Cornell University, veröffentlichte eine Untersuchung, in der die Wirksamkeit von Seetang bei Knochenbrüchen festgestellt wurde.

Im Buch *Seaweed and Vitality* (Algen und Lebenskraft) fügt John Zorn hinzu: „Über Patienten mit Knochenbrüchen wurden während der Heilungsphasen, in verschiedenen Zeitabständen, Untersuchungen über den Gehalt an Kalzium, Phosphor, Eisen und Jod im Blut gemacht. Professor Cavanaugh fand dabei heraus, dass die Heilungszeit bei Knochenbrüchen durch eine tägliche Ration Seetang um zwanzig Prozent verkürzt werden konnte. Außerdem zeigte diese Studie auch deutlich, dass Seetang den Kalziumgehalt im Blut erhöht.“

Mark Morris jun., Forschungs-Vizepräsident der Morris-Tier-Stiftung, ist verantwortlich für viele Ernährungsinformationen, nach denen sich die Haustierfutter-Industrie richtet. Ein Grund gegen natürliche Nahrungsmittel ist für ihn, dass sie nicht sehr lange haltbar sind – ein entscheidender Faktor für gewinnbringendes Marketing.

In der Zeitschrift *Petfood Industry* (Haustierfutter-Industrie) schrieb er: „Der gesamte Bereich natürlicher Nahrungsmittel stellt eine bemerkenswerte Kontroverse dar. Ich sehe das so: Falls ich bei der Herstellung eines natürlichen Produktes Sachen wegfallen lassen muss, die für die Ware nützlich sind (Haltbarkeit, Lagerfähigkeit etc.), dann will ich das natürliche Produkt nicht! Meiner Meinung nach fehlen Daten, die den Vorteil von frischen Nahrungsmitteln belegen. Ob eine Reaktion erfolgt oder nicht, wird von der Qualität der Basisernährung abhängen. Die Verwendung frischer Nahrungsmittel kann sehr heimtückisch sein.“

Experten empfehlen Frischkost

Randy Wysong, Gründer des Wysong-Instituts, (eine Wohltätigkeitsorganisation, die sich aktiv für Forschung, Erziehung und Ökologie einsetzt), gehört zu der „Natürlich-ist-besser“-Schule. Er schrieb in *Petfood Industry:* „Tierbesitzer sollten in den Ernährungsplan ihrer Haustiere frische Nahrung einbeziehen. Die Wissenschaft ist mit ihrem Anspruch auf die hundertprozentig richtige Ernährung noch lange nicht am Ende der Weisheit angelangt. Die Haustiernahrungs-Industrie und die Aufsichtsbehörden sollten diese Tatsache zugeben und endlich mit der Vorspiegelung falscher Tatsachen aufhören.“

In einem Vergleich mit Eltern sagt er: „Wie viele Eltern würden den Rat eines Kinderarztes befolgen, der ein verpacktes Lebensmittel auf den Untersuchungstisch legt und dann den Eltern erzählt, dass dies das einzige Produkt ist, mit dem sie ihr Kind Tag für Tag ein Leben lang zu ernähren haben, und dass sie es außerdem vermeiden sollten, jemals irgendwelche anderen Nahrungsmittel zu geben, da diese die Ausgeglichenheit verändern könnten? Selbst wenn der Kinderarzt versichert, dass Ernährungstests gemacht wurden, die dem Produkt ‚hundertprozentige Vollwertigkeit und Ausgewogenheit' garantierten: Wie viele Eltern würden eine solche Empfehlung akzeptieren?"

Die Logik ist nicht zu leugnen. Jede Mutter weiß instinktiv, dass frisches Obst und Gemüse für den Aufbau der Gesundheit besser geeignet sind als verarbeitete und verpackte Produkte mit Zusatzstoffen für bessere Haltbarkeit. Kinder sollten genügend frische Äpfel, Karotten und frisch gekochte Mahlzeiten bekommen.

Aber derartige Empfehlungen gegen frische Nahrungsmittel für Haustiere sind an der Tagesordnung für viele Tierärzte, Wissenschaftler, Regierungsverantwortliche und Industrielle. Was in der menschlichen Ernährung als völlig unsinnig gilt, ist in der Haustierernährung normal geworden, wird erwartet und sogar gefordert.

Wysong fährt fort: „Kleine Ernährungsprobleme können große Krankheiten auslösen, da aber Ursache und Wirkung zeitlich oft weit auseinander liegen können, werden Ernährungsprobleme oft gar nicht in Erwägung gezogen. Wie kann z.B. jemand beweisen oder widerlegen, ob der Bauchspeicheldrüsenkrebs bei einem zehn Jahre alten Hund durch die lebenslange Ernährung mit einem ‚hundertprozentig ausgewogenen' Fertigfutter entstanden ist oder nicht? Die Öffentlichkeit sollte ermutigt werden, das Futter ihrer Haustiere mit frischen Lebensmitteln zu ergänzen, und man sollte ihnen beibringen, wie das gemacht wird."

In dem Buch *Understanding Your Cat* (Verstehe Deine Katze) schreibt Michael W. Fox:

„Ich habe einen kastrierten, männlichen Abessinier und gebe ihm Purina chow und jeden zweiten Tag feuchtes Dosenfutter, Reste von unserem Essen (er liebt frische Maiskörner und Bananen) und Gras (nämlich Rasen). Eine ausgewogene, abwechslungsreiche Ernährung ist eine sichere Regel."

David Jaggar ergänzt: „Viele von uns in der ganzheitlichen Tiermedizin erkennen die schädlichen Auswirkungen von regelmäßig gefüttertem, handelsüblichem Katzenfutter, obwohl die konventionelle Ausbildung von Tierärzten und Firmenwerbung dies befürworten. Unsere Betonung liegt ganz klar auf der Fütterung frisch zubereiteter Mahlzeiten, einerseits für die Gesundheit der Katze und andererseits, um eine verantwortungsbewusstere Einstellung und eine verbesserte Qualität in der Beziehung zwischen Tierhaltern und ihren Katzen zu fördern."

Richard Pitcairn empfiehlt, dem herkömmlichen Futter frische Nahrung beizufügen, falls sich der Tierhalter für die Verwendung von handelsüblichem Futter entscheidet. Er rät zur Zugabe von Sprossen, geraspelten Karotten, rohen Eiern und Fleischstücken. Sein Hauptziel ist jedoch, dass die Halter für ihre Tiere das Futter möglichst selbst zubereiten. Eines der wichtigsten Anliegen seines Buches ist, Mahlzeiten für Katzen und Hunde so einfach und erschwinglich wie möglich zu machen. Obwohl selbst Vegetarier, fand er keine praktikable vegetarische Ernährung für Katzen. Unsere Forschungen begannen erst drei Jahre, nachdem er und seine Frau im Jahre 1982 ihr Buch erstmals veröffentlicht hatten. Er zitiert eine Dame aus New York, die ihm folgendes erzählte: „Freunde von mir glauben, dass ich verrückt bin, weil ich für einen Hund koche. Sie selber haben jüngere Hunde mit lockeren und ausgefallenen Zähnen, ernsten Hautausschlägen, Herz- und Atemproblemen, Übergewicht, Müdigkeit etc. Sie sagen, Buck sei so gesund, weil er ein Mischling ist. Das könnte mit ein Grund sein, aber ich glaube, dass auch die Ernährung und Pflege, die er erhält, positiv dazu beiträgt. Buck hat auch noch nie Flöhe gehabt."

Wendell Belfield schimpft auf Tierfutter aus dem Handel: „Obwohl die Industrie behauptet, dass Haustiere mit herkömmlichem Fertigfutter ein langes und gesundes Leben führen, sind wir Tierärzte ständig mit dem Gegenbeweis konfrontiert, nämlich mit kranken Tieren. Wir stoßen häufig auf akute Reaktionen wie Durchfall, Erbrechen und krankhafte Hautveränderungen. Am häufigsten sind wir jedoch Zeuge von sich verschlechterndem Gesundheitszustand, reduzierter Leistungsfähigkeit der Körperfunktionen und der Organe, Nierenschwäche im mittleren Alter aufgrund übermäßigen Eiweißkonsums, geschwächtem Immunsystem und allergischen Reaktionen. Wir sehen immer klarer die sich konzentrierenden negativen Auswirkungen all dieser Zusatz- und Giftstoffe, abgesehen von den recht fragwürdigen Quellen der natürlichen Substanzen."

Weiter spricht Belfield über die Wichtigkeit roher Lebensmittel in der Ernährung und verweist auf die bekannte Pottenger-Forschung an den 900 Katzen. Er empfiehlt: „Geben Sie Ihrer Katze Reste vom Tisch. Ich habe das schon immer befürwortet. Wenn ich von Tischresten spreche, meine ich nicht Zucker und Süßigkeiten oder Kuchen und Kekse. Ich rede von Fleisch und Gemüse, Salat und gekochtem Getreide. Die Tierfutterindustrie hat versucht, die Menschen davon abzuhalten, Reste vom Tisch zu verfüttern, weil man wohl nicht möchte, dass dadurch die eigenen Umsätze sinken. Die Hersteller wollen Sie glauben machen, dass Ihre Tiere alle nötigen Nährstoffe aus dem Beutel oder aus der Dose erhalten. Aber das stimmt nicht."

Die Wichtigkeit von Gras

Ann Wigmore, berühmt für ihre Rohkost-Heil-Seminare, unterstreicht die Wichtigkeit von stets verfügbarem Gras für Ihre vierbeinigen Kameraden: „Wenn Sie Ihre Tiere aufmerksam beobachten, werden Sie schnell herausfinden, dass sie täglich Grasplätzchen aufzusuchen. Dort wählen sie sorgfältig einzelne Halme aus und kauen zufrieden auf ihnen herum. Das bringt die Grassäfte, nämlich das nützliche Blattgrün mit seinen lebenden Mineralien, Vitaminen und Spurenelementen, in den Magen des Tieres und ermöglicht so eine bessere Nutzung der Verdauungssäfte."

Natürlich gibt es auch einen simpleren Grund für Ihre Katze, der sie mit Vorliebe Grashalme kauen lässt: Dadurch lassen sich nämlich ärgerliche Haarballen entfernen. Alle Katzenbesitzer, besonders die von langhaarigen Rassen, wissen, dass dies eine ganz normale Reaktion ist. Wie Muriel Beadle beobachtet: „Wenn Katzen pflanzliche Nahrung fressen, muss diese in mundgerechter Form sein, denn sie haben weder Mahlzähne, noch können sie ihre Kiefer in seitlicher Richtung bewegen. Sie mögen z.B. Gras, das sie ziemlich unbeholfen abreißen und hinunterschlucken. (Oft bleibt es nicht unten und kommt zusammen mit Haarballen wieder hoch. Möglicherweise fressen Katzen Gras wegen dieser Brechreiz auslösenden Eigenschaften.)"

Was auch immer der Grund sein mag: Es ist wichtig, dass Katzen stets genügend sauberes Gras zur Verfügung haben. Für Katzen, die ausschließlich in der Wohnung gehalten werden oder nur Zugang zu stark gespritztem Gras voller Gifte haben, kann man auch selbst Gras anpflanzen. Es ist nicht schwierig und macht Spaß. Die Samen für das benötigte Weizengras sind in Naturkostläden und Reformhäusern erhältlich. Für die Saat eignet sich ein Tablett mit Löchern im Boden, das wiederum in ein anderes Tablett gestellt wird, damit das abfließende Wasser aufgefangen werden kann. Fügen Sie ungefähr 3–5 cm Erde oder fertig gemischte Blumentopferde hinzu.

Weichen Sie die Samen im Sommer zwölf Stunden oder im Winter 24 Stunden in lauwarmem Wasser ein. Befeuchten Sie die Erde, aber nur so stark, dass sich keine Pfützen bilden. Pflanzen Sie die Samen so tief, dass sie nicht mehr sichtbar sind, und so dicht, dass ein Same den anderen gerade noch berührt. Bedecken Sie es dann lose mit Plastik, wodurch die Temperatur erhöht und das Ganze schön feucht gehalten wird. Stellen Sie es dann ungefähr drei Tage in mindestens halbdunkler Umgebung auf. Pflanzen wachsen schneller im Dunkeln, da sie nach dem Licht streben.

Nachdem das Gras ca. 3–4 cm hoch ist, entfernen Sie die Plastikabdeckung und stellen Sie Ihre Pflanzung in den sonnigsten Winkel des Hauses. In ein oder zwei Wochen wird es ca. 15–18 cm hoch sein, aber Sie können es jederzeit mit einer Schere zurückschneiden. Vielleicht möchten Sie auch Algenmehl als Dünger verwenden. Ein paar aufgesammelte Regenwürmer würden sich in der Erde auch wohlfühlen und sie verbessern. Vergessen Sie nicht zu gießen!

Sind Knochen und rohes Futter besser?

Viele Tierhalter interessieren sich für eine wachsende Bewegung, die hervorragende Gesundheit verspricht durch eine Ernährung mit „Knochen und rohem Futter"*. Eine Wildkatze oder auch Ihre eigene Katze wird selbst auf die Jagd ge-

*) Die Diskussion wird unter Befürwortern und Gegnern sehr engagiert geführt; im englisch-amerikanischen Sprachraum wird diese vermeintlich naturnahe Fütterung als BARF bezeichnet (Bones and Raw Food), im Deutschen als **B**iologisch **A**rtgerechtes **R**ohes **F**utter assimiliert.

hen und genau das bekommen, nämlich frisches, rohes Fleisch und Knochen. Versucht man jedoch, seine Tiere ähnlich zu ernähren, ist dies weder ungefährlich noch wünschenswert, wenn man nicht einen 24-Stunden-Betrieb auf Schlachthöfen unterstützen möchte.

Der Verzehr rohen Fleisches ist so gefährlich, dass es mit dem tödlichen Russischen Roulette vergleichbar ist. Eine weit verbreitete Fleischverseuchung lässt diverse Institute und Organisationen immer eindringlicher empfehlen, Fleisch stets gründlich zu kochen.

Der einzellige Protozoenparasit Toxoplasma gondii im Schlachthoffleisch verursacht Toxoplasmose. Menschen können von dieser Krankheit genauso wie Katzen und Hunde befallen werden. Die Jungen von infizierten Muttertieren können innerhalb von ein bis zwei Wochen daran sterben. Am anfälligsten sind Katzen im Alter von zwei Wochen bis drei Jahren.

Die Symptome bestehen in Atemschwierigkeiten, gefolgt von einer rasch fortschreitenden Lungenentzündung und Fieber, das auf Behandlung nicht anspricht. Der Tod tritt gewöhnlich innerhalb von drei Wochen ein. Einige Katzen sind latente Träger dieser Krankheit; sie zeigen zwar selbst keinerlei Symptome, geben sie aber trotzdem an andere weiter. Deshalb auch die Warnung an schwangere Frauen im Umgang mit den Katzenkistchen: Neugeborene Kinder können Augen- und Hirnschäden davontragen. Hunde können sich genauso leicht infizieren.

Bandwürmer werden durch rohes Fleisch übertragen. Eine Spezies, Echinoccus granulosus, verursacht zwar bei Hunden keine klaren Symptome, kann aber auf Menschen übertragen werden. Die Folge sind Zysten mit einem ungefähren Durchmesser von 15 cm, die sich mit verhängnisvollen Folgen im Körper des Wirtes entwickeln.

Geheilte Augen

Bald nach unserem ersten Buch schrieb uns John Grauer aus New York, welche Wirkung frische Nahrungsmittel haben können: „Ich möchte Ihnen eine kleine Geschichte von meiner Hündin Simone erzählen, die im Juli sechzehn Jahre alt wird. Vor einigen Jahren litt sie an Grauem Star – ihre Augen waren trübe und verschleiert. Kürzlich habe ich ihr etwas von meinem Essen gegeben (Erbsensuppe, Tomaten, Kohl usw.). Ich stellte fest, dass nach jedem Gemüseverzehr ihre Augen sich in ein tieferes Braun verwandelten. Schließlich bemerkte ich, dass sich nicht ihre Augenfarbe veränderte, sondern dass der Graue Star langsam verschwand! Ich bin schon länger nicht mehr bei meinem Tierarzt gewesen, aber demnächst werde ich ihn um eine Überprüfung ihrer Augen bitten. Nun sind sie leuchtend und klar, soweit ich es beurteilen kann. Eigentlich glaube ich, dass der Kohl dieses Wunder vollbracht hat. Simone ist verrückt danach; sie isst ihn roh oder gekocht und selbst dann, wenn sie schon ihre regelmäßige Mahlzeit bekommen hat! Es ist schon komisch, einen Hund Kohl essen zu sehen, aber das mag sie nun mal (ich übrigens auch)."

Zusätzliche Nahrungsenzyme

Selbst bei frisch zubereitetem Futter, das die richtige Menge an Nährstoffen, Vitaminen, Mineralien, Amino- und Fettsäuren enthält, fehlt ein lebenswichtiger Bestandteil, sobald es über 54 °C erhitzt wurde. Sogar wenn rohe unter gekochte Nahrung gemischt wird, bleibt ein Mangel an den richtigen Enzymen, die zum Aufschließen von Nahrung nötig sind.

Alle rohen Pflanzen und tierischen Gewebe enthalten Enzyme. Alle Wildtiere nehmen Enzyme auf. Dasselbe galt auch für die frühen Menschen, bevor sie das Feuer entdeckten.

Edward Howell dokumentierte in den zwanziger Jahren die Verbindung zwischen Enzymen und Gesundheit. Im Buch *Health & Longevity* (Gesundheit und langes Leben) schreibt er:

„Enzyme scheinen die Eigenschaft zu besitzen, zwischen totem Kolloid und lebenden Zellen zu vermitteln und außerhalb der Zelle bestimmte Eigenschaften lebender Materie zu tragen.

... Denken Sie mal über die Lebensstoffe von Enzymen nach: mit Energie geladene Materie. Man könnte vermuten, dass man bei solchen Betrachtungen von reiner Wissenschaft in eine philosophische Sphäre gleitet. Aber ich sehe nicht ein, warum das Wissen über Enzyme komplizierter sein sollte als das Verständnis der Funktionsweise einer Taschenlampen-Batterie, die mit Energie geladen ist. In keinem der beiden Fälle ist es nötig, irgendetwas nur der Vermutung zu überlassen, da in beiden Beispielen die Energie gemessen werden kann. Ist eine Batterie leer, so ist auch der Energiewert verschwunden; dasselbe gilt für Enzyme. Werden sie durch Hitze zerstört, so verschwindet der Energiewert und lässt nur seinen Energieträger zurück."

Kalorienreiche rohe Nahrungsmittel enthalten viel mehr Enzyme als kalorienarme. Es ist unmöglich, gekochte Proteine und Stärken durch Zugabe von rohem Gemüse oder Früchten auszugleichen.

Was passiert, wenn der Mangel an Enzymen nicht ausgeglichen wird? Howell und andere zählen eine wissenschaftliche Untersuchung nach der anderen auf, in denen kürzere Lebenserwartung, degenerative Krankheiten, Müdigkeit und die ganze Pandorabüchse voller Zivilisationskrankheiten zitiert werden. Auch die 900 Pottenger Katzen sind ein beachtenswertes Beispiel.

Aber es gibt einen Ausweg aus diesem Dilemma, der die Ernährung der von uns adoptierten Fleischfresser mit rohem Fleisch überflüssig macht. Im Jahre 1932 entwickelte Dr. Howell eine Möglichkeit für seine eigenen Patienten, mit Nahrungs-Enzymen bei guter Gesundheit zu bleiben. Es war ihm klar geworden, dass Rohkostdiäten utopisch sind in einer Zeit, in der gekochte Nahrung die Norm ist. Also entwickelte er ergänzende Enzyme, die wie Vitamine, Mineralien und Aminosäuren zur Verfügung stehen. Obwohl heute viele zusätzliche Enzyme auf dem Markt sind, sind die besten solche, die ohne jede Tierquälerei schon seit tausenden von Jahren in östlichen Ländern auf Pilzen gezüchtet werden. Dr. Howell wählte eine Zuchtlinie des Aspergillus oryzae und kultivierte sie auf Nahrungssubstraten aus Weizen oder Soja, unter Zugabe einiger Mineralien. Verschiedene Nahrungssubstrate produzieren die verschiedenen benötigten Enzyme wie Amylase, Protease und das Fett spendende Enzym Lipase. Dann trocknete er Auszüge der Enzyme in einem Vakuumverfahren mit niedrigen Temperaturen und erhielt ein geschmackloses Pulver.

Nachdem Edward Howell das Verfahren zur Produktion von wirksamen Nahrungsmittel-Verdauungsenzymen perfektioniert hatte, gründete er zur Herstellung und zum Vertrieb dieser wichtigen Nahrungssubstanzen die National Enzyme Company, mit der er bis zu seinem Tode im Alter von fast 100 Jahren verbunden blieb.

Der Vorteil dieser Enzyme ist ihre Fähigkeit, in der sauren Umgebung des Magens zu funktionieren. Werden sie mit erhitzter Nahrung eingenommen, so muss der Körper diese Enzyme nicht selber produzieren. Gemäß Dr. Howell hat ein lebender Organismus nur eine begrenzte Fähigkeit zur Herstellung von Enzymen, daher auch der Begriff „Enzym-Potenzial". Lebende Körper sind vergleichbar mit Batterien, die allerdings nicht Strom, sondern Enzyme liefern, bis sie leer sind. Es ist allerdings eine unglaubliche Verschwendung, große Mengen von Nahrungsmittel-Verdauungsenzymen zu produzieren, um die durch das Kochen zerstörten wieder zu ersetzen, denn ergänzende Enzyme (in der Rohkost) sind einfach und preisgünstig zu beschaffen.

Zusätzlich zu Enzymen

Östliche Kulturen lehren, dass Nahrung eine andere wichtige Eigenschaft in sich birgt, die im Westen kaum bekannt ist. Sai Baba, der geistige Führer von Millionen Menschen überall auf der Welt, sagte: „Die Qualität der Nahrung wird bestimmt durch die Schwingungen, mit denen sie geladen ist, und auch durch die Denkprozesse der Personen, die mit der Nahrung umgehen, sie zubereiten und servieren."

Durch selbst zubereitete Nahrung harmonieren unsere pelzigen Freunde mit unseren Schwingungen, wie alle anderen Familienangehörigen auch. Ist das nicht genau das, was wir anstreben und was ein richtiges Zuhause ausmacht?

Kapitel 4

Und so geht es

Diverse Publikationen, welche vor unseren ersten Untersuchungen (zwischen 1985 und 1986) erschienen sind, enthielten entweder falsche Informationen oder rieten von der vegetarischen Ernährung von Hunden und Katzen ab.

Hunde sind Allesfresser und könnten ihre Grundnahrungsbedürfnisse durch Pflanzen durchaus abdecken. Allerdings sind einige der Nährstoffanforderungen so hoch (nach den Ergebnissen der neuesten Forschung), dass man sie nicht durch eine vegetarische Diät ohne jeden Zusatz erfüllen kann. Aus diesem Grund erhielten wir kurz nach dem Erscheinen von Vegecat Anfragen nach einem Nahrungszusatz für Hunde.

Früher haben verantwortungslose, wenn auch gutmeinende „Experten", ohne große Nachforschungen anzustellen, zu einer ausschließlich vegetarischen Ernährungsweise für Katzen geraten, und zwar aufgrund ihrer persönlichen Erfahrungen mit vereinzelten Tieren. Offensichtlich blieb der Gesundheitszustand von Hunden akzeptabel, die Katzen jedoch ergänzten diese Art der Ernährung durch Beutetiere – sonst drohte ihnen Blindheit, Herzversagen oder andere Probleme.

Zwei Jahre nach der ersten Auflage von *Dogs & Cats Go Vegetarian* begannen wir mit der gelegentlichen Herausgabe eines Newsletters für die Besitzer von vegetarisch ernährten Haustieren, mit dem Ziel der Förderung von mitfühlendem Verantwortungsbewusstsein. In dieser Publikation wurden oft gestellte Fragen beantwortet, Artikel zur Gesundheit und auch Tipps von Tierärzten veröffentlicht.

Auf der Titelseite des Wall Street Journal

Mary Currier bietet vielen vegetarischen Hunden und Katzen eine Heimat in ihrem abgelegenen Bauernhaus in New Hampshire. In einer Reportage über sie, erschienen im *Wall Street Journal* vom 27. Oktober 1993, wurde berichtet: „Mary Currier hat etwas geschafft, das viele Besitzer von wählerischen Katzen für unmöglich halten würden. Während vier Katzen friedlich auf einem überfüllten Küchentisch schlafen, machen sich zwei andere Katzen eifrig über eine auf der Arbeitsfläche liegende Melone her."

Drei Jahre vorher hatte auch ich Mary interviewt:

HOANA: Sie haben dreizehn Katzen und drei Hunde. Können Sie uns erst über die Hunde berichten?
Mary: „Bambi (15) ist ein Windhundmischling. Wir holten Fox aus dem Tierheim. Sie sieht aus wie ein Schlittenhund, ist aber ebenfalls ein Mischling. Sheba ist eine Labradorhündin, die ungefähr zwei Jahre alt ist, auch sie stammt aus dem Tierheim."

HOANA: Und die Katzen?
„Unsere Baby ist etwa neun, Butterscotch acht, BeautyBoo fünf; dann sind noch Buffy, Marmalade, Boopsy und Amory bei uns. Neu dazugekommen ist die Katzenmutter Micha mit ihren vier Jungen: Charlie, Rainbow, Scaredicat und Pe-

tunia. Und außerdem haben wir noch die kleine Foofur aus Maine. Die Jungtiere haben noch nie etwas anderes als vegetarische Nahrung bekommen. Sie sind alle ganz verrückt nach Kichererbsen mit Eiern."

HOANA: Verwenden Sie rohe Eier?
„Nein, die Eier werden hart gekocht, da sie so den Katzen besser zu schmecken scheinen. Die Eier stammen von Freilandhühnern. Die Kichererbsen kaufe ich in Dosen und wärme sie dann auf. Anschließend füge ich noch geraffelte Karotten hinzu, wie es im Buch steht. Sie mögen dies sehr. Amory will auch manchmal Obst. Ich habe auch schon allen Avocados* angeboten, aber sie war die Einzige, die das wirklich mochte. Auch mit Seitan (Weizeneiweiß, Gluten) hatte ich Erfolg: Sie lieben es!"

HOANA: Ist das nicht ein bisschen teuer für so viele Katzen?
„Solange es ihnen schmeckt, mache ich mir nicht zu viele Gedanken über die Kosten. Ich glaube, es wird sogar teurer, wenn man sie mit dem handelsüblichen Katzenfutter füttert; außerdem möchte ich das nie wieder tun."

HOANA: Wie ernährten Sie Ihre Katzen, bevor Sie auf Vegecat umgestellt haben?
„Hauptsächlich durch verschiedenes Dosenfutter."

HOANA: Wie nahmen Sie den Wechsel vor?
„Langsam. Sie mögen alle gerne dieses Trockenfutter. Zunächst feuchtete ich es an, weil ich es für die vielen Katzen etwas verlängern wollte. Ich füllte es außerdem mit einer handelsüblichen Dose Katzenfutter auf, aber es schien, als würden sie dieses gar nicht wirklich mö-

*) Die Avocado wird von der Wissenschaft als für Hunde und Katzen giftig eingestuft. Es geht dabei um das in allen Teilen der Frucht und in der Pflanze vorkommende Gift Persin. Den offensichtlichen Widerspruch zwischen viel geübter Praxis der Tierhalter und wissenschaftlicher Meinung konnten die Herausgeber nicht klären, möchten ihn aber zu bedenken geben.
Informationen im Internet unter: www.tierarzt-dietenhofen.de/service/gift.htm sowie beim amerikanischen Animal Poison Control Center: www.aspca.org/site/PageServer?pagename=aspcc, Link zu Toxic Plants.

gen, eigentlich wollten sie nur das Trockenfutter. Also kombinierte ich es mit dem vegetarischen Futter. Auf einmal begannen sie stetig zuzunehmen. Es waren immer eher zierliche Katzen gewesen. Sie essen nun mit einem Appetit, den ich vorher noch nie bei ihnen gesehen habe; alle haben zugenommen. Sobald ich am Zubereiten bin, kommen sie schon angerannt. Es ist unglaublich!"

HOANA: Das ist wunderbar. Alle Katzen sind also rund, gesund und glücklich?
„Ihr Fell ist viel weicher und glänzender geworden. Ich weiß, das mag zwar wie in einem Werbespot klingen, aber es ist wahr! Also, mein alter Hund war sehr krank. Meine Söhne hielten gar nichts von der vegetarischen Ernährung, weil sie der Auffassung waren, dass Fleisch notwendig sei. Sie meinten sogar, ich würde die Hunde töten. Ich überlegte, ob sie nicht Recht haben könnten. Verstehst du, ich wollte diese große Verantwortung einfach nicht tragen. Ich begann also wieder damit, den Katzen ausschließlich das Trockenfutter zu geben, aber sie wollten es nicht mehr essen! Ist das nicht einfach unglaublich! Also sagte ich: ‚Wenn BeautyBoo auch von der Mischnahrung auf das vegetarische Futter umsteigt, nehme ich dies als Zeichen Gottes und bleibe bei der vegetarischen Katzennahrung.' Sie verschlang es geradezu! Sie nahm zu und ihr schwarz-weißes Fell ist einfach wunderschön. Bei allen Katzen ist das Fell jetzt viel, viel weicher. Es ist erstaunlich, denn allen scheint es tatsächlich viel besser zu gehen. Sie sind wirklich alle sehr schön!"

HOANA: Nun, zu den Hunden... Sie erwähnten, dass ihre alte Hündin wieder bellt!
„Ja! Es ist mehr als seltsam. Als wir in unserem ausgebauten Keller einen Rohrbruch hatten, floss das Wasser aus allen Leitungen. Plötzlich fing sie an zu bellen. Sie rettete unser Zuhause vor einem echten Unglück!"

HOANA: Vorher konnte sie nicht bellen?
„Sie konnte nicht mehr bellen. Als ich dies unserem Ölhändler erzählte, fragte er mich nach ihrer Rasse. Ich antwortete: ‚Vegetarierin!' Er sah mich sehr seltsam an. Aber dies war das Einzige, was wir an ihrer Haltung verändert hatten. Sie war zwei Jahre lang stumm. Während der Zeit wurde sie mit Dosenfutter ernährt und eben nicht vegetarisch."

HOANA: Welche Rezepte verwenden Sie für das Hundefutter?
„Eigentlich essen sie alles. Hauptsächlich mache ich ihnen aber Tofu mit Reis; die Zubereitung ist wirklich einfach. Ich verwende Minuten-Reis und gebe Karotten dazu."

HOANA: Zurück zu den Katzen – können Ihre Katzen hinausgehen?
„Nein, wir behalten sie alle im Haus."

HOANA: Also haben sie eine Katzen-Toilette?
„Ja, viele!"

HOANA: Haben Sie einen Unterschied im Geruch bemerkt seit der Umstellung auf Vegecat?
„Ja, der Geruch ist nicht mehr so unangenehm! Es riecht anders. Auch mit meinen Hunden habe ich keine Probleme mehr mit der Fütterung. Früher mussten wir sie austricksen, indem mein Mann sich auf den Fußboden legte und so tat, als ob er ihnen das Futter wegessen würde! Das allein zeigt doch schon, wie wenig ihnen das Essen schmeckte. Seit ich jedoch das vegetarische Futter zusammenmixe, warten die Hunde nur darauf, sich auf die Schüsseln zu stürzen! Mein Mann ist nun wirklich froh, dass er auf die ‚Spielchen' verzichten kann!"

HOANA: Habe ich etwas vergessen?
Mary: „Ich wünschte, dass Sie meine Tiere sehen und ihr Fell fühlen könnten. Das ist ein ganz wichtiger Faktor. Sie verlieren keine Haare mehr wie früher; das Fell ist viel dichter, sogar jetzt im Sommer. Ich kann es gar nicht oft genug wiederholen, wie dankbar ich für den guten Gesundheitszustand meiner Tiere bin."

Katzen, Katzen und noch mehr Katzen

Bernadette Amaker und ihre Mutter Barbara haben Langzeiterfahrung mit vegetarisch ernährten Katzen. Seit 1986 haben ihre Vierbeiner weit über 100 große Behälter von Vegecat konsumiert, von denen jeder einzelne eine Katze fast ein Jahr lang ernähren kann. Seit diesem Telefoninterview haben sie sogar noch mehr Katzen in ihr Haus in Los Angeles aufgenommen.

HOANA: Wie viele Katzen haben Sie?
Bernadette: „Neunzehn."

HOANA: Könnten Sie sie alle kurz aufzählen?
„In der so genannten Gruppe A haben wir Spirit und Peaceful und die beiden Brüder, Light und Life. Zu der Kätzchen-Gruppe (obwohl eigentlich schon alle erwachsen sind, nennen wir diese Gruppe immer noch so) gehört eine Familie, nämlich Zacharias, Jeremiah und Xoie, und außerdem zwei Einzelkatzen, nämlich Sheba und Gloria-Esther (die nur noch ein Auge hatte, als sie zu uns kam). In der Gruppe B (das ist die größte Gruppe mit zehn Katzen) leben Sharon, Daniel, Ezekial (wir nennen ihn Zeke), David und eine Familie: Joseph ist der Sohn, Naomi die Mutter und Rachael-Ruth die Tochter. Dann haben wir noch eine Familiengruppe mit drei Schwestern: Joanna, Beth Page und Bethany."

HOANA: Kann man bei den Mitgliedern ihrer Katzenfamilien Ähnlichkeiten feststellen?
„Die Brüder Light und Life sehen sich sehr ähnlich. Die drei Schwestern haben alle lange Haare. Die zwei, die am ehesten aussehen, als seien sie verwandt, sind die beiden schwarzen, obwohl Bethany eher beige ist. Beth Page ist schwarz mit vielen Schattierungen und Joanna ist die langhaarige orange Katze. Also, ich

denke, wenn du Familienähnlichkeiten suchst, wirst du sie vermutlich bei diesen beiden am ehesten entdecken. Und natürlich bei den drei Kätzchen. Zwei von ihnen könnten Zwillinge sein. Jeremiah ist jedoch viel größer als Xoie. Ein wirklich kräftiger Kater."

HOANA: Schlafen die Tiere auch nach den Gruppen getrennt?
„Wir mischen die Gruppen nicht. Sie sind so getrennt, wie wir sie bekommen haben. Ich habe fünf Stunden benötigt, um einige der Katzen von einem total zugewachsenen Hausdach einer Dame aus Beverly Hills zu retten. Insgesamt hat es zwei Tage gedauert."

HOANA: Lebten sie dort ganz allein?
„Na ja, die Mutter hatte Junge bekommen und die Bewohnerin des Hauses hatte panische Angst vor Katzen, sogar vor den ganz kleinen. Also rief sie jemanden an, der dann meine Mutter fragte, ob wir uns nicht um diese Katzen kümmern könnten. Zu diesem Zeitpunkt waren es fünf Kätzchen, die höchstens vier Wochen alt waren. Als wir sie schließlich bekamen, starb das kleinste an irgendeiner Katzenkrankheit. Eines ließen wir einschläfern, weil uns der Tierarzt fälschlicherweise dazu riet. Also blieben noch drei übrig, die wir mit Gloria Esther und Sheba zusammen in eine Gruppe steckten, weil alle so jung waren.

Light und Love heißen die Strandkatzen, weil eine Frau die beiden am Strand fand. Die Kätzchen nennen wir die ‚Beverly Hills Katzen', weil wir sie ja dort retteten. Die Katzen bleiben in den Gruppierungen, in denen wir sie bekamen. Wir halten sie getrennt, da es sonst leicht zu Kämpfen kommen kann."

HOANA: Haben Sie sie kastriert oder sterilisiert?
„Ja, alle!"

HOANA: Hilft das, Spannungen zu reduzieren?
„Ja es hilft, außer bei Zeke, der in letzter Zeit etwas aufgedreht ist. Ich weiß auch nicht, was los ist mit ihm. Ich sage ihm immer: ‚Du hast keine Hormone, also reg dich nicht auf!' Aber er glaubt es nicht."

HOANA: Ernähren Sie alle vegetarisch?
„Ja, ausschließlich, und das schon über drei Jahre."

HOANA: Haben einige der Katzen Lieblingsrezepte? Erhalten alle genau das gleiche Essen?
„Sie erhalten alle dieselbe Nahrung. Früher mochten sie Tofu mit Reis. Aber eines Tages rührten sie keinen Bissen an – als ob sie sich gemeinsam gegen mich verschworen hätten. Dies war wirklich sehr seltsam, da vier von unseren Katzen eigentlich wirklich alles verdrücken. Ich glaube, dass ihnen das Fressen verleidet war, weil sie immer dasselbe bekamen."

HOANA: Stimmte vielleicht etwas mit dem Tofu nicht?
„Er war ganz frisch. Wir haben sogar einige, die ihn pur essen. Ich dachte, ich brauche ein neues Rezept. Ich öffnete eine Büchse Kichererbsen, verteilte den Inhalt auf den kleinen Tellern und fügte ein bisschen Hefe hinzu. Alle haben es gefressen. Nun essen sie Kichererbsen mit Hefe und Vegecat mit Gemüse. Und es schmeckt ihnen gut."

HOANA: Toll! Dies geben wir auch unseren Katzen.
„Ich habe dann beschlossen, sie mit den verschiedensten Nahrungsmitteln vertraut zu machen. Wir hatten das auch vor der Umstellung auf Vegecat schon getan. Wir gaben ihnen angefeuchtetes Trockenfutter und reicherten es mit frischem Gemüse an. Das machen wir immer noch so. Wir stellten fest, dass einige bereits sehr viele Geschmackserlebnisse gesammelt hatten. Unsere Strandkatzen zum Beispiel: Als wir sie bekamen, fütterten wir sie zunächst vegetarisch, nicht vegan, denn sie bekamen auch Hüttenkäse. Sie lebten für ein Jahr vegetarisch und dann bekamen wir eine andere Katze, so dass wir sie nicht mehr ausschließlich vegetarisch füttern konnten. Wir gewöhnten letztendlich alle an das Trockenfutter. Sie essen zum Beispiel alle gern rohe Champignons, Avocados, Erbsen, Mais und Seitan. Besonders gern fressen sie die Produkte von Loma Linda. Die Brüder mochten eine Zeit lang besonders gerne Erdnussbutter und Bananen, aber mittlerweile sind sie ganz verrückt nach Honig- und Wassermelonen."

HOANA: Wenn wir Melonen ins Haus bringen, müssen wir sie verstecken. Wenn wir sie dann gegessen haben, legen wir die Schalen auf den Rasen, und alle Katzen stürzen sich darauf. Schon der Geruch scheint sie süchtig zu machen, sie essen sie so gern.
„Es macht Spaß, sie so viele verschiedene Dinge essen zu sehen. Sie lieben es. Nun möchte ich auch herausfinden, was die anderen gerne mögen."

HOANA: Rohe Maiskolben sind auch so eine Sache. Am besten fressen sie sie draußen, wo es nicht so viel Dreck macht. Sie halten die Kolben mit einer Pfote fest und genießen den Mais ganz offensichtlich.
„Es ist wirklich schön, sie bei diesen Geschmackserlebnissen zu beobachten. Das neueste sind Pistazien."

HOANA: Pistazien?
„Besonders Life liebt Pistazien."

HOANA: Mahlen oder hacken Sie sie?
„Ich breche sie in zwei Hälften. Life fällt dafür buchstäblich über mich her! Ich fand das eines Tages per Zufall heraus. Als ich mit einigen Pistazien in der Hand neben dem Tisch stand, wusste ich noch nicht, dass er sie mag. Er marschierte

auf dem Tisch zu mir, um gestreichelt zu werden. Der Duft machte ihn rasend! Er fischte sie immer wieder aus meiner Hand heraus. Ich konnte die Pistazien gar nicht schnell genug schälen! Nun bereite ich jeweils immer zuerst für ihn eine Portion vor, damit ich dann auch ein paar abbekomme! Er springt auf meine Schultern und klettert auf mir herum, nur um ein paar Leckerbissen zu ergattern. Tomaten liebt er auch sehr! Als nächstes probiere ich es mit Spargel und anderen Dingen, mal sehen, was er davon hält. Momentan essen sie alle gerne Kichererbsen. Durch Zufall entdeckte ich bei Loma Linda die ‚Tender Rounds'. Die mögen sie besonders gern. Ich ziehe es zwar vor, ihnen Gemüse zu geben, aber ab und an bekommen sie das zur Abwechslung. Oh, und die meisten von ihnen lieben Hüttenkäse. Als wir ihre Ernährung umstellten, wollten wir es behutsam angehen lassen, da wir ihnen bislang ausnahmslos Trockenfutter gegeben hatten. Also gaben wir ihnen zunächst Fisch und dann Milchprodukte, bevor wir mit vegetarischem Futter begannen. Na ja, eigentlich mochte keine der Katzen die Milchprodukte, bis auf einige, die Hüttenkäse fraßen. Wir haben versucht, sie mit Lachs zu füttern, aber den mochten sie auch nicht. Tunfisch haben wir ihnen gar nicht erst angeboten, weil alle uns davor warnten. Sie mochten den Fisch einfach nicht, worüber wir sehr erleichtert waren. Wir mussten also gar nicht so viele Umstellungsphasen mit ihnen durchmachen, weil sie das meiste gar nicht aßen. Wir stellten eigentlich direkt von Trockenfutter auf vegetarisches Futter um.

Ich finde es toll, damit zeigen zu können, dass Katzen keine reinen Fleischfresser sind. Zudem bringt es Spaß, herauszufinden, was sie wirklich gerne fressen. Wir haben zum Beispiel zwei Katzen, die ganz verrückt nach Soßen sind. Wenn irgendwo Soße drauf ist, lecken sie sie ganz gierig ab."

HOANA: Wie macht ihr denn die Soße?
„Sie bekommen nicht so oft etwas mit Soße, weil sie nicht so viel Salz zu sich nehmen sollen, aber es gibt zwei Produkte, die wir verwenden.

Zum einen ist das Dr. Bronners Balanced-Mineral-Bouillon und Braggs Liquid Armino, eine Art Sojasoße. Die ist zwar recht salzig, aber da ich es nur sehr, sehr selten benutze, biete ich es ihnen einfach an und sehe zu, wie viel sie davon mögen.

Das ist es, was ich so toll finde, wenn ich etwas im Laden entdecke, probiere ich es einfach aus. Es ist für sie immer eine schöne Abwechslung.

Sie lieben auch Brokkoli und rohen Spinat. Besonders gerne fressen sie die Strünke. Wenn ich das zubereite, muss ich immer aufpassen, dass die Katzen nicht gerade in der Küche sind, weil sie sonst den Spinat und Brokkoli direkt aus der Schüssel stibitzen. Es ist schon unglaublich, was sie für Vorlieben haben. Eine andere Sache, die wir nach der Umstellung auf vegetarische Kost bemerkten, war der Geruch der Katzentoiletten. Sie rochen längst nicht mehr so stark wie früher."

HOANA: Wann bekamen Sie zuletzt eine neue Katze?
„Der letzte Neuzugang war Gloria Esther vor mindestens drei oder vier Jahren."

HOANA: Wie würden Sie die Gesundheit Ihrer Katzen beschreiben?
„Sie sind alle sehr gesund. Das Einzige, was sie bislang hatten, waren Nagetier-Geschwüre. Eine der Katzen hatte es und der Tierarzt sagte, es sei nicht ansteckend, war es aber leider doch. Es ist eine Entzündung des Gaumens. Es ist für sie aber wohl nicht sehr schmerzhaft. Es heißt Nagetier-Geschwür, weil man davon ausgeht, dass es von Mäusen übertragen wird. Wir fanden jedoch heraus, dass es eine Infektion ist, die für längere Zeit im Körper sein kann, bevor sie schließlich ausbricht."

HOANA: Wie viele der Katzen bekamen es denn?
„ Na ja, sie hatten es alle. Ich behandelte sie mit einem homöopathischen Mittel. Der Einzige, der noch immer in Behandlung ist, ist Joseph. Zacharia hatte Ekzeme an den Hinterläufen und der Tierarzt beruhigte uns zunächst, dass dies bei Katzen sehr verbreitet ist, und wollte ihn dann mit Antihistaminen und Cortison behandeln. Da ich aber selbst schon unter einer Cortisonbehandlung zu leiden hatte, beschlossen wir, es mit homöopathischen Mitteln zu probieren. Ich probierte einiges aus und hatte schließlich Erfolg mit Graphit. So verabreichte ich ihm zunächst Graphit und meine Mutter hatte dann die Idee mit der Graphitcreme. Ich schmierte seine Hinterläufe damit ein und nach sechs Wochen waren die Ekzeme verschwunden. Ich gebe ihm jetzt noch eine Zeit lang einmal pro Woche etwas Graphit, da die Homöopathie dies empfiehlt."

HOANA: Sind die homöopathischen Behandlungsmethoden nicht nur für Menschen gedacht?
„Nein, es gibt auch eine ‚materia medico' für Tiere und entsprechende Literatur darüber, wenn auch noch nicht genug. Aber wenn man sich ausgiebig damit beschäftigt, findet man die richtigen Behandlungsmethoden. Uns gefällt an dieser Behandlungsart, dass sie sich schon seit langem bewährt hat und außerdem auch nicht an Tieren getestet wurde. Hahnemann hatte die richtige Einstellung: Wenn du Menschen heilen willst, musst du auch an Menschen probieren und dann sehen, was passiert. Das machte er ja auch. Da es sich beim Menschen bewährt hat, kam jemand darauf, auch Tierkrankheiten damit zu behandeln. Es funktionierte! Man kann beinah alles damit heilen. Die ‚materia medico' für Tiere ist recht weit gefächert und wir nutzen sie, wann immer es nötig wird.

Vor der Umstellung auf vegetarische Ernährung erkrankte Maria an Gelbsucht. Mit einer Mischung aus Kräutern und homöopathischen Mitteln haben wir sie erfolgreich behandelt. Wir bekamen auch konventionelle Medizin vom Tierarzt, aber wir mochten ihr diese nicht geben, da Medizin stets Gift für den Körper bedeutet und deshalb nicht den Körper aufbaut, sondern eher schwächt. Eine wesentliche Unterstützung im Heilungsprozess stellte für uns das Buch *Dr.*

Pitcairn's Complete Guide to Natural Health for Dogs and Cats (Umfassender Ratgeber für eine natürliche Gesundheit bei Hunden und Katzen) dar. Es ist ein wirklich tolles Buch, das wir gerne weiterempfehlen. Also behandelten wir die Katze mit einer Mischung aus homöopathischen Mitteln und Kräutern. Der Tierarzt riet uns zudem, die Katze oft im Fenster sitzen zu lassen, damit sie viel Sonnenlicht abbekommt. Und das für eine Katze, die sich sonst am liebsten in dunklen Ecken und Schränken versteckt hält. Wir hielten uns an die Behandlungsanweisungen und sie wurde wieder ganz gesund. Dabei war sie vorher knallgelb gewesen, aber jetzt ist sie wieder ganz die Alte."

HOANA: Wie alt sind Ihre ältesten Katzen?
Bernadette: „Life und Light sind neun Jahre alt. Wir haben sie jetzt schon seit über achteinhalb Jahren. Gloria Esther ist die Jüngste. Die meisten Katzen sind zwischen fünf und sieben Jahren alt."

Siamesen-Saga

Trotz rigoroser Einfuhrbestimmungen gelang es Ann Fullerton, Vegecat nach Neuseeland zu bringen. Folgenden Vers schrieb sie für ihre verstorbene Siamkatze Melaney:

KLEINE HOHEIT

Tote Kunst interessiert mich nicht
ich schau lieber einer im Sonnenlicht tanzenden Katze zu
ihr Fell schimmert wie Silber, ihre Augen glänzen wie Gold
und ägyptische Züge prägen ihr Gesicht
Melaney, ich liebe dich!
Vor zweihundert Jahren
Hätte man uns beide verbrannt.

Ann berichtet: „Unsere Katzen gedeihen mit Vegecat. Obwohl Purrie partiell blind ist (das geschah vor der Verwendung von Vegecat), genießt sie immer noch das Leben. Wir haben hinter dem Haus einen großen, geschützten Garten mit einem fast zwei Meter hohen Zaun. An sonnigen Tagen liegt sie gerne auf dem Rasen und hört den Vögeln zu. Sie scheint sich geradezu an der Musik zu laben. Ich habe den Kindern erklärt, dass dies vergleichbar ist mit der Vorstellung von fliegendem Schokoladenpudding, der zudem noch singt. So ungefähr muss es für Katzen sein, den Vögeln zu lauschen.

Vegecat hatte für Melaney, unsere schöne Siamkatze, einen sehr positiven Effekt. Obwohl sie zehn Jahre alt und ihr Verhalten dementsprechend war, fing sie nach drei bis vier Wochen Vegecat-Zusatznahrung sprichwörtlich wieder an herumzutoben und benahm sich so verspielt wie ein Kätzchen. Es war schön zu sehen, wie jung sie wieder wurde. Auch unser Chinchilla Ossie profitierte davon.

Purrie

In Katzenausstellungen in unserer Gegend gewann sie auch zwei erste Preise! Leider bestand einer davon aus einer großen Dose Katzenfutter…"

Kurz nach diesem Brief erhielten wir die Nachricht, dass Ann einen großen Verlust erlitten hatte: „Es fällt mir schwer, darüber zu schreiben, aber seit Weihnachten ist uns sehr Schmerzliches widerfahren. Von unseren drei geliebten Katzen hat nur Ossie überlebt. Melaney war die Katze meines älteren Sohnes Richard, und Purrie gehörte Ian, dem Jüngeren. Unser Besitz ist gut umzäunt und hat ein Tor, aber wie Sie wissen, lässt sich eine Katze durch solche Barrieren nicht beeindrucken. Es ist grausam, dass all unsere Katzen durch äußere Gewalteinflüsse, wie Autos und Hundebisse, sterben mussten.

Von allen Katzen, die mich je durch ihre Freundschaft geehrt haben, war Melaney mein Liebling. Sie war zwölf Jahre bei uns. Kein Foto konnte je ihrer Schönheit gerecht werden; sie war etwa zur Hälfte Siamese und hatte den Stolz und die Grazie einer Prinzessin. Der Löwe ist anerkannter König der Tiere, und Melaney war sich bewusst, dass sie seine Cousine war, wenn auch in kleiner und domestizierter Ausführung.

Ihr Wesen war schon außergewöhnlich, als sie noch ganz jung war. Damals war ich fasziniert vom Stolz dieser kleinen schwarzen, zu der Zeit noch äußerlich so unauffälligen Katze. Eigentlich erkannten wir ihre Klasse erst, als sie schon halb ausgewachsen war. Melaney dagegen war sich ihrer Besonderheit offensichtlich von Anfang an bewusst gewesen.

Wir bekamen sie ein paar Monate nach dem Tod meines Mannes. Die Buben spielten draußen, als unser Nachbar herauskam, um seine Katze ins Tierheim zu bringen. Sie hatte das ‚Verbrechen' begangen, Junge zu bekommen: ‚Hallo Kinder, wie wär's mit einer kleinen Katze?'

Die Buben waren entzückt. Ich war entsetzt. Wir sind strikte und überzeugte Lacto-Vegetarier und diese Tiere sind Fleischfresser. Keine Katze! Aber die Kinder heulten und protestierten. Schlussendlich gab ich nach in der Hoffnung, dass die Katze sich schon zurückziehen würde bei der Erkenntnis, dass es bei uns kein Fleisch gab. Aber es war schon schwierig, für das arme kleine Ding kein

Mitleid zu empfinden, wie es da so vor Angst zitternd auf dem Boden hockte... Nun war eine Katze da – und wir mussten eine zweite anschaffen, da Melaney offensichtlich ihre Mutter und Geschwister vermisste. Und so stieß dann Eleanor zu unserer Familie.

Am Anfang fütterten wir sie mit Hirsebrei (ich hatte gelesen, dass Hirse ein vollwertiges Nahrungsmittel ist) und Milch. Mit der Zeit erweiterten wir diesen Hirsebrei durch ein Vollkornmüsli. Außerdem bekamen die Katzen Kräcker aus Milchpulver für ihre Zähne, die ihnen sehr gut schmeckten, und jede erhielt täglich vier Knoblauchöl-Kapseln. Diese Ernährung bekam ihnen so gut, dass sie nie Entwurmungsmittel brauchten und auch den Tierarzt nur selten sahen, z.B. nach Unfällen.

Vor drei Jahren ersetzte ich den Knoblauch durch Propolis-Kapseln, da diese einfach günstiger sind, trotzdem glaube ich, dass der Knoblauch eigentlich besser war.

Trotz der Tatsache, dass wir ihnen nur vegetarisches Essen gaben, hat uns übrigens keine Katze je verlassen, um ein anderes Zuhause mit Fleischangebot zu finden!

Viele Leute mögen Katzen nicht, weil sie angeblich zu den Menschen, bei denen sie leben, keine echten Gefühle der Zuneigung entwickeln können. Dies deckt sich jedoch keinesfalls mit unserer Erfahrung. Mein älterer Sohn sagt, dass sich Melaney ganz besonders liebevoll um ihn gekümmert hat, wann immer er sich von uns unverstanden fühlte. Sie strich dann mit dem Kopf gegen seine Hand und schnurrte. In kalten Nächten schlief sie bei ihm und grub sich zu seinen Füßen ein. Wenn sie morgens der Meinung war, dass es für ihn Zeit zum Aufstehen sein müsste, kratzte sie sanft an seinen Fußsohlen!

Manchmal ging ich noch spät abends zur Post oder in den Laden an der Ecke. Obwohl ich sie nie rief, war Mellie sofort da, wenn sie das Klicken des Tores hörte: ein kleiner dunkler Schatten, der vor mir herlief. Sie begleitete mich zwar nie die ganze Strecke, wartete aber geduldig an einer Straßenecke auf meine Rückkehr. Wenn ich dann wieder da war, hörte ich das eindringliche siamesische miiiiiauuuu, was soviel hieß wie: ‚Du hast wieder lange gebraucht! Du weißt doch, dass ICH warte und mir Sorgen mache! Aber ich vergebe dir.'

Seltsamerweise begleitete sie mich nur nach Sonnenuntergang bei meinen Spaziergängen. Vielleicht spürte sie, dass es für Frauen nicht klug war, spät abends allein unterwegs zu sein!

Einige Monate vor ihrem Tod ging ich mit ihr zum Tierarzt. Sie hatte schon seit längerer Zeit eine kleine Beule an ihrem Bauch. Ich schaffte es, genügend Geld für eine eventuelle Operation zu sparen. Glücklicherweise hielt der Tierarzt eine Operation für ein höheres Risiko als die Beule. Er war sehr erstaunt, als ich ihm erzählte, dass Melaney bereits zwölf Jahre alt war. So gesund wie sie war, könnten wir noch auf fünf bis sechs gemeinsame Jahre hoffen, sagte uns der Arzt.

Uns fiel auf, dass Melaney fast ein bisschen eifersüchtig auf uns Menschen geworden war, vor allem das Essen betreffend. Sie schien uns den Vorwurf zu machen, dass unsere Mahlzeiten sehr viel interessanter als ihre waren. Also stellten wir ihr Essensreste hin. Aber Mel hatte beschlossen, mit uns zu essen. Normalerweise saß sie am Boden neben Richard, aber wenn wir etwas Interessantes aßen, sprang sie sogar auf den Tisch, um es von unseren Gabeln zu fischen! Ich muss gestehen, dass uns ihre Unverschämtheit amüsierte. Die Versuche, ihr Disziplin beizubringen, waren halbherzig oder nicht vorhanden. Unsere Mahlzeiten sind nicht sehr regelmäßig, aber irgendwie fand Melaney immer rechtzeitig den Zeitpunkt heraus, an dem das Abendessen fertig war.

Aber am Abend des 9. Dezember 1991 kam sie zu spät. Wir waren schon fertig mit dem Essen, als sie hereinkam. Die Kinder kicherten über ihr beleidigtes Aussehen, aber ich ließ mich erweichen und suchte im Kühlschrank nach ihrem Lieblingskäse. Aber plötzlich war sie weg und kam auch nicht, als ich nach ihr rief.

Obwohl sie diese Nacht nicht bei Richard im Bett schlief, machten wir uns keine allzu großen Sorgen, denn im Sommer passierte es schon öfter, dass sie eine ganze Nacht nicht zu sehen war. Als sie aber auch zum Frühstück nicht erschien, machte ich mir doch langsam Sorgen, denn eine solche Verspätung sah ihr wirklich nicht ähnlich. Rich ging auf die Suche und kam nach wenigen Minuten mit Tränen in den Augen zurück: Melaney war tot.

Später rekonstruierten wir, dass ein Auto in die gemeinsame Einfahrt, die wir mit unserem Nachbar teilen, gefahren sein musste – wahrscheinlich mit überhöhter Geschwindigkeit. Die herzzerreißende Ironie ist, dass Melaney immer einen gesunden Respekt vor fahrenden Autos hatte. Deswegen können uns das Unglück nur so erklären, dass sie beim Überqueren der Auffahrt von Scheinwerfern geblendet worden war.

Unser einziger tröstender Gedanke ist, dass der feige Mörder (er hat sich nie entschuldigt), der unserer geliebten Mel ihre letzten Lebensjahre geraubt hat, dies mit einem negativen Karma bezahlen wird. Wir glauben auch, dass unser Haustier, welches aus Liebe zu uns gegen seine Fleisch fressende Natur gelebt hat, sicher in seinem nächsten Leben als Mensch wiederkommen darf.

P.S. (zwei Tage später): Bevor ich dies abschicke, möchte ich doch noch schnell berichten, dass wir von Grayson, einem riesigen grauen Kater aus der Nachbarschaft, in seinen erweiterten Familienkreis aufgenommen wurden, nachdem er ganze sechs Monate für sich geworben hatte. Seine Besitzer ließen ihn nachts draußen übernachten, da sie ein Baby bekommen hatten. Obwohl es hier nicht schneit, wird es in der Nacht doch ziemlich kalt.

Grayson hatte schnell mitgekriegt, dass unsere Katzentür für Ossie immer einen Spalt offen stand, und dass Kissen beim Holzofen bequemer sind. Da er aber zu dick ist, um sich ohne weiteres durch die Katzenklappen quetschen zu können, kündigen Schläge und Klappern aus der Waschküche seine Anstrengungen an, sich seinen Weg ins Haus zu erkämpfen. Gut, dass die Tür so stabil ist!

Das Liebenswerte an ihm ist, dass er das vegetarische Futter so sehr mag. Was soll man gegen einen nicht eingeladenen Katzengast unternehmen, der bei ‚vegecatisiertem' Katzen-Haferbrei buchstäblich vor Freude zu quieken anfängt und dann jeden Bissen mit lautem Schnurren verschlingt?

Seine Besitzer beschweren sich, dass Grayson sein Interesse an Fleisch verloren hat. Deshalb habe ich aufgehört, ihm das vegetarische Frühstück zu geben, um welches er nach jeder bei uns verbrachten Nacht höflich bittet. Stattdessen wird er im Interesse seiner Besitzer streng, wenn auch mit Bedauern nach Hause geschickt. Ich habe auch aufgehört, ihn abends zu füttern. Aber er läßt sich nicht beeindrucken und taucht nach wie vor für vegetarische Snacks auf.

Es sieht so aus, als ob er bei uns einziehen möchte, aber abgesehen von der moralischen Problematik (er hat eigentlich ein gutes Zuhause) könnten wir es uns nicht leisten, für ein so großes Tier zu sorgen. Aber er bleibt ein willkommener Gast."

Alyosha

Es ist beruhigend, dass wir uns nicht am Gewicht unserer Lieblinge messen, in früheren Forschungen ging man fälschlicherweise davon aus, dass es ein Qualitätsmerkmal des Futters sei, wenn die Katzen möglichst schnell zunähmen; heute weiß man jedoch, dass eine langsame und stetige Gewichtszunahme viel gesünder ist. Carolyn Grossman aus Pennsylvania erzählt, wie klein und zierlich ihre Katze zunächst war.

„Meine zweijährige Alyosha ist eine ‚Vegecat'-Katze, seit sie sieben Wochen alt ist. Ich habe sie in den Straßen von Philadelphia gefunden und ernährte sie von Anfang an nach Ihren Anweisungen.

Jetzt isst sie wirklich ALLES! Ich wusste nicht, dass eine Katze überhaupt Gemüse mag. Ihre Lieblingsleckerbissen sind Karotten (in jeder Zubereitung), Bohnen, Erbsen, Pommes-Frites und Brot. Mit Kartoffel-Chips können wir sie sogar aus jedem Versteck locken: Sie braucht nur das Rascheln der Tüte zu hören und kommt angerannt. Ich habe verschiedene Rezepte ausprobiert und merkte, dass sie das vegane Haferflocken-Rezept am liebsten mag, auch mit Gemüse gemischt.

Ich habe einige Unterschiede zu anderen Katzen festgestellt. Sie ist kleiner als die meisten anderen, sie verliert weniger Haare und ihr Fell ist glänzender und weicher. Sie interessiert sich auch für eine größere Vielfalt an Futter, was sicher gesünder ist als die monotone Ernährung der meisten Katzen.

Ihre Vorliebe für die verschiedensten Lebensmittel ist eindrucksvoll. So fischt sie zum Beispiel Melonenschalen aus dem Abfall und isst sie. Oder sie stiehlt Kuchen oder Brot aus den Packungen.

Wenn man Leuten erzählt, dass Alyosha eine vegetarische Katze ist, glauben es manche nicht. Oft hört man den Vorwurf: ‚Das ist aber grausam!' Ich frage dann, was grausam an dieser Ernährungsart sein soll, da die Katze schließlich kerngesund ist. Alyosha ist an den verschiedensten Lebensmitteln interessiert und probiert am liebsten das aus, was ich gerade esse.

Jeder Vegetarier, der sich nicht sicher ist, ob er seine Katze auch fleischlos ernähren kann, sollte sich keine Sorgen machen. Meine mit vegetarischer Nahrung aufgewachsene Katze ist vollkommen gesund. Sie zu versorgen ist auch nicht schwieriger, als eine Dose handelsüblichen Katzenfutters zu öffnen. Ich nutze jede Gelegenheit, von ihr zu erzählen und zu unterstreichen, wie gut es ihr geht…"

Bemerkenswerte Entdeckungen

Ralph und Vona Marengo aus Massachusetts haben uns zwei Biografien geschickt, und zwar von einer blauen Perserkatze und einem schwarzen Pudel: „Spätnachmittags am Tag nach Thanksgiving (Erntedankfest in den USA) im Jahr 1984 kam mein Mann Ralph mit einem schelmischen Lächeln herein: ‚Um ein Haar hätte ich dir ein Geschenk mitgebracht.' Ich wusste, dass er gerade in einem Tierasyl gewesen war, und seufzte: ‚Wohl eine Katze?'

Meine süße Katze Babet war 1982 im Alter von achtzehn Jahren gestorben und ich hatte mir damals geschworen: nie wieder eine Katze. Der Schmerz war einfach zu groß gewesen!

Ralph erzählte mir von diesem zauberhaften, acht Monate alten blauen Perserkätzchen mit den strahlenden goldenen Augen. Wollte ich sie sehen? Und ob!

Als ich den mageren Fellball in den Armen hielt, erklärte ich ihm, dass er bei uns vegetarisch essen muss. Die Katze schien verstanden zu haben, denn sie aß sofort das, was sie angeboten bekam: gebackene Kartoffeln – die sie auch heute noch so liebt, dass sie immer an meinem Bein hochklettert, wenn ich Kartoffeln zubereite.

Ich hatte gemeint, das Tier mit den mir zur Verfügung stehenden Rezepten korrekt vegetarisch ernähren zu können, und so entwickelte ich meine eigenen vegetarischen Rezepte für ihn, die denen von Vegecat sehr ähnelten. Sie enthielten jedoch weder das Öl noch Vegecat.

Unglücklicherweise mussten wir nach drei Jahren ein merkwürdiges Verhalten von Shanti feststellen: Er lief gegen Gegenstände und konnte auch die Treppe nicht mehr finden.

Da ich sehr besorgt war, blätterte ich alte Ausgaben der *Vegetarian Times* durch auf der Suche nach einem Artikel, den ich über eine vegetarische Katzennahrungs-Ergänzung und entsprechende Literaturverweise gelesen hatte. Wir bestellten also das Buch *Dogs & Cats Go Vegetarian* und Vegecat zur Probe und stellten Shantis Ernährung sofort darauf um.

Nach etwa einem Monat war die Sehkraft von Shanti zum Teil zurückgekommen, und es gelang ihm immer erfolgreicher, Hindernissen auszuweichen! Mit der Zeit wurden seine Augen immer besser und wir freuten uns natürlich, dass er nicht mehr durch die Wand zu gehen versucht. Aber er hatte immer noch Mühe, Höhenunterschiede einzuschätzen. Wir konnten seinen Essensplatz nicht am Boden einrichten, da unser Hund Zarabeth ihm sonst alles weggefressen hätte. Also funktionierten wir eine dreißig Zentimeter hohe Kiste zu einem Podest um, über das er bequem an seinen Essensplatz auf einem Tresen gelangte. Aber mittlerweile schafft er den Sprung wieder problemlos, wogegen er vor der

Vegecat-Zufütterung daneben sprang, zurückfiel oder direkt in den Tresen krachte.

Auch wenn er gelegentlich noch an Möbel stößt, kann er doch ein Eichhörnchen auf zehn Meter Entfernung auf dem Zaun erkennen: Er scheint weitsichtig zu sein! Trotzdem ist die eingetretene Verbesserung der Sehkraft erstaunlich! Ich glaube, ohne Vegecat wäre das Tier jetzt blind. Wir sind sehr dankbar, dass ihm das erspart werden konnte.

Zarabeth (deren Namen gewählt wurde nach einer der beiden Frauen, die von Mr. Spock in Startrek je geküsst wurden) trat vor fünfzehn Jahren in unser Leben, nachdem unser elfjähriger Pudel gestorben war und Ralph einen anderen Hund wollte. Ich war nicht allzu erfreut über den Plan, da ich eher eine Katzenperson bin. Ein Freund rief uns an, um uns mitzuteilen, dass ein schwarzer Pudel in einem Tierasyl in drei Tagen eingeschläfert werden sollte… kurz: die schäbige, magere und zerzauste Hündin landete bei uns.

Sie brauchte Salbe für ein krankes Auge, zweimal pro Woche ein Bad für den schorfigen Bauch, und obwohl gegen ihr hoffnungslos zerzaustes Fell kein Kraut gewachsen zu sein schien, eroberte sie mit ihrem wundervollen Charakter schnell unsere Herzen.

Vor zehn Jahren bekam sie einen analen Abszess. Der Tierarzt wollte zwar operieren, meinte aber, dass sie durch den Eingriff möglicherweise die Kontrolle über ihren Darm verlieren würde. Eine Naturheilpraktikerin schlug heiße und kalte Kompressen vor wie auch eine vegetarische Diät. Zarabeth erholte sich schnell und war von da ab Vegetarierin!

Leider wurde Zarabeth sehr pummelig und litt unter Grauem Star und Arthritis. Ich denke, dass sie im Laufe ihres Lebens so viel traditionelles Hundefutter aus dem Supermarkt gegessen hatte, dass nun ein Preis dafür zu zahlen war.

Letzten Sommer brach sie sich ein Bein und konnte sich drei Monate nicht richtig bewegen. Ich kam mir vor wie ein fliegender Teppich, wenn ich sie von Raum zu Raum schleppte, damit sie immer bei uns sein konnte. Der Tierarzt fand, ich solle mich mit der Tatsache abfinden, dass sie mit ihren fünfzehn Jahren nie mehr gesund werden würde. Ich glaubte jedoch an eine Genesung und bestellte Vegedog-Ergänzung, um ihr die allerbeste Nahrung bieten zu können. Drei Wochen später war der Knochen verheilt! Sie hat fast vier Kilogramm abgenommen und das Gewicht ist nun stabil.

Ihre Arthritis war aber schlimmer geworden und außerdem verlor sie Fell am Schwanz, am Hinterteil, an den Beinen und auch an den Schultern. Manchmal schien sie morgens große Schmerzen zu haben und schrie auf beim Versuch, sich aufzurichten. Ein Tierarzt verschrieb eine medikamentöse Behandlung. Sie bekam etwas gegen die Entzündung und gegen die Schmerzen. Morgens und abends geben wir ihr jeweils eine halbe Aspirin und einmal die Woche kriegt sie zusätzlich noch Steroide. Sie scheint keine Schmerzen mehr zu haben und ist für eine sechzehn Jahre alte Hündin sehr lebhaft.

Interessanterweise wächst ihr Fell nun auch wieder. Wenn es auch wohl nicht wieder so dicht wie früher wird, so sieht es doch schon viel besser aus. Wir glauben, dass wir dies dem Vegedog-Zusatz zu verdanken haben."

Fletcher

Ein Brief von Jennifer Friedman aus Oregon: „Obwohl ich meine vier veganen Katzen alle sehr liebe, möchte ich Ihnen über meinen zweijährigen blauen Kater Fletcher berichten. Meine Katzen waren alle Streuner mit ganz verschiedenen Lebensgeschichten, aber die von Fletcher ist ohne Zweifel die traurigste und mitleiderregendste.

Mein Freund Ben fand Fletcher vor einem Jahr in der U-Bahn von New York City, wo der schmutzverkrustete Kater in einer kleinen, dreckigen Kiste lebte. Zwei heimatlose Jungen, die kaum für sich selber sorgen konnten, fütterten die Katze so gut sie konnten. Als Ben den Kindern die Katze für zwanzig Dollar abgekauft hatte, sah es nicht so aus, als ob das Tier eine Chance hätte, denn es war ernsthaft ausgetrocknet, unterernährt und konnte nur mit Schwierigkeiten gehen; seine Muskeln schienen sich durch das Leben in der Kiste zurückgebildet zu haben. Im Verhältnis zu seinem Körper hatte der Kater einen übergroßen Kopf, sein Fell war trocken und matt und voller Flöhe und Milben. Außerdem litt er unter Würmern, und Ringelflechten breiteten sich an verschiedenen Teilen seines Körpers aus…

Kein Wunder, dass auch sein Verhalten nicht normal war: Er neigte dazu, sehr aggressiv zu reagieren, wenn irgendetwas ihn ängstigte. Sein Zustand war wirklich schockierend. Da ich befürchtete, jeder Tierarzt würde darauf bestehen, das Tier einzuschläfern, versuchten wir unser Bestes ohne fachliche Hilfe. Aber wo sollte man anfangen?

Wir badeten ihn, reinigten seine Augen, behandelten die Milben und Ringwürmer mit verschiedenen Kräutersalben, u.a. Teebaumöl*, das sehr wirksam gegen Pilze ist. Wir gaben uns große Mühe, ihn bei der Behandlung nicht zu ängstigen. Damals lebten wir sehr beengt und konnten den Kater nicht isolieren.

*) Das als natürliches Anti-Floh- und Pilz-Mittel eingesetzte Teebaumöl hat sich als für Katzen giftig erwiesen. Die im ätherischen Öl enthaltenen Terpene und Phenole können von Katzen nur sehr langsam wieder ausgeschieden werden. Durch Fellpflege der Katze findet eine Anreicherung im Körper statt. Daher können schon nur wenige Tropfen auch als Langzeitfolgen zu den typischen Symptomen führen wie Zittern, Taumeln, Unruhe, Schwäche und Desorientierung.

Daher mussten wir alle Besucher bitten, das Tier nicht zu streicheln. Man hielt uns für verrückt.

Ein paar Monate zuvor hatte ich begonnen, meine beiden anderen Katzen auf vegetarische Nahrung umzustellen. Somit wurde Fletcher mit dem damaligen Lieblingsgericht meiner Katzen bekannt gemacht, nämlich gemahlene Kichererbsen und brauner Reis gemischt mit Gemüse, Öl, Tamari, Vegecat und tonnenweise Hefe. Ich ermutigte ihn auch, viel zu trinken. Am liebsten mochte er Sojamilch, die auch heute noch sein Lieblingsgetränk ist. Er erhielt auch flüssiges Vitamin E für die Heilung seiner Haut.

Ich muss sagen, dass er einfacher als andere auf eine vegetarische Nahrung umgestellt werden konnte (ich habe es bis jetzt bei vier Katzen geschafft). Nach wie vor isst er mit Appetit und hält ein ideales Körpergewicht.

Zwei Monate nach der Ankunft von Fletcher zogen wir nach San Francisco. Für den Flug benötigten wir ein Gesundheitszertifikat, weshalb wir Fletcher bei einem ganzheitlich arbeitenden Tierarzt vorstellten, der beeindruckt war von der Schönheit, Gesundheit und dem wunderbaren Charakter der Katze. Ich lachte und erzählte ihm, wie das Tier vor zwei Monaten ausgesehen hatte. Er konnte es nicht glauben und interessierte sich für die Naturbehandlung, die Fletcher so gut getan hatte. Ich nannte ihm die verwendeten Kräuter und Vitamine und betonte, dass meiner Meinung nach die gesunde vegetarische Diät ein wichtiger Grund für die schnelle Erholung gewesen ist.

Für einen überzeugten Vegetarier wie mich war die Unterstützung von Schlachthöfen in Form des Tierfutterkaufs immer ein Dilemma gewesen. Die Entdeckung Ihrer Produkte hat mich gerettet – im wahrsten Sinne des Wortes."

Geheilte Arthritis

Gwyn Watson aus Kanada schrieb begeistert über ihre beiden Haustiere, Janus und Layla, die sich über einen neuen Lebensabschnitt freuen dürfen: „Meine beiden Labrador-Hunde und sechs Katzen bekommen seit sechs Monaten Vegedog bzw. Vegecat. Ich habe einen Labrador namens Janus, der neun Jahre alt ist. Er litt in den letzten vier oder fünf Jahren an Arthritis. Während dieser Zeit verschlimmerte sich sein Zustand so weit, dass er kaum noch die Kellertreppe

Janus

Layla knabbert Gras

hoch kam. Seine Muskeln und Gelenke wurden sehr steif, und er hatte nach längerem Liegen immer Schmerzen beim Aufstehen. Seit mindestens drei Jahren konnte er nicht mehr auf die Ladefläche unseres Autos springen; wir mussten ihn entweder hochheben oder ein Treppchen dabeihaben.

Seit wir ihn nun aber vegetarisch ernähren, hat er über zehn Kilogramm abgenommen, rennt wieder herum und kann sogar erneut allein ins Auto einsteigen.

Ich bereite das Linsen-Sonnenblumen-Rezept in großen Mengen zu (zwei Tüten von je zehn Kilogramm jedes Mal) und backe Laibe, die ich dann einfriere. So muss ich nur höchstens einmal pro Monat Hundefutter zubereiten.

Man sagte mir vor nicht allzu langer Zeit, dass Janus höchstens noch ein Jahr leben würde, aber nun meint mein derzeitiger Tierarzt, dass der Hund in exzellenter Form ist.

Meine Katze Layla hatte eine chronische Blasenentzündung. Während der letzten vier Jahre musste sie drei- bis viermal jährlich Medikamente schlucken. Wenn ich keine Arzneien zu geben hatte, hielt ich das Problem mit flüssigem Vitamin C unter Kontrolle, aber jeder Stress (z.B. Umzug) verschlimmerte ihren Zustand erneut. Seit ich ihr Vegecat gebe, hat sie keinerlei Probleme mehr. Nun kann ich sogar auch auf die Beigabe von Vitamin C verzichten. Ich mache für sie das Hafer-Soja-Rezept und füge gehackte Karotten und Sprossen bei. Die Umstellung fand ich eigentlich recht unproblematisch.

Als Veganerin hat es mich schon immer gestört, dass ich Kompromisse eingehen musste, was die Ernährung meiner Tiere betraf. Ich wünschte, ich hätte Ihr Buch früher gelesen. Dann hätte ich Layla und Janus viel Schmerz und Leid ersparen können."

Degan

Ein Kommentar von Lynne Cousens, Maine: „Mein Hund Degan ist seit vier Jahren Veganer und dabei gesund, kräftig und voller Energie. Die Leute können es fast nicht glauben, dass er schon neun Jahre alt ist. Er ist so verspielt, dass man ihn für ein ganz junges Tier hält.

Seit sechs Jahren bin ich selbst Veganer. Ethische Gründe haben mich zu dieser Änderung in meinem Lebensstil veranlasst, und deswegen störte es mich zu-

Degan

nehmend, dass ich durch meine Einkäufe für den Hund weiterhin die Schlacht-Industrie unterstützte. Aber ich sah keinen Ausweg. Glücklicherweise erfuhr ich eines Tages über die Organisation PETA, dass Hunde durchaus Vegetarier sein können und dass es sogar ein Anleitungsbuch über das Thema gibt. Ich war begeistert! Da niemand in meiner Umgebung ähnliche Bedenken gegenüber der Schlacht-Industrie hat, war ich natürlich auch darüber froh, dass andere Menschen meine Einstellung teilen.

Degan geht es sehr gut mit der Vegedog-Nahrung. Manchmal kaufe ich auch fertiges vegetarisches Futter, sowohl in Dosen als auch trocken. Es freut mich, dass die betreffenden Firmen auch Informationen über Ihre Produkte verteilen."

Die Katzenfamilie und Mr. Bunny

Carol Clark schrieb uns aus Illinois und berichtete Erstaunliches über ihre Katzen Socks, Sunshine und Eclipse, die ihr Zuhause mit dem Hasen Mr. Bunny teilen. Im Jahr 1996 hielten in Amerika fast zwei Millionen Haushalte Hasen, wodurch sie auf der Rangliste der beliebtesten Tiere auf Platz vier landeten – nach Katzen, Hunden und Fischen.

Carol erzählte uns: „Ich hatte das Bedürfnis, Ihnen zu schreiben. Einerseits wollte ich von meiner Situation zu Hause berichten und andererseits auch meine Freude über die Veröffentlichung Ihres Buches zum Ausdruck zu bringen. Ohne Ihre Hilfe hätte ich den Mut nicht aufbringen können, meine Katzen vegetarisch zu ernähren.

Ich habe drei Katzen und zwei Hunde. Und dann fand meine Tochter noch einen weißen Hasen und brachte ihn mit. Der Hase schläft in einem Hundekorb, benutzt die Katzentoilette und ist der anerkannte Herrscher im Kellergeschoss. Alle Tiere kommen miteinander hervorragend aus, was allein schon fast ein Wunder ist.

Ich habe viele Rezepte ausprobiert, aber das Einzige von meinen Katzen und Hunden akzeptierte ist das mit Hafer und TVP. Da ich viele Tiere habe, bereite ich im Voraus eine große Portion zu, damit das Füttern schneller geht.

Bei meinem letzten Besuch beim Tierarzt zeigte ich ihm Ihr Buch und erzählte, dass ich meine Tiere alle vegetarisch ernähre. Er war skeptisch. Daher

Eclipse *Sunshine & Socks* *Socks & Mr. Bunny*

kaufte ich für ihn noch eins, damit er es in Ruhe lesen kann. Ich werde ihn schon noch überzeugen.

Leider fing ich erst im November 1989 an, meine Haustiere vegetarisch zu ernähren. Ich wünschte, ich hätte Ihr Buch schon viel früher entdeckt."

Endlich allergiefrei

Jeder Besitzer von Hunden, die unter Allergien leiden, kennt die Hilflosigkeit in solchen Situationen. Aber heißt es nicht: „Deine Nahrung soll deine Medizin sein"?

Michael Buzel aus Florida kann die Richtigkeit dieses Mottos bestätigen: „Ich adoptierte meinen ersten Hund Penny (Collie/Golden Retriever-Mischung) im Jahre 1987. Sie war damals viereinhalb Jahre alt und litt an mehrfachen Allergien, die sie dazu brachten, sich immerzu an ihrem Hinterteil zu kratzen und daran zu nagen. Sie verlor ständig viele Haare und wirkte gar nicht glücklich.

Ich brachte sie zu meinem ersten Tierarzt, der Cortison-Tabletten verschrieb, die das Problem zunächst linderten. Leider verursacht Cortison aber schwere Nebenwirkungen, so dass es ihr bald schlechter als vorher ging.

Ich meinte, dass es eine bessere Hilfe geben müsse als Pillen. Also sah ich mich nach einem anderen Tierarzt um, welcher eine Ernährungsumstellung vorschlug. Wir eliminierten alle Lebensmittel, welche Allergien auslösen könnten (Fleisch, Huhn, Fisch, Eier, Hefe, Milch) und verwendeten nun kommerzielles Trocken- und Dosenfutter. Es enthielt zwar noch Lamm, aber der Zustand von Penny verbesserte sich dramatisch.

Als freiwilliger Helfer in einem Tierheim interessierte ich mich zunehmend für Tierrechte, wodurch ich Vegetarierin und später Veganerin wurde. Zwar gab ich Penny nach wie vor ihre Lamm- und Reisdiät, aber ich war darüber unglücklich, denn ich hatte keine Ahnung von einer optimalen vegetarischen Ernährung für Tiere. Zum Glück erzählte mir aber eines Tages ein Freund von Vegedog und gab mir gleichzeitig ein auf Linsen basierendes Rezept für eine fleischlose Tiermahlzeit.

Penny schmeckt dieses Futter sehr gut und ich habe nun beim Füttern ein viel besseres Gefühl. Ich koche jeden zweiten Samstag (Dauer: ungefähr zwei Stunden) und benutze dabei riesengroße Töpfe. Da ich vor kurzem einen weiteren herrenlosen Hund adoptierte (Golden Retriever), der bei seinem Eintritt in unsere Familie auch Vegetarier wurde, muss ich nun noch größere Mengen zubereiten. Aber die Prozedur wird mit wachsender Routine immer einfacher und unkomplizierter. Ich friere Portionen in großen Behältern ein und taue sie nach Bedarf auf. Zu jeder Mahlzeit erhalten sie Vegedog, wodurch ich die Sicherheit habe, ihnen eine ausgeglichene Ernährung zu bieten.

Es wäre schön, wenn mehr Leute sich klarmachen würden, dass sie ihren Tieren helfen können durch eine Ernährungsumstellung – wie ich es tat, und zwar in Zusammenarbeit mit einem aufgeschlossenen Tierarzt.

Anfangs verlor Penny durch die ungewohnte Ernährung etwas Gewicht, aber nachdem sie sich an die neuen Portionen gewöhnte, pendelte sich ihr Normalgewicht wieder ein. Ihr Fell glänzt nun und sie sieht glücklich aus, weil sie an keiner Allergie mehr leidet. Ich gebe beiden Hunden vegetarische Leckerbissen und ab und zu Karotten für ihre Zähne.

Ich möchte es noch einmal betonen, dass ich ohne Ihr Vegedog und meinen Freund, der mir von Ihrem Produkt erzählt hat, immer noch unter einem gesundheitlichen und ethischen Dilemma zu leiden hätte!“

Reggie und Joshua

Ellen Harrelson nahm sich die Zeit, uns aus dem sonnigen Florida zu schreiben: „Reggie, unser sechsjähriger Kater, und Joshua, unser achtjähriger Rüde, sind nun Vegetarier! Ich selbst bin Veganerin und hatte mir wirklich viel Gedanken gemacht über die passende Ernährung für meine Tiere. Es war ein richtiger Kampf, bis ich Ihr Buch *Vegetarian Cats & Dogs* fand und dann die Diät meiner Tierkinder entsprechend angleichen konnte. Am liebsten fressen sie Worthingtons Gemüseburger aus der Dose kombiniert mit Kichererbsen oder braunem Reis. Zusätzlich raspel ich ihnen noch etwas Gemüse dazu und komplettiere es mit Vegepet. Alles zusammen mache ich ihnen in der Mikrowelle warm. Die Portionen von Reggie werden mit Hefe bestreut, die Joshua allerdings nicht verträgt.

Beide sehen so gesund und glücklich aus. Ich bin sehr froh darüber!“

Zuflucht für Tiere „Home at last"

Das Tierheim „Home at last" wurde 1997 in Kentucky gegründet und beherbergt 70–80 Haustiere. Stan Petry ist einer der Gründer und Manager dieser Organisation. Er schrieb über seine vegane Philosophie in einem Artikel, der in der Nov/Dez-Ausgabe 1998 in *The Animals' Agenda* erschien: „Eine philosophische Auseinandersetzung bewegt die Tierschutzszene, weil man Klarheit schaffen möchte über die Frage der Euthanasie. Die Hauptfrage dabei ist natürlich das Los der streunenden Hunde und Katzen, die Problematik wird aber keinesfalls berücksichtigt in der Frage von getöteten Schlachttieren, mit denen diese herrenlosen Hunde gefüttert werden. Die Wertigkeit von Tötungen scheint also nicht identisch zu sein im Hinblick auf die verschiedenen Spezies. Die Rettung einer Art auf Kosten einer anderen ist ein Widerspruch, wenn man von einem ‚Tierasyl' spricht.

Die Verwendung einer Nahrung, die ohne Grausamkeit produziert wurde, ist eine wichtige Priorität der Einrichtung ‚Home at last'. Zugegeben, wir haben es hier mit einer beachtlichen Herausforderung zu tun, aber deswegen nicht automatisch mit einer unmöglichen Aufgabe.

Der Einsatz einer veganen Ernährung für unsere verschiedenen Schützlinge hängt von der Tierart ab. Hunde passen sich ohne Probleme einer vegetarischen Ernährung an, so dass mittlerweile die erste Mahlzeit, die gerettete Hunde bei uns erhalten, eine vegane ist.

Unsere Hunde zeigen alle Anzeichen perfekter Gesundheit. Sie sind voller Energie und ausgeglichen im Charakter; das Letztere ist auch sehr wichtig, denn unsere Hunde leben in einer recht ursprünglichen Umgebung, in kleinen Gruppen und in großen eingezäunten Arealen. Bei einigen der Tiere wurden sensationelle gesundheitliche Verbesserungen festgestellt, die wir der Ernährung zuschreiben.

Bei der Umstellung der Katzen hat sich eine anfängliche Mischung von Fleischkroketten mit Dosenfutter und nach Hausrezept gemachten vegetarischen Mahlzeiten bewährt. Nach einigen Tagen konnte man dann auch die Abendmahlzeit ändern auf eine vegane Kombination von TVP, Vegecat-Zusatz, Brei, Kartoffeln, Hefe, Öl und Gemüsebrühe...

Einer unserer Kater namens McBane musste wegen Darmverschluss operiert werden und hatte überhaupt viele gesundheitliche Probleme, bevor er Vegetarier wurde. Seine Gesundheit hat sich nun so eindrucksvoll verbessert, dass wir noch mehr ermutigt wurden, denn nach einem Jahr pflanzlicher Ernährung ist er so gesund und glücklich wie nie zuvor.

Es muss auch unterstrichen werden, dass noch nie ein Ernährungsproblem bei irgendeiner der Katzen aufgetreten ist, die nun schon zwischen einem Jahr und vier Monaten mit vegetarischem Futter versorgt werden.

Wir kennen uns nun immer besser aus und können skeptische Fragen mit größerer Sachkenntnis beantworten. Kritiker wenden ein, dass unsere eigenen Vorstellungen aus den Tieren Ernährungs-Sklaven machen. ‚Das ist kein natürliches Futter für sie', sagt man uns immer wieder. Aber ist eine Tüte Trockenfutter eine natürlichere Ernährungsart für ein Tier?

Man hat uns in Tierschutzkreisen sogar geraten, unsere vegane Ernährungsweise zu verschweigen. Komisch, dass Vegetarismus so bedrohlich wirkt, besonders auf jene ‚Tierfreunde', die sich für Hunde und Katzen einsetzen.

Wir hoffen, dass immer mehr Tierärzte sich die eigene grundlose Ablehnung der vegetarischen Ernährung von Hunden und Katzen irgendwann noch überlegen werden. Die Tierärztin Beth Johnson stellte kürzlich fest: ‚Im Heim ‚Home at last' scheinen alle Hunde und Katzen bei bester Gesundheit zu sein. Die Hunde sind lebhaft, haben glänzendes Fell und zeigen keine Spur irgendeines Nahrungsmangels. Die in einem großen Gebäude gehaltenen Katzen wirken auch sehr gesund und perfekt ernährt.'

‚Home at last' will Tiere retten und auch andere ermuntern, generell zu Verbesserungen beizutragen. Dabei sollen auch diejenigen Tiere nicht vergessen werden, die ‚unsichtbar' in Intensivhaltungen, Mastanstalten und Schlachthöfen zu finden sind. Wenn es doch eine realistische Alternative gibt, warum sollten wir dann nicht den humanen Weg wählen?"

Kapitel 5

Nährstoffe

Jede angesehene Firma, die fleischloses Hunde- und Katzenfutter entwickelt, orientiert sich an verlässlichen Informationen über Nahrungsbedürfnisse. Eine gute Informationsquelle ist das National Research Council (Nationales Amt für Forschungsarbeiten).

National Research Council

Im Jahre 1863 gründete die Regierung der Vereinigten Staaten von Amerika die National Academy of Sciences (NAS – Nationale Akademie der Wissenschaften). Das 1916 durch die NAS ins Leben gerufene National Research Council (NRC) ist der offizielle Ratgeber der Regierung in Belangen von Wissenschaft und Technik, der den Datenfluss zwischen Regierung und Industrie erleichtert.

Obwohl es sich um ein nicht profitorientiertes Privatunternehmen handelt, werden 85 % der benötigten Ausgaben des NRC durch die US-Bundesregierung bezuschusst. Das NCR besitzt keine eigenen Laboratorien, sondern stellt die von anderen gewonnenen Forschungsergebnisse zusammen und wertet sie aus. In seinen Ausschüssen sind Fachleute ehrenamtlich tätig.

Der Ausschuss für Tierernährung ist ein ständiger Ausschuss des Landwirtschaftsamtes. Seit 1942 hat dieser Ausschuss die Normen für die Nahrungsbedürfnisse von mindestens fünfzehn verschiedenen Tierarten ausgearbeitet.

AAFCO

Das NRC ermittelte die Nahrungsbedürfnisse. Im Gegensatz dazu konzentriert sich die aus Beamten aus allen 50 US-Bundesstaaten bestehende American Association of Feed Control Officials (AAFCO – Amerikanische Gesellschaft für die amtliche Nahrungsmittelkontrolle) auf die Tiernahrung. In früheren Zeiten hatte die AAFCO die Empfehlungen des NRC dazu herangezogen, die Nahrungsbedürfnisse festzulegen. Im Jahre 1993 gab die AAFCO ihre eigenen Daten bezüglich der Nahrungsbedürfnisse heraus, die auf denen des NRC basierten. Heute ist alles unter einem Dach vereint: die Verordnungen über die Inhaltsstoffe der Nahrung, die Kennzeichnung sowie die Nährstoffe selbst (die neuesten Vegepet-Rezepte stimmen mit den Anforderungen der AAFCO überein). Erklärtes Ziel ist es, „sowohl den Konsumenten als auch der sich an Normen haltenden Industrie Schutz zu gewähren“.

Energie

Der tägliche Energiebedarf (Kalorien) ist unterschiedlich und hängt von der Rasse, dem Alter, der Temperatur und der Aktivität ab. Die folgende Tabelle (entnommen aus *Small Animal Clinical Nutrition* – Klinische Ernährung von Kleintieren) gibt einen Rahmen für den täglichen Futterbedarf. Indem man die täglichen Portionen mit der angegebenen Zahl auf der rechten Seite multipliziert, kann man in etwa bestimmen, welche Futtermenge pro Tag bei Mehrbelastung benötigt wird. Dies ist jedoch eigentlich gar nicht notwendig, da natürlich ernährte Tiere nur so viele Kalorien zu sich nehmen, wie sie brauchen. Machen Sie die Portionen einfach groß genug, damit Sie Ihr Tier während der vorgesehenen Periode ausreichend versorgen können.

Energiebedarf:

BEI	PORTION
1 Stunde leichte Arbeit	1,1
1 ganzer Tag leichte Arbeit	1,4–1,5
1 ganzer Tag schwere Arbeit (Schlittenhund)	2–4
Untätigkeit	0,8
Trächtigkeit (die ersten 6 Wochen)	1
Trächtigkeit (die letzten 3 Wochen)	1,1–1,3
Hauptsäugezeit	2–4
Wachstum bis zum 3. Monat	2
Wachstum zwischen 3. und 6. Monat	1,6
Wachstum zwischen 6. und 12. Monat	1,2
Wachstum zwischen 3. und 9. Monat (bei sehr großen Hunden)	1,6
Wachstum zwischen 9. und 24. Monat (bei sehr großen Hunden)	1,2
kalter Wind bei ca. 8 °C	1,25
eiskalter Wind	1,75
Hitze – tropisches Klima	bis zu 2,5
Krankheit	unterschiedlich

Donald Collins schreibt in seinem fesselnden Erzählstil in *The Collins Guide to Dog Nutrition* (Collins' Ratgeber über Hundeernährung): „Der Hund ist ein lebendiges Wesen. Er lebt, weil er brennt – nicht als ein riesiges großes Feuer, sondern in Form von hundert Millionen kleinen Feuern, die in seinem ganzen Körper verteilt sind. Wenn diese vielen Feuer ausgehen, stirbt der Hund. Die winzigen Feuer brennen in den Zellen des Hundekörpers: Außer der fehlenden Flamme sind diese Feuer in vielerlei Hinsicht denen in einem Ofen oder einem Kamin ähnlich. Beide benötigen Brennstoff, beide benötigen Sauerstoff, und beide wandeln den Brennstoff in Hitze und Energie um."

Wasser

Die Hälfte des Körpers Ihres vierbeinigen Freundes besteht aus Wasser. Dies ist der wichtigste Nährstoff. Ein Tier kann überleben, wenn es sein gesamtes Fett verliert oder die Hälfte seiner Proteine, doch der Verlust von nur 10 % des gesamten Wasserhaushalts im Körper führt zu schwerer Krankheit, und der Verlust von weiteren 5 % bedeutet den Tod.

Ein Anzeichen für Gesundheit ist das Verhältnis von Wasser zur gesamten Körpermasse. Wenn die Tiere frisches Futter zu sich nehmen, ist die Gefahr nicht so groß, dass das Wasser im Körper durch Mineralien ersetzt wird, und die körperliche Beweglichkeit bleibt bis ins hohe Alter erhalten.

Die Beutetiere, von denen sich Katzen und Hunde für Millionen von Jahren ernährten, bestehen aus 50 bis 60 % Wasser. Daraus deckten die Hunde und Katzen den größten Teil ihres Wasserbedarfes. Die heutigen Hauskatzen entwickelten sich aus Wüstentieren, die wenig Zugang zu Wasser hatten. Trockenfutter füttert man Katzen am besten mit einer Sauce, um ihre Feuchtigkeitsaufnahme zu erhöhen, denn sie neigen dazu, weniger als Hunde zu trinken.

Geben Sie nur Wasser, das sie selbst auch trinken würden. Ganz kaltes Wasser kann bei überhitzten Tieren Darmkrämpfe und Durchfall auslösen, bieten Sie daher wohltemperiertes Wasser an (Zimmertemperatur).

Kohlenhydrate

Die Pflanzenwelt, auf die das tierische Leben angewiesen ist, besteht zu drei Vierteln aus Kohlenhydraten. Das Wort ergibt sich aus den Inhaltsstoffen Kohlenstoff, Wasserstoff und Sauerstoff. Alle Kohlenhydrate bestehen zu zwei Teilen aus Wasserstoff und zu einem aus Sauerstoff, genau wie Wasser. Grüne Pflanzen speichern die Sonnenenergie als Kohlenhydrate, entweder in Form von Stärke, von Zucker oder von beidem.

Kohlenhydrate sind in der Ernährung nicht essenziell, jedoch liefern sie Energie und unterstützen die Magen-Darm-Funktion. Die meisten Nahrungsmittel enthalten lösliche oder nicht lösliche Kohlenhydrate (Nahrungsfasern). Die Aufnahme von nicht löslichen Kohlenhydraten bewirkt, dass die Nahrung den Darmtrakt leichter passieren kann. Außerdem wird mehr und weicherer Kot abgegeben.

In kommerziell hergestellten Futtermitteln werden Weizen, Mais, Gerste und andere Samen und Getreide als preisgünstige Energiequellen im Futter verwendet. Verwendet man Kohlenhydrate als Energielieferanten, spart man Eiweiß in der Nahrung, auf der anderen Seite werden die übermäßig aufgenommenen Kohlenhydrate als Fett gespeichert und haben Übergewicht zur Folge.

Von gekochten oder gekeimten löslichen Kohlenhydraten können zwischen 73 % und 94 % verdaut werden.

Eiweiß

Als mein erstes Kind zur Welt kam, fragten mich die Leute: „Woher bekommt es sein Eiweiß?" Nun, Ernährungswissenschaftler sagen vegetarischen Eltern, dass es nichts im Fleisch gibt, was dieses zu einer überlegenen Aminosäurenquelle für Menschen machen würde. Katzen allerdings benötigen eine Beta-Aminosäure namens Taurin, die sie nur vom Tier oder synthetisch erhalten können.

Das Eiweiß macht die Hälfte des Trockengewichtes des Körpers aus. Alle lebenden Zellen enthalten Eiweiß, eine höchst komplexe Substanz, die aus vielen Aminosäuren besteht. Von den 22 Alpha-Aminosäuren gelten zehn als essenziell. Jedes Eiweißmolekül beinhaltet Stickstoff, das 15 bis 19 % seines Gewichtes ausmacht.

Bei der Überprüfung verschiedener Ernährungsformen schaut man sich die einzelnen Aminosäuren an, da ihre Ausgewogenheit für Wachstum und Erhaltung notwendig ist. Im Anhang 2 finden sich die unterschiedlichen Bedürfnisse von Hunden und Katzen in Bezug auf diese Aminosäuren und die Möglichkeiten, diesen durch eine vegetarische Ernährung gerecht zu werden.

Es spielt keine Rolle, ob die Aminosäuren von einem Schwein oder aus Erbsen kommen. Die einzelnen Aminosäureketten sind in beiden identisch – als individuelle Bausteine von Leben.

L-Carnitin

1905 wurde L-Carnitin in tierischem Körpergewebe (primär in der Leber) entdeckt, und 1970 begannen extensive Forschungsarbeiten über die Funktionen dieser Aminosäure. L-Carnitin ist notwendig für den Transport von Fettsäuren zu den Mitochondrien (mikroskopische Teilchen, die sich in den Zellen befinden und dafür verantwortlich sind, Nahrung in verwertbare Energie umzuwandeln). Das Herz braucht Carnitin für die Muskelkontraktionen. Normale Tiere erzeugen diese Substanz aus den Aminosäuren Lysin und Methionin.

Cardiomyopathie ist eine Krankheit, welche ungefähr 2 % aller Hunde befällt und meistens bei großen und sehr großen Rassen auftritt. Mehr Einzelheiten über diese tödliche Krankheit sind in Kapitel 11 enthalten. Diese Tatsache wird hier erwähnt, weil ein kleiner Prozentsatz der an Cardiomyopathie leidenden Hunde über zu wenig Carnitin in ihrem Herzmuskel verfügt. Die Nieren des Hundes speichern Carnitin nicht so gut wie die anderer Tierarten. Nach der Ursache für diese Schwäche wird intensiv geforscht.

Normalerweise besteht ein enger Zusammenhang zwischen der Carnitin-Konzentration im Herz und im Blutplasma, allerdings ist dies bei manchen an Cardiomyopathie erkrankten Hunden nicht der Fall. Weil 80 % der Hunde mit Cardiomyopathie eine normale oder sogar eine erhöhte Carnitin-Konzentration in ihrem Plasma haben, besteht die Vermutung, dass sie an einem Membran-Transport-Defekt leiden, durch den nicht genug Carnitin ins Herz gelangen kann. Eine andere Ursache könnte der ungenügende Aufbau von Carnitin sein. Aus all diesen Gründen empfehlen manche Tierärzte (wie auch Dr. Muzzleman in Virginia), die Nahrung von Risiko-Hunden mit L-Carnitin anzureichern, ohne die Beweise wissenschaftlicher Versuche abzuwarten. Moderne im Handel befindliche Hundefutter auf Fleischbasis enthalten diese Aminosäure nicht, weil sie beim Herstellungsprozess verloren geht. Gegenwärtig verhindern die hohen Kosten eine Beigabe in bedeutenden Mengen.

Taurin

Für die meisten Säugetiere ist Taurin eine nicht essenzielle schwefelhaltige Aminosäure. Taurin wird in der Leber aus den beiden Aminosäuren Cystein und Methionin unter Mitwirkung von Vitamin B_6 hergestellt. Katzen jedoch erzeugen vorzugsweise die Aminosäure Felinin (wahrscheinlich zum Markieren des Reviers). Aus diesem Grunde müssen sie das Taurin über das Futter aufnehmen.

Eine Funktion der Leber ist es, Galle zu produzieren. Die Gallensäuren zertrümmern die Fettkügelchen in winzig kleine Teile, genauso wie ein Spülmittel das Öl vom verschmutzten Geschirr löst. Nach dieser Behandlung durch die Gallensäuren können die Fettsäuren und andere Lipide vom Darmtrakt aufgenommen werden.

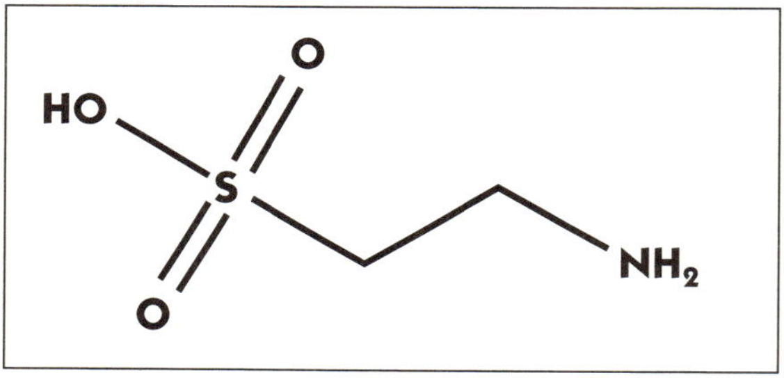

Die meisten Säugetiere produzieren Gallensäuren sowohl aus Taurin als auch aus Glyzin. Wenn ein Mangel an einem dieser Stoffe besteht, können die Gallensäuren problemlos vom jeweils anderen hergestellt werden. Katzen produzieren ihre Gallensäure jedoch ausschließlich aus Taurin, und angesichts dieser beschränkten Fähigkeit der Herstellung kann ein Taurinmangel kritisch werden.

Cardiomyopathie

Bis 1987 empfahl das NRC eine Menge von 500 Milligramm Taurin pro Kilogramm Trockenfutter. Im selben Jahr veröffentlichten Paul Pion und Quinton Rogers ihre Forschungsarbeit, die zeigte, dass diese Menge zur Vorbeugung gegen Cardiomyopathie nicht ausreichte. Katzen mit dieser degenerativen Erkrankung überleben die Diagnose normalerweise nur um einige Tage oder wenige Wochen, da die Herzmuskeln erschlaffen und das Blut nicht mehr richtig pumpen können.

Autopsien zeigten, dass etwa 3 % der schätzungsweise 62 Millionen Katzen in den Vereinigten Staaten von Amerika an dieser Krankheit starben. Unter Berücksichtigung dieser neuen Erkenntnisse nannte die offizielle Empfehlung für Taurin dann 800 Milligramm pro Kilogramm Trockenfutter. Die neueste Formel beinhaltet nun 2.000 Milligramm pro Kilogramm Trockenfutter.

Im August 1987 lautete eine Schlagzeile in der *Los Angeles Times:* „Tausende von Katzen sterben an mangelhaftem Tierfutter". In dem Artikel hieß es weiter: „Jedes Jahr starben zehntausende von Katzen an einer bestimmten Herzkrankheit, die durch einen Ernährungsmangel in einigen verbreiteten Tiernahrungssorten verursacht wurde.

Tierfutterhersteller haben daraufhin ihre Produkte modifiziert, um den Mangel zu beheben, berichtete das Pet Food Institute, eine Handelsorganisation. Betroffen war auch Purina Cat Chow, ein Beststeller unter den Trockenfutterprodukten für Katzen.

‚Die Substanz, an der es mangelte, war eine Aminosäure namens Taurin, die bei jedem Herzschlag die Zufuhr kleiner Mengen von Kalzium in die Herzmuskeln reguliert', sagte der Pharmakologe Steven Schaffer von der Universität von Süd-Alabama, ‚das Kalzium löst den Herzschlag aus. Katzen und Menschen gehören zu den wenigen Säugetieren, deren Körper kein Taurin herstellen können und die es daher aus der Nahrung beziehen müssen. Bei Menschen ist ein Taurin-Mangel äußerst selten, da genügend Taurin in Fleisch, Fisch und Muscheln vorkommt.'"

Menschen können, wie die meisten Säugetiere, Taurin in der Leber herstellen! Zu behaupten, ein Taurin-Mangel sei „äußerst selten", weil die Menschen Tiere essen, ist nur ein weiteres Märchen zum Thema Vegetarismus.

„Zudem wurde festgestellt, dass jede an Cardiomyopathie erkrankte Katze einen verringerten Taurinspiegel hatte. Sobald Schaffer ihnen ein Taurinpräparat verabreichte, begann ihre wunderbare Heilung und ihre Herzen schlugen wieder völlig regelmäßig."

Die Tierfutterindustrie testet ihre Produkte an 3.000 Katzen ausschließlich auf den Geschmacks-, nicht auf den Gesundheitsfaktor. Die Katzen, die durch diese Ernährung krank wurden, hatten alle in den USA sehr bekannte Fertigfuttermarken bekommen.

Blindheit und andere Probleme

Bereits 1963 wurde eine Schrumpfung der Stäbchen und Zapfen der Netzhaut bei alten Katzen beschrieben. 1975 stellte man einen Zusammenhang zum Taurin-Mangel her. Die typische feline zentrale Netzhaut-Degeneration bei erwachsenen Katzen oder älteren Jungkatzen verursacht nur eine teilweise Erblindung, außer in fortgeschrittenen Fällen. Ohne Taurinzufuhr über das Futter zeigen Katzen aber innerhalb von nur drei Monaten Veränderungen der Netzhaut, die sich innerhalb von sechs Monaten stark verschlimmerten und in einem Zeitraum von etwa zwei Jahren zur völligen Erblindung führen.

Zudem bewirkt Taurinmangel Fortpflanzungsprobleme, langsames Wachstum, neuralgische Störungen, Thrombose/Embolie-Anfälligkeit und eine Funktionsstörung des Immunsystems. Niemand möchte seine Katze gerne einem Risiko aussetzen, doch einige Vegetarier taten unwissentlich genau das.

Sally erkundigte sich über Vegecat: „Meine Katze ist schon seit zwei Jahren blind. Sie ist jetzt vier Jahre alt und war von Geburt an Vegetarierin. Sie jagt nicht selbstständig, wohl weil sie die Kleinste im Wurf war. Gibt es irgendeine Chance, dass sie ihr Augenlicht mit diesem Produkt wiedererlangt?"

Wenn Netzhautveränderungen rechtzeitig erkannt werden, können sie sich zurückbilden. Jim und Janet schrieben uns wegen Tiger. Als wir sahen, wie weit die Erblindung bereits fortgeschritten war, drängten wir sie zu dem zusätzlichen Taurin. Doch wir waren vorsichtig dabei, um nicht zu starke Hoffnungen zu wecken.

Später schrieben sie uns: „Vielen Dank für das Taurin, das Sie uns für unsere Katze Tiger geschickt haben. Wir haben schon nach fünf Tagen eine wesentliche Verbesserung an seinen Augen bemerkt. Wir gaben das Taurin bis vor etwa einen Monat. Seine Augen scheinen jetzt in Ordnung zu sein. Er rennt jetzt wieder herum und spielt, zwinkert im Licht und sitzt wieder am Fenster. Er kann wieder Katzen auf der anderen Straßenseite erkennen, und seine Augen scheinen so scharf zu sein wie zuvor.

Ich habe lediglich bemerkt, dass seine Sicht nachts nicht so gut ist. Ein paar Mal rannte er abends hinaus, und ich sah, dass er irgendwie seinen Kopf nach vorne strecken musste, um auf die andere Straßenseite zu sehen. Aber wir sind so glücklich, dass er wieder sehen kann!

Bevor er Vegecat bekam, gaben wir ihm ein bisschen Fleisch in das Futter, aber jetzt frisst er überhaupt kein Fleisch mehr. Wir mischen ihm stattdessen etwas Käse oder Eier unter das Futter. Wir haben bemerkt, dass seine Geschmacksnerven sich völlig verändert haben. Manchmal geben wir ihm mitten am Tag einen kleinen Snack aus Papaya, Banane, Melone oder Avocado. Er liebt das. Noch vor einigen Jahren hätte er solche Dinge nicht angerührt!"

Lin aus England stellte ihre Katzen spät auf Vegecat um, nachdem sie eine vegetarische Kost ohne Ergänzungsstoffe gefüttert hatte. Sie schrieb: „Nachdem ich meine beiden Katzen Tuppence und Kelly einige Jahre lang unwissentlich mit einer ungeeigneten vegetarischen Kost ernährt hatte (die bei beiden zur Erblindung führte), kann ich mit Worten kaum ausdrücken, wie sehr ich mich über Vegecat freue. Beiden Katzen bekommt die neue Kost sehr gut, und mit Ausnahme der Rezepte mit Reis und Sojabohnen haben sie sie unglaublich gut angenommen. Sie fressen und genießen ihre Mahlzeiten mehr als je zuvor, und ich kann auch schon eine Verbesserung ihres gesundheitlichen Zustandes erkennen. Nur die Zeit kann zeigen, ob sie ihre Sehkraft wieder erlangen werden. Ich hoffe darauf... Ich möchte mich aus tiefstem Herzen für Vegecat bedanken. Es ist wirklich ein Traum wahr geworden."

Einige Zeit später schrieb Lin an das Magazin *The Cat* (Die Katze) und fragte um deren Meinung über Vegecat. Der Kommentar des Magazins sowie unsere Antwort darauf sind im elften Kapitel abgedruckt.

Wie Taurin synthetisch hergestellt wird

Diese technische Frage wird uns wohl am häufigsten gestellt. Einige Leute zitieren veraltete Quellen, in denen es heißt, Taurin sei nur aus tierischen Quellen erhältlich (oder winzige Mengen aus Pflanzen). Heutzutage, und bereits seit vielen Jahren, ist es ökonomischer, synthetisches Taurin zu gewinnen.

Für diejenigen mit einem chemischen Hintergrundwissen: Die Synthese des Taurins beginnt mit dem Haber-Bosch-Prozess. Dabei wird Eisen als Katalysator unter hohem Druck und mittelhoher Temperatur mit aus der Luft synthetisiertem Ammoniak (NH_3) zusammengebracht. Durch Hinzufügen von Ethylenoxid wird das Wasserstoffatom im Ammoniak durch ein Hydroxyethyl-Radikal ersetzt. Aus diesem Gemisch wird durch gewöhnliche fraktionierte Destillation das Ethanolamin gewonnen. Durch weitere chemische Reaktionen entsteht daraus Ethylenimin, welches in Roh-Taurin umgewandelt werden kann. Dieses wird mehrmals durch Aktivkohle gereinigt und getrocknet.

Taurin kann jedoch auch durch Sulfonierung von Ethylenchlorid mit Natriumsulfit, gefolgt von Ammonolyse mit wasserfreiem Ammoniak oder mit wässrigem Ammoniak und Ammoniumcarbonat hergestellt werden.

Arginin

Arginin kommt reichlich in natürlichen Quellen für pflanzliches Eiweiß vor. Dennoch wird es manchmal als der Grund genommen, für Heimtierfutter tierische Produkte zu verwenden. Zum Beispiel sagt Joan Harper in *Feed the Kitty – Naturally* (Katzen natürlich füttern): „Ich weiß aber, dass es bestimmte Nährstoffe gibt, ohne die die Katze nicht leben kann und die nur in tierischen Produkten vorkommen. Dies sind die Aminosäuren Arginin und Taurin…"

Es gibt gewiss keinen Mangel an Arginin in Getreide, Samen und Hülsenfrüchten. All unsere Rezepte übertreffen die NRC-Empfehlungen für den Arginin-Bedarf um mindestens 30 %, ohne dass man Arginin künstlich zusetzen muss. Nach einer Mahlzeit ohne Arginin, die nur im Labor erzeugt werden kann, zeigen sich bei Hunden innerhalb einer Stunde klinische Merkmale einer Ammoniakvergiftung, bei Katzen innerhalb von drei Stunden (Erbrechen, Schaum vor dem Mund, Muskelkrämpfe und veränderter Zellstoffwechsel).

Mineralien

Mineralien erhalten den Säure-Basen-Haushalt. Sie sind Bestandteile des Muskelgewebes, regulieren den Feuchtigkeitsfluss durch die Zellwände und sind für viele Enzyme von großer Bedeutung. Sie arbeiten miteinander, was ein allgemeines Gleichgewicht unerlässlich macht.

Kalzium und Phosphor

Kalzium und Phosphor stehen in enger Wechselbeziehung und stellen die wichtigsten Mineralien für die Erhaltung von Knochen und Zähnen dar. Kalzium ist auch sehr stark in Blut und Nervenzellen vorhanden. Sowohl Katzen als auch Hunde haben einen hohen Bedarf an diesen beiden Mineralien, die sie in der

Wildnis aus den Knochen ihrer Beutetiere erhalten. Vegetarisches Futter hat einen höheren Phosphorgehalt, wenn man jedoch einfach willkürlich Kalzium zusetzt, kann das zu einer Störung des Gleichgewichts führen. Das optimale Verhältnis von Kalzium- und Phosphoreinheiten (nach Gewicht) ist 0,9:1 bis 1,1:1 bei Katzen und 1,2:1 bis 1,4:1 bei Hunden.

Gibt man zusätzliche Mengen dieser beiden Mineralien in ein bereits ausgewogenes Futter, kann das zu Lahmheit und Schmerzen führen, daher raten wir davon ab, Vegepet in kommerziell hergestellte Tiernahrung zu mischen.

Kalium

Ein Mangel an Kalium zeigt sich in schlechtem Wachstum, Ruhelosigkeit oder Lethargie, Muskellähmungen, krankhaften Veränderungen von Herz und Nieren sowie in der Neigung zur Austrocknung und in Bewegungsproblemen. In natürlichen Nahrungsmitteln kommt ausreichend Kalium vor.

Natrium und Chlor

Diese beiden Elemente, die für den Stoffwechsel sehr wichtig sind, erhält man ohne Probleme durch einige Formen von Salz. Manche Leute sind wegen des urologischen Syndroms bei Katzen für zusätzliche Salzgaben, was die Katze dazu bewegen soll, mehr zu trinken. Salz verursacht jedoch erhöhten Blutdruck und birgt daher seine eigenen Risiken für manche Katzen.

Miso und Sojasoße sind ein Ersatz für Salz. Wenn Sie sich für diese milderen Salzarten entscheiden, müssen Sie davon die siebenfache Menge nehmen. Nachgemachte Speckstücke liefern Salz und tragen erheblich zur Schmackhaftigkeit bei, besonders bei Katzen.

Magnesium

Durch eine Überdosierung von Kalzium und Phosphor kann ein Mangel an Magnesium entstehen. Welpen zeigen Anzeichen von Magerkeit, Erbrechen und verringertes Wachstum.

Katzen benötigen Magnesium ebenso wie Hunde, doch bei ihnen liegt das Problem meist an einer Überdosierung im Futter. Magnesium ist ein Bestandteil von Struvitsteinen (Magnesium-Ammonium-Phosphat), das sind die Steine, die in erster Linie für das urologische Syndrom bei Katzen (FUS, s. S. 177f.) verantwortlich sind.

Jod

Anzeichen eines Jodmangels sind Schilddrüsenüberfunktion, Kropf, Apathie, Schüchternheit, Kahlheit, abnormaler Kalziumstoffwechsel, Fehl- und Totgeburt. Überhöhte Mengen wirken toxisch. Meeresalgen sind eine geeignete Quelle für dieses Spurenelement.

Eisen und Kupfer

Sowohl Eisen als auch Kupfer sind unentbehrlich zur Vorbeugung gegen Anämie. Das Eisen befindet sich in den Atmungspigmenten. Wenn es unzureichend in der Nahrung vorkommt, ist der bevorzugte Ersatzstoff Eisensulfat, da dessen Aufnahmefähigkeit doppelt so hoch ist wie die von Eisenkarbonat. Eisenoxide besitzen sehr wenig von der biologischen Wirksamkeit von Eisen, wenn überhaupt. Eisen ist in größeren Mengen hochgiftig.

Kupfer wird sowohl für den normalen Eisenstoffwechsel als auch für viele andere Funktionen benötigt, wie zum Beispiel für den Aufbau von Bindegewebe. Klinische Anzeichen von Kupfermangel sind Knochenanomalien und krankhafte Veränderungen des Bindegewebes. Übermäßige Aufnahme von Kupfer kann die Leber schädigen.

Zink

Zink ist wichtig für viele körperliche Enzyme, Knochen, Zähne und Haut. Anzeichen für Zinkmangel sind eine krankhafte Veränderung der Haut, Abmagerung, allgemeine Schwäche, Fettveränderungen in der Leber, vergrößerte Gallenblase und Nierenschäden. Zuviel Zink zieht einen Mangel an Kalzium und Kupfer nach sich.

Selen

Obgleich es in großen Mengen giftig ist, bewirkt ein Selen-Mangel Muskelschwäche, Magersucht, Depressionen und Koma. Zusammen mit Vitamin E wird es für die Behandlung einiger Erkrankungen verwendet.

Vitamine

Vitamine sind regulierende Moleküle, die nicht zu energetischen oder aufbauenden Zwecken verwendet werden. Indem sie eine große Anzahl von Stoffwechselprozessen kontrollieren, dienen sie als Polizei.

Vitamine werden in zwei Gruppen aufgeteilt, nämlich in wasserlösliche und fettlösliche. Es ist sehr einfach, sie zuzusetzen, aber fettlösliche Vitamine verursachen bei Überdosierung Hypervitaminosis.

Vitamin A

Obwohl das fettlösliche Vitamin A für Fortpflanzung, Sehschärfe, Fell und gesunde Muskeln erforderlich ist, löst ein Zuviel davon Gewichtsverlust, Magerkeit, Entkalkung, Weichheit der Extremitäten, degenerative Veränderung der Arterien und Venen der Herzmuskulatur sowie Gallenblasen- und Blasenprobleme aus. Hunde können zum einen die Vorform von Vitamin A (Retinol) verwenden; sie können aber auch aus dem Provitamin A Karotin ihr Vitamin A herstellen. Natürliche Futterstoffe von dunkler Farbe enthalten große Mengen von

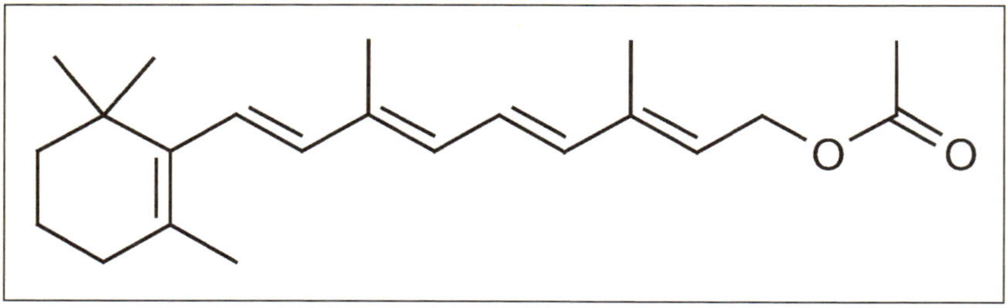

Beta-Karotin, die die höchste Wirksamkeit von Vitamin A aufweisen. Karotine sind nur wirksam, wenn sie während oder nach der Aufnahme durch die Darmwände in Retinol umgewandelt werden. Karotine sind nicht giftig, obwohl es zu einer harmlosen gelben Hautverfärbung kommen kann, wenn große Mengen davon aufgenommen werden.

Katzen können mit Beta-Karotin nichts anfangen, da sie es nicht in Retinol umwandeln können, was bei anderen Arten in der Darmschleimhaut geschieht. Deshalb müssen Katzen mit einer Vorform von Vitamin A versorgt werden. Die natürliche Vorform von Vitamin A gibt es nur in tierischen Produkten, in denen das Tier das Karotin in seinem Futter in Vitamin A umgewandelt und es in bestimmten Teilen seines Zellgewebes, vor allem in der Leber, gespeichert hat.

Bis 1941 war Lebertran die Vitamin-A-Quelle im Arzneimittelhandel. Dann wurden die Fischerboote durch den Krieg aus dem Pazifik vertrieben und die Chemiker begannen gezwungenermaßen damit, Vitamin A künstlich herzustellen.

Die synthetische Herstellung von Vitamin A

Um Vitamin A ($C_{22}H_{32}O_2$) ohne Benutzung tierischer Rohstoffe zu produzieren, dient als Ausgangsmaterial Azeton. Dieses kann auf vier verschiedene Arten hergestellt werden:

(1) trockene Destillation von Kalziumazetat,
(2) katalytische Aufspaltung von 100%iger Essigsäure,
(3) Vergärung von Stärke oder
(4) Dehydrierung von Isopropylalkohol.

Bionon, ein grundlegendes Produkt in der Parfümindustrie, welches aus Azeton hergestellt wird, wird durch eine Glycidester-Synthese um ein Kohlenstoffatom verlängert und nach der Behandlung mit einer Base in den a,b- ungesättigten b-C_{14}-Aldehyd übergeführt. Dieser Aldehyd wird in einem weiteren Schritt mit cis-3-methylpent-2-en-4-yn-1-ol in einer Grignard-Reaktion kondensiert. Das cis-3-methylpent-2-en-4-yn-1-ol wird durch eine Addition von Methylvinylketon an Ethin und einer anschließenden Allylumlagerung hergestellt. Das kristalline C_{20}-Diol, welches durch die Grignard-Reaktion produziert worden ist, wird teilweise an der Dreifachbindung hydriert, acetyliert und mittels instabiler Halogenverbindungen dehydriert. Eine folgende Umlagerung führt dann zum all-Transvitamin-A-Acetat, welches mittels Methylpalmitat in Vitamin-A-Palmitat übergeführt werden kann. Im Jahr 1966 belief sich die Produktion von synthetischem Vitamin A in den USA bereits auf über 830 Tonnen.

Vitamin C

Wendell Belfield schrieb gemeinsam mit Martin Zucker zwei Bücher, die wohl besten von allen erhältlichen Büchern über Ergänzungsstoffe für unsere vierbeinigen Freunde: *How To Have A Healthier Dog* (Wie wird mein Hund gesünder) und *The Very Healthy Cat Book* (Das Buch für kerngesunde Katzen).

Menschen züchten Heimtiere ohne Vitamin-C-Beigaben, und sie scheinen damit Erfolg zu haben. Doch wir empfehlen zumindest ein wenig Vitamin C, sozusagen als „Schutzpolizei“ gegen mögliche Krankheiten und in Zeiten von erhöhten Anforderungen.

Vitamin C ist so wichtig für die Gesundheit der Tiere, dass ein Fehlen nach drei Monaten zum Tode führt.

Auf ihrem langen Weg der Evolution hatten manche Tiere nicht genug eines katalytischen Enzyms, das Traubenzucker (ein normaler Bestandteil im Tierblut) in Vitamin C umwandelt. Deshalb verließen sich Hunde und Katzen immer mehr auf die Vitamin-C-Vorräte ihrer Beutetiere. In Häusern und Wohnungen haben sie kaum Zugang zu den früheren Quellen und müssen sich mit ihrer eigenen begrenzten Produktion zufrieden geben. Belfields Angaben halfen, die untenstehende Tabelle aufzustellen:

DIE TÄGLICHE KÖRPEREIGENE HERSTELLUNG VON VITAMIN C

Menschenaffe, Mensch	0
Schildkröte	10
Schlange	10
Katze	40
Hund	40
Ratte	150
Ziege	190
Kaninchen	225
Maus	275

Milligramm Vitamin C pro Kilogramm Körpergewicht

Belfield empfiehlt sogar, schon vor der Entwöhnung Vitamin C zuzufüttern. Die beiden folgenden Tabellen zeigen seine Empfehlungen für Katzen sowie für verschiedene Größen von Hunden. Die „von-bis-Werte“ bedeuten, dass sich die Dosis während dieser Zeit langsam zum höheren Wert hin steigert.

Die Mengen gelten für normale Bedingungen. Unter Stress oder bei Krankheit sollten Sie die Dosis allmählich bis zum Wert für Erwachsene erhöhen, da sich nach und nach auch die Vitamin-C-Verträglichkeit erhöht. Wenn Ihnen diese Mengen zu hoch erscheinen, fangen Sie mit weniger an und beobachten Sie die Auswirkung, bevor Sie die Dosis erhöhen. Verwenden Sie für Katzen nicht die gepufferte Form, die Kalzium enthalten könnte. Der Säuregehalt von unverfälschtem Vitamin C hilft, ein gesundes Harnwegssystem zu erhalten. Vitamintabletten werden, mit etwas Öl eingerieben, in das Maul verabreicht. Halten Sie das Maul des Tieres geschlossen, bis es geschluckt hat. Vitamin C ist auch in Pulverform erhältlich.

Vitamin-C-Menge in Milligramm für Katzen

Alter	Milligramm
1–5 Tage	20
5–10 Tage	35
bis zur Entwöhnung	65
die ersten 6 Monate	250–500
erwachsene Katzen	500–750
Trächtigkeit	1.000
alte Katzen	500–750

Vitamin-C-Menge in Milligramm für Hunde

Alter	klein	mittel	groß	sehr groß
1–5 Tage	20	35	65	65
5–10 Tage	35	65	100	100
bis Entwöhn.	65	100	135	135
Erste 4 Mon.			500–1.000	750–2.000
Erste 6 Mon.	250	500		
4.–18. Monat			1.000–3.000	2.000–6.000
Erste 6 Mon.	250	500		
6.–12. Monat	250–500	500–1.500		
erw. Hunde	500–1.500	1.500–3.000	3.000–6.000	6.000–7.500
Trächtigkeit	1.500	3.000	6.000	7.500
alte Hunde	250–750	750–1.500	1.500–3.000	3.000–4.000

Da sich keine klinischen Symptome eines Vitamin-C-Mangels zeigen, wenn Katzen und Hunde es nicht über die Nahrung erhalten (ihre Körper produzieren durchaus ein wenig), betrachtet das NRC es als nicht lebenswichtig. Ganzheitliche Tierärzte sagen, das sei nicht ganz richtig.

Für sehr junge Tiere gibt es Vitamin C als Tropfen für Kinder. Für ältere Tiere ist es entweder in Tablettenform oder als Pulver erhältlich. Letzteres ist bequemer und (gewöhnlich) billiger und lässt sich leicht unter das Futter mischen. Die Tabletten kann man in Öl wenden, damit die Tiere sie leichter schlucken können.

Durchfall kann entweder bedeuten, dass eine zu hohe Dosis gegeben wurde oder dass das Vitamin C zu sauer war. Natriumascorbin ist leicht basisch und leichter verträglich. Beide Formen sind gleich wirksam. Lesen Sie zum Thema Vitamin C auch den Abschnitt über FUS in Kapitel 12.

Der giftige Pilz

Unser Sheltie Kumari leistete uns immer im Garten Gesellschaft und lernte schnell, auch alleine herumzustöbern. Als ich sah, dass die jeden Morgen aus unserem Rasen sprießenden Pilze essbar waren, zeigte ich ihr, wie schmackhaft sie waren. Von da an suchte sie jeden Morgen auf dem Rasen nach den mysteriösen weißen Pflanzen, die einem so bequem entgegenwuchsen.

Als ich einen befreundeten Computer-Freak besuchte, der ein paar Meilen weg wohnte, entdeckte ich einen wunderschönen Frühlings-Amanita (der als hochgiftig eingestuft ist).

Aus Jux nahm ich diesen orange-weißen wundersamen Pilz mit und „pflanzte" ihn an diesem Abend als Überraschung direkt vor unsere Tür. Kurze Zeit später, als ich meine Frau zur Tür führte, sah ich, wie Kumari genüsslich den Pilz verspeiste, den sie für eine Delikatesse hielt.

Ich hatte vor Jahren einmal Amanitas gegessen, ohne dass ich krank geworden war, und so hoffte ich, dass auch Kumari keine negativen Auswirkungen spüren würde. Doch unglücklicherweise ging es ihr abends schlecht: Sie hatte sich in einer unübersichtlichen Ecke des Gartens verfangen, war verwirrt und konnte nichts sehen, obwohl ihre Augen so groß wie Untertassen waren.

Ich brachte sie ins Haus und gab ihr 2.000 Milligramm Vitamin-C-Pulver auf die Zunge und löste einen Leck-Reflex aus. Ich saß die ganze Nacht bei ihr, beruhigte sie und gab ihr Vitamin C. Gegen Morgen entspannte sie sich, wurde ruhig und schlief ein. Sie wurde wieder völlig gesund, und Sie können sicher sein, dass ich diese bunten Pilze nie wieder mit nach Hause brachte!

Vitamin D

... ist bekannt als das „Sonnenschein-Vitamin". Da für den Körper der Sonnenschein eine der Quellen dafür ist, ist das fettlösliche Vitamin D technisch ein Hormon. Produziert der Körper zu geringe Mengen davon, muss es durch die Nahrung zugeführt werden. In diesem Fall ist es dann ein Vitamin.

Alle Tiere mit einem Knochengerüst benötigen Vitamin D, welches die Aufnahme und Verwendung von Kalzium und Phosphor erleichtert. Rachitis ist eine Mangelerscheinung, die eine Fehlentwicklung oder Verhärtung der Knochen bewirkt, bedingt durch einen Vitamin-D-Mangel in der Nahrung oder durch zu wenig direktes Sonnenlicht.

Vitamin D gibt es in zwei Formen. Das Vitamin D_3 (Cholecalziferol), das sich nur in Tierkörpern bildet, wird manchmal „D-aktiviertes Tier-Sterol" genannt und wird aus der Wolle von (normalerweise geschlachteten) Schafen gewonnen. Vitamin D_2 (Ergocalziferol), eine Form, die nicht von Tieren gewonnen und in den Vegepet-Produkten verwendet wird, produziert man aus Hefe, die ultraviolettem Licht ausgesetzt wird. Beide Formen sind gleichermaßen wirksam.

Die synthetische Herstellung von Vitamin D_2

Berührt direktes Sonnenlicht unsere Haut, verwandelt sich 7-Dehydrocholesterol (ein Steroid) in Vitamin D. Vitamin D_2 wird künstlich hergestellt, indem man diesen natürlichen Prozess imitiert.

Getrocknete Hefe enthält etwa 0,51 % Ergosterol. Wird es in flüssiger Form ultraviolettem Licht ausgesetzt, so verwandelt es sich durch Aufspaltung der Kohlenstoff-Verbindung im Kern des Ergosterol-Steroids in Vitamin D_2.

Vitamin E

Vitamin E, ein essenzieller Nährstoff für alle höher entwickelten Tiere, wird entweder aus Ölsamen (vor allem Sojabohnenöl) gewonnen oder synthetisch hergestellt. In den wissenschaftlichen Untersuchungen über den Bedarf von Hunden und Katzen wurde die synthetische „dl"-Form verwendet. Die biologische Wirksamkeit von natürlichem Vitamin E ist bei Tieren, mit Ausnahme von Ratten, höher, obwohl für therapeutische Zwecke eher die synthetische Form verwendet wird. Ein Vorteil gegenüber dem synthetischen Vitamin E ist seine hypoallergene Wirkung, was für solche Tiere von Bedeutung ist, die unter vielen Allergien leiden.

Der Bedarf an Vitamin E richtet sich nach der Zusammenstellung der Nahrung. Tiere, die mit Fisch gefüttert werden, haben einen weit höheren Bedarf, da ein hoher Anteil ungesättigter oder ranziger Fette das Vitamin E zerstören. Ein Mangel führt zu muskulärer Dystrophie, zu krankhaften Veränderungen des Herzens, außerdem kann sich die „gelbe Fettsucht" (Fettgewebsentzündung – Steatitis) entwickeln.

Weizenkeimöl ist eine reiche Quelle für dieses Vitamin. Es enthält auch alle B-Vitamine. Als ausgezeichnetes Antioxidationsmittel verhindert es das Ranzigwerden von Öl; die empfohlene Menge ist 100 bis 300 ppm (Teile pro Million). Geben Sie in die gerade geöffnete Ölflasche 400 IE (Internationale Einheiten) pro Liter.

Thiamin (B_1)

Beriberi, das durch einen Mangel an Thiamin verursacht wird, ist auch heute noch ein gesundheitliches Problem für Menschen auf den Philippinen und in anderen Teilen der Welt. Wenn Babys einen heftigen Anfall haben, sterben sie oft innerhalb weniger Stunden. Die Symptome sind: Blausucht (zuviel Kohlendioxid im Blut), Tachykardie (beschleunigter Herzschlag), Erbrechen und Krämpfe. Bei Erwachsenen schwellen die Gliedmaßen an, was sich bis zum Herzen fortsetzt und zum Ersticken führt. Eine andere Form von Beriberi äußert sich in einem allmählichen Verlust von Körpergewebe sowie Übelkeit und Verwirrung.

Katzen und Hunde zeigen bei Thiamin-Mangel dieselben Symptome.

Riboflavin (B_2)

Riboflavin ist zur Herstellung von roten Blutkörperchen unerlässlich und spielt auch beim Eiweiß-Stoffwechsel eine Rolle. Manche Tiere bilden selbst Riboflavin, abhängig von der Art der in der Nahrung enthaltenen Kohlenhydrate.

Folgen eines Mangels an Riboflavin sind bei Katzen und Hunden Gewichtsverlust, Magerkeit, grauer Star, Fettleber, Muskelschwäche und Dermatitis.

Nikotinsäure (Niazin)

Viele Tierarten können Nikotinsäure aus Tryptophan selbst synthetisieren, doch Katzen produzieren praktisch keine und Hunde nur sehr wenig. Ein Mangel führt zu Gewichtsverlust, Magersucht, Schwäche und Apathie. Übelriechender, dickflüssiger Speichel ist charakteristisch, sowie Eiterung des Gaumens. Gleichzeitig wird oft eine Atmungserkrankung beobachtet, die zum baldigen Tod beiträgt.

Pyridoxin (B_6)

Vitamin B_6 ist ein Co-Faktor einer großen Anzahl von Enzymen, die beim Aminosäuren-Stoffwechsel mitwirken. Ein Mangel führt zu Herzerweiterung (Vergrößerung einer oder mehrerer Herzkammern), Blutandrang in verschiedenen Zellgeweben, Verfall des peripheren Nervensystems, Krämpfen sowie einer irreversiblen krankhaften Veränderung der Nieren.

Pantothensäure

Pantothensäure spielt bei der Umsetzung von Nahrung, bei der Herstellung von Fettsäuren und anderen wichtigen Reaktionen eine Rolle. Ein Mangel verursacht Abmagerung und Leberverfettung.

Folsäure

Folsäure ist für das Wachstum, für die Leber und die Drüsen wichtig und hilft auch beim Aufbau roter Blutkörperchen mit. Ein Mangel an Folsäure zeitigt Gewichtsverlust, Anämie und eine Abnahme der weißen Blutkörperchen.

Biotin

Biotin, das ausreichend in natürlichen Nahrungsmitteln vorkommt, ist wichtig für die Synthese von Fettsäuren. Es spielt auch bei anderen Reaktionen eine Rolle, wo sich Kohlendioxid in organischen Molekülen festsetzt. Ein Biotin-Mangel führt zu Austrocknung um die Augen, die Nase und den Mund sowie zu blutigem Durchfall und Abmagerung.

Avidin, ein Biotin bindendes Protein, kommt in rohem Eiweiß vor. Aus diesem Grund wird von manchen empfohlen, kein rohes Eiweiß zu verwenden. Wird es jedoch zusammen mit dem Eigelb gefüttert, besteht keine Gefahr, da das Eigelb einen sehr hohen Biotin-Gehalt hat. Ein leichtes Abkochen der Eier zerstört sowohl das Avidin als auch einen Trypsin-Schutzstoff, der bei der Eiweiß-Verdauung mitspielt.

Cobalamin (B_{12})

Vitamin B_{12} ist in allen Zellen von Säugetieren vorhanden und für deren normale Funktion wichtig. Da es vor allem aus Bakterien gewonnen wird, enthalten Pflanzen nur sehr wenig Vitamin B_{12}. Ein Mangel zeigt sich in gehemmtem Wachstum und Blutarmut.

Die synthetische Herstellung von Vitamin B_{12}

In der kommerziellen Herstellung von Vitamin B_{12} werden entweder Bakterien (einzellige Mikroorganismen) oder Streptomyzetes verwendet. Dieser Organismus (meistens handelt es sich um Propionibacterium freudenreicheii) wächst in einem 2.600–13.000-Liter-Tank auf einem Medium aus Hefeextrakt, Mineralstoffen und Zucker (oder anderen Kohlenhydraten) für 72 bis 120 Stunden. Vitamin B_{12}, welches praktisch vollständig in den Zellen enthalten ist, wird durch Zentrifugieren separiert und anschließend komplett getrocknet.

Die Produktion von Streptomycin und einigen anderen Antibiotika ergibt als Nebenprodukt auch etwas Vitamin B_{12}.

Cholin

Cholin ist für die Zellmembranen erforderlich wie auch für Lipoproteine (Fetteiweiß), mit dessen Hilfe fettlösliche Substanzen transportiert werden. Es ist auch für Gehirn und Nerven wichtig. Obwohl es vom Körper hergestellt wird, sollte es bei entsprechendem Cholin-Bedarf über die Nahrung zugeführt werden. Ein Mangel führt zu Leberverfettung und Erkrankungen der Nieren.

Essenzielle Fettsäuren

Alle Tiere benötigen gewisse mehrfach ungesättigte Fettsäuren. Diese Fettsäuren regen bei Hunden und Katzen das Wachstum an und heilen Dermatitis, die charakteristisch für eine mangelhafte Ernährung ist. Katzen muss auch Arachidonsäure über die Nahrung zugeführt werden, während Hunde (so wie die meisten Säugetiere) diese aus Linolsäure synthetisieren, welche man leicht über Pflanzenöle erhält.

Linolsäure

Obwohl Linolsäure durch die Nahrung zugeführt werden muss, darf sie vegetarisch versorgten Katzen nur eingeschränkt gegeben werden. Bei Katzen wetteifert ein Überfluss von Linolsäure mit Arachidon, einer weiteren essenziellen Fettsäure, welche Katzen über die Nahrung erhalten müssen. Wählen Sie das Öl, das am wenigsten Linolsäure enthält, zum Beispiel (geordnet nach Priorität): Olivenöl, Distelöl mit einem hohen Anteil an ungesättigten Fettsäuren (kein raffiniertes Distelöl), Sonnenblumenöl und Sesamöl.

Lagert man ungesättigte Fettsäuren über lange Zeit zu warm oder zu feucht, werden sie ranzig und verlieren ihren ernährungsphysiologischen Wert. Ein beißender Geruch ist ein Anzeichen für Ranzigkeit.

Arachidon

Eine Untersuchung im Jahr 1975 ergab, dass Katzen, im Unterschied zu Hunden und den meisten anderen Säugetieren, das Desaturierungsenzym in der Leber fehlt, das Linolsäure in die essenzielle Fettsäure Arachidon umwandelt. Daher muss es Katzen unbedingt über die Nahrung zugeführt werden.

Arachidon ist ein wesentlicher Bestandteil der Biosynthese einiger Prostatadrüsensekrete – Fettsäurederivative, die eine Reihe wichtiger biologischer Funktionen hormoneller und regulierender Art erfüllen. Ein Mangel an Arachidon führt zu leichter Steinbildung in den Nieren, einem erhöhten Fettgehalt der Leber, entzündlichen Veränderungen der Haut und erhöhter Produktion von Lymphozyten. Wenn das für die Nahrung verwendete Öl einen relativ hohen Gehalt an Linolaten hat (wie zum Beispiel raffiniertes Distelöl), kann sich die Anzahl der Blutplättchen im ganzen Blut um mehr als die Hälfte verringern.

Säugetiere haben ein Kreislaufsystem mit hohem Blutdruck entwickelt. Gleichzeitig entwickelten sich Mechanismen, welche Blutungen verhindern sollen. Dieser Mechanismus beinhaltet drei Komponenten: die Blutgerinnung, das Sich-Ansammeln der Blutplättchen sowie das Zusammenziehen der Blutgefäße. Ist einer dieser drei Mechanismen defekt, kann dies schon bei kleinen Verletzungen zu einer Dauerblutung führen.

Blutplättchen sind kernlose Zellen, die etwa ein Drittel so groß sind wie die roten Blutkörperchen. Sie sorgen für die Unversehrtheit des Gefäß-Systems, indem sie verletzte Gefäße verschließen und zur Blutgerinnung beitragen. Erhalten Katzen kein Arachidon über die Nahrung, so kommt es dazu, dass Verletzungen wegen einer verzögerten und schwachen Ansammlung der Blutplättchen länger bluten.

Doch der sicherste Hinweis auf einen Arachidon-Mangel sind Fortpflanzungsprobleme bei den weiblichen Katzen. Gemäß einer Studie von Marnie MacDonald und weiteren Autoren, veröffentlicht im *American Journal of Veterinary Research* (Amerikanische Zeitschrift für tierärztliche Studien), behalten Katzen eine normale Fortpflanzungsrate, wenn sie ein Viertel des Bedarfs an Arachidon erhalten, falls das tierische Fett 22:6n3 (kommt in Tunfischöl vor) fehlt.

Die Suche nach einer nicht tierischen Quelle für Arachidon war lang und schwierig. Man erhält es zwar leicht, wenn man nicht davor zurückschreckt, ein Tier wegen seiner Leber zu töten, aber das Auffinden einer auch für uns akzeptablen Möglichkeit war nicht einfach.

Wir riefen den Chemiker an, der für Ralston Purina Ethyl-Arachidon isoliert hatte. Als wir ihm sagten, dass wir eine nicht tierische Quelle suchen, erwähnte er eine Studie, aus der hervorging, dass Gamma-Linolensäure (gammalinolenic acid – GLA) Arachidon ersetzen könnte. Dann sprachen wir mit Dr. Marnie

MacDonald, einer der Forscherinnen, die sich (zusammen mit Dr. Quinton Rogers und Dr. James Morris) mit dem Arachidon-Problem auseinander gesetzt hatte. Sie war so freundlich, uns eine Kopie der Dissertation von Theresa Frankel aus dem Jahre 1980 von der Universität Cambridge (Großbritannien) zuzusenden.

Frankels Forschungsarbeit beruhte auf der Frage, ob GLA als Nahrungsquelle ein Ersatz für Arachidon für Katzen sein könnte. Sie fand heraus, dass viele klinische Anzeichen eines Mangels gebessert, aber nicht ganz behoben wurden. Zum Beispiel brachten Katzen, denen GLA ins Futter gegeben wurde, Junge mit äußerst abnormem Gehirn zur Welt.

Als wir Dr. John Rivers anriefen, hatte er gerade ein Seminar an der London School of Hygiene and Tropical Medicine (Institut für Gesundheit und Tropenmedizin London) beendet; er wies uns die richtige Richtung. Rivers hatte im Jahr 1981 zusammen mit Frankel eine Arbeit über den Mangel an essenziellen Fettsäuren erstellt und schien somit ein weiteres Mosaiksteinchen auf unserer Suche zu sein.

Wir zeichneten folgende Unterhaltung auf: „...Möglicherweise gibt es irgendeine unbekannte pflanzliche Quelle für Arachidonsäure und diese anderen Verbindungen. Ich weiß nicht, ob es sie gibt, aber ich glaube schon, dass man eine findet, wenn man lange und entschlossen genug sucht. Die pflanzlichen Quellen werden wahrscheinlich Algen sein.

Na ja, jetzt müsst Ihr jemanden finden, der sich für die Zusammensetzung von Fettsäuren in der Nahrung interessiert. Ich bin sicher, dass Algen eine gute Quelle sein werden, der grüne Schaum, der im Meer wächst. Und dann müsst Ihr schauen, dass Ihr einen begeisterten Fettsäuren-Biochemiker findet, der euch die Algen untersucht."

Wir riefen schließlich Dr. Andrew Sinclair in Melbourne an, da auch er mit Katzen gearbeitet hatte bei seiner Untersuchung, wie sie GLA in Arachidon umwandeln. Auch er deutete in Richtung Meer: „Nun, einige Meerespflanzen beinhalten einige der seltenen Fettsäuren, obwohl ihr Fettgehalt wohl nicht besonders hoch sein wird. Möglicherweise gibt es hier einige Produkte aus Algen. Ich weiß, dass man solche Produkte in Reformhäusern finden kann. So eine Seealgen-Mahlzeit ist wahrscheinlich ganz schön teuer, könnte ich mir vorstellen. Aber wenn man etwas Ungewöhnliches tut, wird es meistens nicht billig. Besonderes hat eben seinen Preis."

Mit neuer Energie brüteten wir über Fachliteratur, wobei wir die japanischen Meeresbiologen bevorzugten. In der Zwischenzeit tauchte ein erstaunlicher Hinweis vom Amt für Landwirtschaft auf, in dem es hieß, dass Avocados große Mengen Arachidonsäure enthielten. Da wir Avocados liebten und Avocadoöl zwar teuer, doch überall erhältlich war, dachten wir für einen Augenblick hocherfreut, unsere Suche hätte ein Ende gefunden.

Um ganz sicher zu gehen (da uns diese Quelle so unwahrscheinlich erschien), ließen wir Avocadoöl klinisch untersuchen. Zu unserer großen Enttäuschung wurde nicht einmal eine Spur des kaum aufzutreibenden Arachidons gefunden. Wir riefen beim Amt für Landwirtschaft an und wollten mit demjenigen sprechen, der für die fehlerhaften Informationen in der Arbeit „Nahrungszusammenstellung: Pflanzen und pflanzliche Produkte" verantwortlich war. Er war über unsere Entdeckung nicht im mindesten erstaunt, denn er hatte das Gefühl, dass dieser spezielle Teil der Daten übereilt veröffentlicht worden war. Leider konnten wir ihm unsere Untersuchungsausgaben nicht in Rechnung stellen.

Immer wieder tauchte der Name Robert Ackman in den technischen Unterlagen über Meeralgen-Lipide auf. Also riefen wir bei der Technischen Universität von Neuschottland (Kanada) an. Dort fanden wir einen Katzenfreund, mit dem wir uns zunächst über die Feinheiten von echter Meeresnahrung (Dulse) austauschten und ihn schließlich über unsere Forschungsarbeit aufklärten. Er war von unseren Bemühungen so begeistert, dass es aussah, als hätten wir endlich unseren „begeisterten Fettsäuren-Biochemiker" gefunden. Er schickte uns viele Neuauflagen von Arbeiten, die wir noch nicht kannten, doch alle Meeresalgen schienen für unsere Zwecke einen zu niedrigen Fett- und einen zu hohen Jodgehalt zu haben. Doch schließlich hatten wir Erfolg!

Wir unterzogen den möglichen Kandidaten einer Laboruntersuchung. Das Ergebnis, das mit einem Perkin-Elmer-Chromatographen der 900er Serie ermittelt wurde, übertraf alle Erwartungen: ein relativ konzentrierter Gehalt von Arachidon, wenig Jod, keine Spuren von Blut. George Seaver, der Entdecker dieses speziellen Ascophyllum nodosums, sagte, in seiner neunjährigen Erfahrung hätte sich der „Zustand von Fell und Haut immer verbessert, wenn diese Meerespflanze hinzugefügt wurde".

Zu diesem Durchbruch tanzte Lynn herum und summte „Ascophyllum, Ascophyllum" mit dem Chor, der gerade das „Hallelujah" von Händel sang!

Das Füttern von Tischresten

Gemäß einer Studie aus dem Jahre 1998 füttern 60 % der amerikanischen Bevölkerung ihre Haustiere mit menschlicher Nahrung.

Wie Haustierbesitzer das Essen mit den Tieren teilen

Mitgenommene Essensreste aus dem Restaurant	54 %
Essensreste vom Tisch zu Hause	35 %
Extra zubereitetes Futter	35 %
Bestellung für das Tier bei einem Fast-Food-Restaurant	15 %

Die Umfrage bestätigte den wachsenden Trend, dass Haustiere wie Familienmitglieder behandelt werden.

Wenn schon die Tiere Familienmitgliedern immer mehr gleichgestellt werden, dann sollte man auch gleichzeitig für eine ähnlich gesunde Ernährung sorgen. Natürlich überlassen die meisten Menschen ihre eigene Gesundheit dem

Arzt. 88 % der für diese Studie befragten Haustierbesitzer waren sich darüber im klaren, dass menschliche Nahrung ihr Tier krank machen kann; sie müssen es wissen, denn es macht sie selbst ja auch krank!

Aber man sollte sich gut auskennen mit der korrekten Tierernährung, wenn man die Sache in die eigene Hand nehmen und sich von Schlachthäusern abwenden will. Nicht alle haben die Zeit, selbst Experten zu werden, doch sie können von denen profitieren, die sich die Zeit dafür genommen haben. Wenn Sie auf die Ratschläge von mitfühlenden und gut unterrichteten Leuten hören, können Sie für Ihre eigenen Lieblinge sowie auch für Millionen von unbekannten Tieren das Beste tun.

Kapitel 6

Einkauf

Beim Ausarbeiten von Rezepten für Tiernahrung haben wir uns bemüht, überall erhältliche Zutaten zu verwenden. Die meisten davon kennen Sie bereits und haben Sie wahrscheinlich auch zu Hause, mit der möglichen Ausnahme von Bierhefe.

Öle

Im Lauf der Zeit hat sich in der Herstellung von Speiseölen vieles geändert. Früher gab es in ganz Europa kleine Ölpressen, größere Anwesen stellten gar ihr eigenes Öl für den täglichen Bedarf selbst her. Vergleichbar mit anderen Lebensmitteln, ließen sich die Menschen kleine Fläschchen Öl zusammen mit Eiern, Milch und Käse an die Haustür liefern. Doch diese Zeiten sind vorüber, heute stellen riesige Raffinerien große Mengen Öl her, das im Lauf der Produktion auf 93 °C erhitzt wird. Da sich Flachsöl nicht besonders lange lagern lässt, verschwand das nahrhafteste aller Öle beinahe gänzlich vom Markt. Es wurde häufig durch haltbarere Öle ersetzt, die wegen ihrer geringeren Menge an essenziellen Fettsäuren nicht so schnell verdarben. Das Öl aus Flachssamen wurde als Speiseöl vergessen und taucht erst in der Farbindustrie als Leinöl wieder auf, wo es gekocht und mit Blei versehen wird. Es dient hauptsächlich als Farbtrockner, Lack, Druckerfarbe und Kunstharz.

Die meisten Öle sind im Nährwert dem des weißen Zuckers vergleichbar. Nach einem aufwändigen Herstellungsprozess ist das Öl so gut wie tot.

Es wird gekocht, gepresst, gelöst, gespalten (wobei Phospholide, wie z.B. Lezithin, entfernt werden), raffiniert (freie Fettsäuren werden durch die Zugabe von Natron entfernt), gebleicht und schlussendlich auch noch sowohl geschmacklich und im Geruch den Bedürfnissen der Kunden angepasst.

Diese Geruchsanpassung beinhaltet eine ca. einstündige Erhitzung des Öls auf bis zu 240 bis 270 °C. An diesem Punkt angekommen, ist das Öl völlig geschmacksneutral. Essenzielle Fettsäuren sind nur noch sehr gering vorhanden, wohingegen das Öl nun Bestandteile aufweist, die im ursprünglichen Produkt nicht zu finden waren: trans-Fettsäuren, Polymere, Aldehyde, Ketone, Epoxide und Hydroperoxide.

All diese Stoffe sind nicht deklariert, die Verpackung verspricht lediglich „Pflanzenöl".

Dank der Möglichkeit, den Verbraucher heutzutage gut zu informieren, sind sich viele dessen bewusst und greifen immer öfter zu den zwar nicht so preiswerten, aber doch viel gesünderen Alternativen, die von kleineren Raffinerien schonend hergestellt werden.

Rapsöl

Auch wenn das Rapsöl als besonders herzschonend angepriesen wird, enthält es doch Eruic-Säuren, die eine Verfettung des Herzens, der Leber, der Schilddrüse und eine Erhöhung des Adrenalinspiegels hervorrufen können. Raps enthält heutzutage zwar deutlich weniger Eruic-Säuren als früher, aber selbst die genehmigten 5 % sind giftig.

Baumwollsamen

Neben der höchsten Schadstoffbelastung durch Pestizide enthält das Baumwollöl eine Fettsäure, die für Leber und Galle toxisch ist, wodurch die Wirkungsweise der anderen essenziellen Fettsäuren gestört wird. Zusätzlich enthält das Öl eine schwer verdauliche Substanz, die Atembeschwerden und sogar Lähmungen hervorrufen kann.

Erdnussöl

Da Erdnussöl karzinogene Substanzen enthalten kann, die durch einen Pilz entstehen, der auf feuchten Nüssen wächst, sollte auf dieses Öl besser verzichtet werden. Es gibt gesündere Alternativen.

Flachsöl

Flachs wird für Mensch und Tier zur Zeit wieder entdeckt. Bis zur Erfindung der Baumwollentkernungsmaschine im Jahre 1793 war Flachs in Amerika die wichtigste textile Faser, es wurde bereits ab 1626 aus diesem Grund angebaut. Die seit 10.000 Jahren existierende Pflanze wird heutzutage hauptsächlich als Öllieferant genutzt.

Flachssamen enthalten 30–40 % Öl, welches hauptsächlich von der Farbindustrie genutzt wird. Doch Erkenntnisse der Ökotrophologie weisen dem Öl noch ganz andere Qualitäten zu.

Hunde und Katzen nahmen mit ihrer Beute stets unterschiedliche Ölsorten zu sich. Die Wissenschaft ist sich schon seit langem der großen Bedeutung der Omega-6-Fettsäuren bewusst, nun ist zudem erkannt worden, dass auch die Omega-3-Fettsäuren gegen viele Krankheiten schützen.

In freier Wildbahn lebende Carnivoren nehmen mit ihrer Beute essenzielle Fettsäuren von Omega-3 bis Omega-6 mit einem Verhältnis von 5–7:1 zu sich. In konventionellem Hundefutter liegt das Verhältnis zwischen 15:1 und 30:1.

Viele Krankheiten der Tiere könnten durch die Beigabe von Flachsöl gelindert bzw. vermieden werden, wie zum Beispiel: Hautkrankheiten, Infektionen, HD, Arthritis, Nierenschäden und Herzkreislaufprobleme.

1991 fand man durch Versuche an Rhesusaffen und Ratten heraus, dass durch eine verminderte Aufnahme von Omega-3-Fettsäuren bei trächtigen und stillenden Tieren die Sehkraft abnahm und der Nachwuchs Lernschwierigkeiten aufwies, auch die Gehirne reagierten anfälliger auf Umweltgifte.

Manche Tierfutterhersteller setzen dem Futter Omega-3 zu, allerdings ist es fünfmal so anfällig wie Omega-6 und wird sehr schnell ranzig. Dieses Problem gilt für alle auf dem Markt befindlichen Omega-3-Substitute. Die beste Lösung ist es, der Nahrung frisch gemahlene Flachssamen zuzusetzen, da intakte Samen nicht ranzig werden können. In einer kleinen Kaffee- oder Getreidemühle gemahlene Samen sollten innerhalb von einer Viertelstunde verfüttert werden.

Die besten Ergebnisse wurden bei einer Beigabe von ca. ein bis drei Prozent des Körpergewichts erzielt. Dies entspricht bei Katzen ungefähr einem Teelöffel (3,5 g). Diese Menge enthält zudem 0,015 % Magnesium, welches in der entsprechenden Menge Öl (¼ Teelöffel, also 1,2 g) nicht mehr nachweisbar ist.

Hunde benötigen pro Tag und 20 kg Körpergewicht zwei Teelöffel (7 g) Flachssamen bzw. einen halben Teelöffel Öl (2,5 g).

Für Ihre Haustiere

Verwenden Sie für Katzennahrung (in der Reihenfolge der bevorzugten Verwendung): Olivenöl, Distelöl mit einem hohen Anteil an ungesättigten Fettsäuren (kein normales Distelöl), Sonnenblumen- oder Sesamöl. Andere Ölsorten enthalten hohe Anteile von Linoleaten, wodurch der Bedarf an Arachidonaten erhöht wird, der nur in geringer Menge aus Pflanzen aufgenommen werden kann.

Für Hundenahrung können Sie (in der Reihenfolge der bevorzugten Verwendung) folgende Öle verwenden: Distelöl, Maisöl, Sojabohnen- oder Sonnenblumenöl. Diese Öle sind gut für das Fell durch die hohen Anteile an Linolsäure.

Die Zugabe von Flachsöl bekommt sowohl Hunden als auch Katzen ebenfalls ausgezeichnet.

Hefe

Eines der faszinierendsten Lebewesen ist der mikroskopisch kleine einzellige Pilz, den wir Hefe nennen. Manche Arten von Hefe werden speziell für die Verwendung bei der Fermentierung oder für die wissenschaftliche Forschung gezüchtet. Die meisten Hefen wachsen jedoch wild in der Natur, gedeihen auf Pflanzen und Tieren und werden per Luft oder Wasser verbreitet.

Hefen sind weit verbreitet – auf Pflanzen, in der Erde, auf Insekten, auf Warmblütern, in Frischwasser und sogar im Meerwasser bis zu einer Tiefe von 3.000 Metern. Botaniker haben gar Hefen entdeckt, die nur 183 Meilen vom Südpol entfernt wachsen.

Von den 350 bekannten Hefepilzarten wird die bekannteste, Saccharomyces cereviseae, für den Fermentationsprozess verwendet, durch den der Alkohol in Wein und Bier entsteht und das Kohlendioxid gebildet wird, was z.B. das Brot aufgehen lässt. Während der Fermentierung befähigen Hefeenzyme die Zellen, Sauerstoff aus nahezu jeder Stärke oder Zucker herauszulösen, um Alkohol und Kohlendioxid zu produzieren. Hefe ist reich an Eiweiß, Mineralstoffen, Kohlenhydraten und den verschiedenen B-Vitaminen. Daher wird Hefe auch zur Nahrungsergänzung für Mensch und Tier verwendet.

Bierhefe wird in sterilen Melasselösungen aus Zuckerrohr und Zuckerrüben unter kontrollierten chemischen, bakteriologischen und hygienischen Bedingungen gezüchtet. Diese Hefe ist kein Nebenprodukt eines anderen Prozesses. Bei Abschluss des Fermentierungsprozesses durchlaufen geerntete Hefezellen (Saccharomyces cereviseae) einen Reinigungs- und Trocknungsprozess. Durch das Pasteurisieren wird die Hefe leicht verdaulich und der Fermentationsprozess wird unterbrochen.

Hefe enthält nicht nur 40–52 % Eiweiß, sondern auch viele Vitamine, darunter Pantothensäure, Biotin, Cholin, Folsäure, B_{12}, Inositol und B_6. Außerdem enthält sie Glutathion und bietet eine reichhaltige Quelle an Mineralstoffen und Spurenelementen, die organisch als Enzyme und andere Wachstumsfaktoren gebunden werden. In großen Forschungseinrichtungen der USA werden die vermutlich vorhandenen krebshemmenden Eigenschaften des Tripeptids erforscht, das die Aminosäuren glutamische Säure, Cystein und Glyzin verbindet.

Viele sind sich einig, dass Bierhefe sehr lecker ist und einen gerösteten, nussartigen, leicht käseähnlichen Geschmack hat. Sie schmeckt hervorragend auf Popcorn und Salat; man sollte sie stets im Haus haben. Durch das Bestreuen von Nahrungsmitteln mit einer dünnen Hefeschicht werden diese schmackhafter, insbesondere für Katzen.

Bierhefe gibt es in Form von Flocken und Pulver, und viele Naturkostläden und Reformhäuser verkaufen sie auch in Großpackungen. Wenn Sie Flocken anstelle von Pulver verwenden, verdoppeln Sie die Mengenangaben (nicht die Gewichtsangaben!) für die Hefe in den Vegepet-Rezepten.

Noch besser als Bierhefe

Jetzt gibt es sogar noch eine bessere Art von Hefe für vegetarisch ernährte Tiere: Wir nennen das Produkt VegeYeast. Es enthält 35 % weniger Magnesium, was für Katzen besonders wichtig ist. Dieses Produkt ist fast hundertmal so säurehaltig wie Bierhefe und trägt dadurch dazu bei, einen höheren Säuregehalt im Urin beizubehalten. Es ist sowohl bei Katzen als auch bei Hunden wichtig, Problemen in diesem Bereich vorzubeugen.

E.B. aus Oregon machte folgende Erfahrungen mit Hefe: „Meine Katze Ginger lebt seit zwei Jahren vegetarisch und springt trotz seiner acht Jahre noch munter umher. Kurz nachdem wir mit der vegetarischen Ernährung begonnen hatten, bekam er einen stark juckenden Hautausschlag. Ich probierte monatelang alle denkbaren Mittel aus, bis ich feststellte, dass er die Hefe, die ich seinem Futter beifügte, nicht vertrug. Die Hefe roch seltsam, was mir jedoch gar nicht aufgefallen war, da ich für meine eigene vegetarische Ernährung normalerweise keine Hefe verwendete. Ich hatte bereits die Hefe aus Gingers Speiseplan gestrichen, als ich euren VegeYeast-Flyer in die Hände bekam. Eure Hefe ist toll, sie riecht so gut, dass ich selbst manchmal versucht bin, davon zu probieren, und Ginger ist ganz verrückt danach. Er ist ein besserer Esser als früher und mag nun auch frisches Gemüse viel lieber, besonders Avocados haben es ihm angetan."

Eventuell haben Sie Schwierigkeiten, diese Hefe zu bekommen, da sie von Red Star BioProducts nur an kommerzielle Tierfutterhersteller verkauft wird.

Kontaktieren Sie am Besten HOANA. Glücklicherweise ist diese Hefe preiswerter als die im Handel erhältliche Bierhefe.

Gluten

Gluten (Weizeneiweiß) ist als „Seitan“ oder in Bratlingsmischungen erhältlich. Wenn man es richtig zubereitet, mögen es Katzen und Hunde besonders gern aufgrund der fleischartigen Konsistenz und des Geschmacks. Wenn Sie einen Asienladen in der Nähe haben, versuchen Sie einmal das aus Taiwan importierte „Mun-Cha'i-Ya“ (gedünstetes Gluten), das deutlich günstiger ist als vergleichbare Produkte. Laut Packungsaufdruck wurde diese Delikatesse im China des zehnten Jahrhunderts entwickelt und mit dem gleichen Geschmack und der gleichen Konsistenz wie geröstete Ente versehen, um angeblich zu verhindern, dass Vegetarier ihren Idealen untreu werden. Hefe und Vegecat tragen zu einer vollwertigen Ernährung bei. Anleitungen zum Herstellen von Gluten (aus Weizenmehl und Wasser) finden Sie in einschlägigen Büchern wie z.B. *Vegan-Küche* von Brigitta Klingel.

Obwohl wir diese Produkte noch nicht gefunden haben, wurden auch „Krebsfleisch“ und „Kaviar“ aus Weizengluten bereits auf den Markt gebracht. Weizengluten hat gute Zukunftsaussichten, da es als Grundlage für so viele fleischähnliche Produkte verwendet werden kann und Weizen überall erhältlich ist.

Gemüse

Hunde und auch einige Katzen mögen es meist gerne, wenn sie salatartige Nahrungsmittel zusätzlich bekommen. Dazu können Sie beispielsweise klein gehackten Spinat, geriebene Karotten und Alfalfa- oder Linsensprossen verwenden. Unsere Katzen bevorzugen tiefgefrorenen Mais und Erbsen. Wir spülen beides einfach mit heißem Wasser ab, zerquetschen es und geben dann die „Sauce“ über ihre Mahlzeit. Manchmal bekommen sie auch aufgetauten Blumenkohl, der ebenfalls sehr gut ankommt. Außerdem mögen sie gebackene oder gedämpfte Kürbis- und Kartoffelstücke.

Gestalten Sie das Futter abwechslungsreicher durch die Zugabe von Gemüse. Da es nur wenig Eiweiß hat, geben Sie ihren Tieren jedoch nicht zuviel davon, da die Menge (und die Kalorien) sie so satt machen könnte, dass sie nicht mehr genug Eiweiß verzehren.

Die meisten Katzen und Hunde mögen anscheinend Gras, das ihnen hilft, Haarklumpen loszuwerden, eine gute Enzymquelle darstellt und Thema vieler Spekulationen ist. Wenn Ihre Katze oder Ihr Hund keinen Zugang zu einer sicheren Grasquelle hat, züchten sie etwas Gras in der Wohnung. Weizen, Hafer und Sonnenblumen lassen sich leicht ziehen. Pflanzen Sie alle zwei Wochen einen neuen Vorrat an. Sobald Katzen das Gras kennen gelernt haben, knabbern sie viel und häufig daran.

Warum mögen Katzen Katzenminze? Es enthält ein Halluzinogen (Neptalacton), das auf Katzen als natürliches Sexual-Pheromon wirkt. Katzen scheinen es als Stärkungsmittel zu nutzen, und auch wenn es anscheinend völlig harmlos ist, können Großkatzen in freier Wildbahn danach süchtig werden. Durch ein fehlendes Gen reagieren ca. 25 % bis 50 % aller Katzen gar nicht auf die Inhaltsstoffe. Falls ihre Katze jedoch die Wirkung der Minze genießt, gönnen sie ihr eine Prise als Extrawürze.

Ein freundlicher Nachbar brachte uns einst eine große Pflanze, die wir neben unser Haus setzten. Leider konnten unsere Katzen gar nicht genug davon bekommen, so dass sie schließlich einging.

Hülsenfrüchte und Getreide

Hülsenfrüchte sind gekeimt am gesündesten. So vermehren sich die Aminosäuren (ausgehend vom Anteil am Trockengewicht), die aus Kohlenhydraten und Fetten synthetisiert werden. Forschungen des Indian Council of Medical Research (Medizinischer Forschungsrat Indien) haben gezeigt, dass der wachstumsfördernde Wert und die Verdaulichkeit von Kichererbsen sich durch das Auskeimen erhöhen. Francis Pottenger jr. hat in seinen langjährigen Untersuchungen mit Katzen festgestellt, dass gekeimte Hülsenfrüchte und gekeimtes Getreide so viel erstklassiges Eiweiß liefern, dass beides als vollwertiges Nahrungsmittel betrachtet werden kann. Allerdings entsteht für Katzen ein Problem, wenn wir gekochte Hülsenfrüchte und Getreide benutzen, da hierbei wichtige Nährstoffe verloren gehen.

Ersatz für Getreide

In der Regel kann Getreide durch anderes Getreide (z.B. Reis oder Hafer durch Weizen) und Hülsenfrüchte durch andere Hülsenfrüchte (z.B. Kichererbsen durch Sojabohnen) ersetzt werden.

222 g gekochter Hafer entsprechen:

- 206 g eingeweichtem Dinkel
- 2,5 Scheiben Brot (63 g)
- 265 g gekochtem Reis
- 42 g trockenen Zerealien.

Ersatz für Hülsenfrüchte

Das Trockengewicht von 200 g gekochten Sojabohnen liegt nur bei 54 g. Das Trockengewicht von 180 g gekochten Kichererbsen beträgt nur 76 g. Daher müssen mehr gekochte Sojabohnen verwendet werden, um eine geringere Menge (Volumen) an Kichererbsen zu ersetzen.

180 g gekochte Kichererbsen können ersetzt werden durch:

- 200 g gekochte rote Bohnen
- 210 g gekochte Linsen
- 275 g gekochte Sojabohnen
- 488 g Tofu
- 80 g getrocknetes Sojaprotein (TVP).

Zubereitung von Getreide und Hülsenfrüchten

Getreide/Hülsenfrucht		Wasser hinzufügen Kochzeit	Gibt Gewicht
140 g	Dinkel	15–20 Minuten	454 g
167 g	Kichererbsen	3 Stunden	326 g
184 g	Rote Bohnen	1,5 Stunden	354 g
192 g	Linsen	45 Minuten	454 g
81 g	Haferflocken	10–25 Minuten	496 g
185 g	Reis, parboiled	5 Minuten	312 g
186 g	Sojabohnen	3 Stunden oder mehr	340 g

Getrocknetes, texturiertes Soja-Eiweiß und Allergien

Soja ist normalerweise eine erstklassige Eiweißquelle, die in verschiedenen Formen erhältlich ist und auch unter der Bezeichnung „TVP“ verkauft wird. Es muss jedoch angemerkt werden, dass einige Katzen bei TVP allergische Reaktionen zeigen. Falls also Ihr Tier unter einer Allergie leiden sollte, deren Ursprung unklar ist, sollten Sie bei der Suche nach dem Problem zunächst TVP aus dem Futterangebot entfernen.

Tina Foutz aus New Hampshire schilderte uns ihre Erfahrungen. Sie ernährte ihre Katze bereits seit einigen Jahren mit Vegecat, und trotzdem litt die Katze unter so starken Allergien, dass sie sie stets beobachten und davon abhalten musste, sich am Schwanz wund zu lecken. Als sie das TVP durch andere Sojaquellen ersetzte, verschwand die Allergie.

Woraus besteht also der Unterschied?

TVP enthält ein Excitotoxin. Dies wirkt als Neurotransmitter (wie auch z. B. Glutamat und Aspartam), das in hohen Dosen sogar tödlich wirken kann. Es kann unter anderem die Blutzufuhr zum Hirn unterbrechen. Dies passiert allerdings nur sehr, sehr selten, wenn aber Ihr vierbeiniger Freund an einer unerklärlichen Allergie leidet, probieren Sie es mit einer anderen Eiweißquelle als TVP.

Ulmenrinde

Halten Sie stets Ulmenrindenpulver bereit. Es wird auch Babys und Kleinkindern als Nahrungsergänzung gegeben und ist ein sicheres Mittel gegen Verdauungsprobleme. Bei sehr weichem Stuhl hilft die Beigabe von einem ¼ Teelöffel pro fünf Kilo Körpergewicht. Ulmenrindenpulver ist in Reformhäusern erhältlich.

Enzyme

In der freien Natur verzehren Katzen frisch erlegte Beutetiere, Hunde dagegen sind weniger wählerisch und begnügen sich zur Not auch mit Aas. Diese Art der Ernährung enthält Vitamine, Mineralien, Fettsäuren, Proteine und Enzyme. Die Wissenschaft hat versucht, diese Nahrungsdichte im Haustierfutter zu kopieren, vergaß dabei jedoch die Enzyme.

Der Biochemiker Edward Howell bemerkt dazu: „Physiologen wiesen die große Bedeutung von Enzymen nicht nur für die Verdauung, sondern auch für den Stoffwechsel nach. Da Enzyme für die Nahrungsverwertung im Körper so überaus wichtig sind, kann ein Mangel eine Vielzahl von Erkrankungen des Magen-Darm-Traktes zur Folge haben. Da Enzyme zudem eine entscheidende Rolle im anabolen und catabolen Stoffwechsel spielen, kann dieser nicht richtig funktionieren, wenn ein Enzymmangel im Blut und Gewebe besteht. Es ist nicht übertrieben anzunehmen, dass ein Enzymmangel einen ursächlichen Faktor bei Stoffwechselerkrankungen darstellt.

Enzyme unterscheiden sich von allen anderen Nahrungsbestandteilen: Sie sind extrem hitzeempfindlich. Mineralien macht Hitze gar nichts aus, Vitamine werden durch das Kochen nur geringfügig zerstört; Enzyme jedoch werden durch zwei bis drei Minuten im kochenden Wasser komplett vernichtet. Auch beim Backen, Braten, Frittieren, Schmoren und Einkochen werden sie zu 100 % zerstört. Nach einer Pasteurisierung bei 60 °C sind nach einer halben Stunde 80 – 95 % zerstört.

Durch diese große Empfindlichkeit kann es also leicht zu einem Mangel kommen.

Ich habe mich viele Jahre mit diesem Thema beschäftigt und halte diese Werte für korrekt."

Idealerweise sollten Sie dann, wenn Ihr Haustier nicht genügend rohe Lebensmittel zu sich nimmt, die beim Kochen zerstörten Enzyme ersetzen. Dies erspart dem Körper die Mühe, Verdauungsenzyme herstellen zu müssen, wodurch Energie für die Herstellung tausender anderer lebensnotwendiger Enzyme verloren geht.

Michael Lemmon bemerkte hierzu: „Enzyme sind für alle lebenswichtigen Prozesse des Körpers entscheidend. Ohne Enzyme gäbe es kein Leben. Wegen der hohen Enzymdichte in den weißen Blutkörperchen sind Enzyme für das Immunsystem unerlässlich. Nach der Vernichtung von Bakterien durch die weißen Blutkörperchen entsorgen die Enzyme jene Bakterien. Daher spielen Enzyme eine wichtige Rolle im Immunsystem und helfen, den Körper vor Krankheiten zu schützen.

Die in rohen Lebensmitteln enthaltenen Enzyme sind Auslöser der Verdauung. In der Bauchspeicheldrüse und der Speicheldrüse werden Enzyme gebildet, die unsere Nahrung in Partikel verwandelt, die von unseren Zellen und dem Blut aufgenommen werden können. Durch Stoffwechselenzyme funktioniert unser Körper, und die biochemischen Prozesse des Stoffwechsels werden durch sie in Gang gesetzt. Sie helfen zudem im Heilungsprozess."

Tiere in freier Wildbahn fressen rohes und daher enzymreiches Futter. Sie erkranken nicht an Arthritis oder anderen degenerativen Krankheiten. Auch Unfruchtbarkeit ist bei ihnen längst nicht so häufig festzustellen wie bei Haustieren. Der Alterungsprozess und Arthritis, also die Degeneration der Gelenke und der Mangel an jenen Enzymen, die die Gelenke normalerweise gesund halten, ist für Enzymmangel ein gutes Beispiel.

Dr. Howell fand nach jahrelanger Forschung heraus, dass Mensch und Tier länger und gesünder leben könnten, wenn sie sich häufiger von rohen Nahrungsmitteln ernähren würden oder den gekochten Mahlzeiten Enzyme zufügen würden.

Die von Dr. Howell empfohlenen Enzyme stammen vom Aspergillus, einem Pilz. Diese Enzyme werden extrahiert und pulverisiert und enthalten Proteasen (zur Proteinverwertung), Amylasen (zur Stärkeverwertung) und Lipasen (für die Verwertung von Fetten). Diese pflanzlichen Enzyme sind durch ihre große Spanne an Wirkungsweisen den Enzymen, die die Bauchspeicheldrüse produziert, deutlich überlegen. Selbst in Verbindung mit der Magensäure helfen sie, die Nährstoffe besser zu verwerten.

Ein sehr praktisches Produkt in Pulverform * erhalten Sie von der Firma National Enzyme Company, die seit 1932 auf Enzyme spezialisiert ist. Wir empfehlen ihr vegetarisches „Genuine N-ZIMES" Formula 1. Aspergillus wird auf einem Nährboden aus Weizen und Sojabohnen gezogen (auch in Tofu ist Aspergillus enthalten). Dadurch bilden sich Proteasen, Amylasen und Lipasen, die bei ca. 37 °C in einem Vakuum extrahiert werden.

Anderes Zellmaterial wird nicht genutzt, um das Produkt in möglichst konzentrierter Form zu erhalten. Auch andere Enzyme entstehen in diesem Prozess, u.a.: Zellulase, Maltase, Oxidase, Peroxidase, Invertase und Phosphatase. Die Dichte der Enzyme entspricht derjenigen, die in den Verdauungssäften normalerweise enthalten ist.

*) Enzympräparate als Nahrungsergänzung sind vielfältig im Handel (Apotheke, Internet). Da sich im Rahmen der Fitness- und Wellness-Bewegung gerade hier schnell Änderungen ergeben, wollen wir keine Produktempfehlungen aussprechen. Ob und welches Präparat Sie ggf. einsetzen, besprechen Sie mit Ihrem Tierarzt.

Kapitel 7
Wie man
Katzen füttert

Allesfresser haben für gewöhnlich feste Gewohnheiten, was ihr Futter betrifft. Hunden macht es zum Beispiel gar nichts aus, Tag für Tag das gleiche Futter zu bekommen. Wissenschaftler meinen, dass dies damit zusammenhängt, dass Vergiftungen einen häufigen Grund für das Sterben der Jungtiere ausmachen. Durch die Wahl eines bereits vertrauten Futters kann dieses Risiko gering gehalten werden.

Als reine Fleischfresser stoßen Katzen in der Wildnis selten auf giftiges Futter, da sie sich von anderen lebenden Tieren ernähren. Fütterungsversuche zeigen, dass Katzen eine Abwechslung im Futter durchaus zu schätzen wissen. Dass sie trotzdem häufig auf ein bestimmtes Katzenfutter fixiert sind, hängt höchstwahrscheinlich mit dessen Verträglichkeit zusammen (siehe auch Anhang 1). Diese Bevorzugung ist häufig so stark ausgeprägt, dass eine Änderung des Futters zu einer nervlichen Herausforderung werden kann.

Der Wert des Neuen

Manchmal verweigern Katzen so vehement das Futter, dass man trotz aller guten Absichten zu der Überlegung kommt, ob pflanzliche Nahrung nicht doch völlig gegen ihre Natur ist.

David Taylor meint dazu in *You and Your Cat* (Du und Deine Katze): „Alle Katzen sind Fleischfresser… Doch das bedeutet nicht, dass Katzen keine Früchte und kein Gemüse mögen oder brauchen. Einige wilde Katzenarten reichern ihren Speisezettel mit gelegentlichen Früchte- oder Gemüseleckerbissen an. Löwen und Tiger zum Beispiel machen sich nach einem erfolgreichen Beutezug oft zuerst über den Magen ihres Opfers her und verschlingen dessen pflanzlichen Inhalt als Vorspeise…"

Aus Generationen verwöhnter Katzen entsteht langsam eine neue Katzengattung (dies trifft besonders auf einige Rassekatzen zu), die ihr natürliches Fressverhalten verlernt hat und starke Appetitanreger benötigt. Dies führt dazu, dass man sie noch mehr verhätschelt und die Futtersorten wechselt etc. All das trägt wiederum zum wachsenden Umsatz der Tierfutterhersteller bei, die in ihren Laboratorien mit einem ganzen Arsenal von Schlachtprodukten arbeiten.

Verschiedene „Cat"-egorien

Die Erfahrung lehrt, dass es grundsätzlich zwei verschiedene Sorten Katzen gibt:

1. Wählerische Katzen

Sie fressen ausschließlich konventionelles Katzenfutter (eventuell ab und an noch selbst erlegte Beute). Sie sind häufig scheu und nervös. Durch Veränderungen werden sie schnell aus der Ruhe gebracht, so bevorzugen sie es, ihr Futter stets aus demselben Napf, zur gleichen Uhrzeit am selben Ort zu bekommen. Dabei werden sie ungern von anderen Tieren oder Menschen gestört. Die Katzen, die während einer Krankheit vom Finger gefüttert wurden, geben diese Gewohnheit ungern wieder auf. Solche Verhaltensmuster werden schon bei sehr jungen Katzen festgelegt.

2. Großmütige Katzen
Diese Katzen entdecken gerne unterschiedliches Futter. Es bringt mehr Spaß, mit ihnen verschiedenes Futter auszuprobieren (siehe hierzu auch Kapitel 4). Diese Katzen haben meistens schon von klein auf unterschiedlichstes Futter bekommen.

Natürlich sind dies nur zwei extreme Beispiele, viele Katzen liegen mit ihren Gewohnheiten dazwischen.

Die Umstellung

Geben Sie Ihrer Katze zuerst die Gelegenheit, das neue Futter als eine gesonderte Mahlzeit zu fressen. Viele Katzen nehmen es sofort an, und wenn das bei Ihnen der Fall ist, warum sollte man diese einfache Sache dann unnötig komplizieren?

Dennoch bedeutet jede grundlegende Futterumstellung auch ein Risiko in Bezug auf die Verträglichkeit. Darum raten viele Experten zu einer sanften Umstellung. Ein Hersteller rät, zunächst nur ein Viertel des Futters auszutauschen, da Katzen von einer zu schnellen Umstellung für einige Tage unter Erbrechen oder Verdauungsproblem leiden könnten.

Eine einfache Methode ist es, zunächst Nährhefe über das Katzenfutter zu streuen, bislang mochte dies jede Katze gern. Danach mischen Sie eine sehr kleine Menge des neuen Futters so gut in das alte, dass die Katze es nicht aussortieren kann und bestreuen sie es zusätzlich weiterhin mit Hefepulver. Ihre Katze wird Ihnen sicherlich deutlich zeigen, inwiefern sie das neue Futter akzeptiert.

David Taylor empfiehlt: „Der beste Weg, einer verwöhnten Katze ein neues, gesünderes Futter schmackhaft zu machen, ist, das neue Futter langsam über mehrere Wochen hinweg Bissen für Bissen hinzuzufügen. Lassen Sie sich für die Umstellung so viel Zeit wie nötig. Es kann sein, dass es Tage, Wochen oder sogar Monate dauert. Sie können das Ziel irgendwann erreichen, richten Sie sich dabei aber nach dem Zeitplan Ihrer Katze, nicht nach Ihrem eigenen."

Beharrlichkeit

Linka Rooks aus New Hampshire hatte auch nicht aufgegeben: „Zuerst hatten meine Katzen Schwierigkeiten mit der Umstellung von Fleisch auf eine vegetarische Nahrung, doch mit Beharrlichkeit und Entschlossenheit habe ich es geschafft, dass meine Katzen das für sie zubereitete vegetarische Futter schätzen lernten. Sie sind gesund, schlank, aktiv und haben glänzendes Fell. Am liebsten mögen sie eine Mischung aus Dinkel und Linsen mit verschiedenem Gemüse, Hüttenkäse, Hefeflocken und Öl. Mit Vegecat als Ergänzung brauche ich mir keine Sorgen zu machen, denn mit dieser Ernährung bekommen sie alles, was sie brauchen – und noch mehr."

Wenn Sie glauben, dass Sie bei der Umstellung gar nicht vorankommen, dann sollten Sie vielleicht ein weiteres Hilfsmittel in Betracht ziehen: den Hunger!

Hunger ist der beste Koch

Manche Katzen sind dermaßen übersättigt, dass sie etwas Neues und Unerwünschtes problemlos ignorieren können, genau wie Menschen mit verwöhnten Geschmacksnerven, die keinen wirklichen Hunger mehr entwickeln.

Falls das bei Ihrer Katze der Fall ist, sollten Sie die Futtermenge verringern, jedoch nicht die Anzahl der Mahlzeiten. Füttern Sie so, dass die Katze nie ganz satt wird. Nach einer oder zwei Wochen, in denen Sie die Futtermenge immer weiter verringern, kommt der echte Appetit zurück, und damit steigen auch die Chancen für eine erfolgreiche Ernährungsumstellung. Stets mit einer hungrigen Katze konfrontiert, brauchen Sie vor allem Durchhaltevermögen. Deborah Edwards schrieb hierzu in *Cat Fancy:* „Diese Behandlung ist häufig schwieriger für die Besitzer als für die Katzen. Sie müssen einfach lernen, die bettelnden Blicke und das vorwurfsvolle Miauen zu ignorieren." Doch das bedeutet auf gar keinen Fall, die Katze ernsthaft hungern zu lassen. Wie Doris Bryant in *Pet Cats* (Hauskatzen) sagt: „Das ist grausam und selten erfolgreich."

Kurzzeitiges Fasten jedoch tut nicht weh. Lassen Sie die Nahrungsumstellung trotzdem nicht in einen Willenskampf ausarten, in dem Ihre Katze die Verliererin ist. Solche Konflikte führen nur zu Stress, und je mehr Stress die Katze aushalten muss, desto mehr wird sie auf ihrem altgewohnten Futter bestehen. Bei allen Umstellungsbemühungen darf man eine Tatsache nie aus den Augen verlieren: Für die Gesundheit Ihrer Katze ist es wichtig, dass sie genug frisst.

Wie schnell Ihre Katze ganz und gar zur Vegetarierin wird, spielt gar keine Rolle. Wichtig ist vor allem Ihre Überzeugung und Ihre Entschlossenheit. Viele verschiedene Einflüsse bestimmen schließlich die Dauer einer solchen Umstellung, auch solche aus der Zeit, bevor Sie Ihre Katze angeschafft haben.

Was Katzen für „Nahrung" halten, kann unter Umständen wenig mit dem zu tun haben, was tatsächlich vor ihnen steht. Für eine Katze, die das Jagen von ihrer Mutter nicht gelernt hat, sieht eine umherspringende Maus weniger wie ein Abendessen aus als vielmehr wie ein Spielzeug. Katzen, die Trockenfutter gewohnt sind, verweigern möglicherweise Feuchtfutter. Bei vegetarischem, selbst gemachtem Futter ist nicht nur der Geschmack neu, sondern auch die Beschaffenheit und der Geruch.

Vielleicht ist Ihre Katze auch vom kommerziellen Futter so verdorben, dass sie auf nichts anderes mehr Appetit hat. In diesem Fall kann die allmähliche Umstellung so langsam vor sich gehen, dass, wie Doris Bryant sagt, „das Rennen womöglich nicht gewonnen wird".

Ich kann mich an einen älteren halb blinden Herren erinnern, dem ich einst einen roten, knackigen Apfel brachte und der diesen ablehnte, da er ausschließlich Fertigmahlzeiten aß und auch nichts anderes mehr wollte.

Geringe Gaben von B-Komplex-Vitaminen sowie von Vitamin C und E bringen möglicherweise einen gesunden Appetit zurück. Manchmal hilft es bei der Umstellung, wenn man schmeichelnd ein bisschen Futter auf dem Finger anbietet oder kleine Häufchen vor die Katze auf den Boden legt. Auf manche Katzen wirkt die blau-grüne Alge Spirulina unwiderstehlich, welche leicht verdauliche Nährstoffe in reichlicher Menge enthält. Viele Katzen mögen es auch, wenn kurz vor der Fütterung etwas knuspriges Trockenfutter untergemengt wird.

Nachteile einseitiger Ernährung

Leider liegt in dem Buch *The Healthy Cat and Dog Cook Book* (Das Kochbuch für gesunde Katzen und Hunde) von Joan Harper das Hauptgewicht auf Fleisch: „Kaufen Sie ein Rinderherz und schneiden Sie es in Scheiben oder lassen Sie es von ihrem Fleischer hacken. Dies ist noch schmackhafter als Leber.“ Ihre Aussage stimmt jedoch, dass es von Nachteil ist, sich über lange Zeit auf nur eine Futterart zu konzentrieren: „Wählerische Katzen werden leicht süchtig nach einer bestimmten Futtersorte, und dann verweigern sie über Tage oder sogar Wochen hinweg alles andere. Das kann sogar so weit gehen, dass sie fast lieber verhungern, als ein unliebsames Futter anzunehmen. Da sie ursprünglich Wüstentiere waren, verwertet ihr Körper Wasser sehr gut, und sie können deswegen über eine lange Zeit hinweg mit wenig Nahrung auskommen. Aus diesen Gründen ist es wesentlich einfacher, von Anfang an viele verschiedene Nahrungsmittel anzubieten, als später mit einer süchtigen Katze fertig werden zu müssen.“

Unkomplizierte Umstellung

Manche Menschen haben überhaupt keine Probleme mit der Ernährungsumstellung ihrer Tiere. Vielleicht gehören auch Sie zu diesen Glücklichen.

Erstaunt über die Leichtigkeit, mit der ihre Katzen die Veränderung mitmachten, schrieb Eileen Henry aus Ohio: „Wir sind seit zwanzig Jahren Vegetarier; es gab nichts Totes in unserem Haus. Wir schreckten deswegen vor der Anschaffung von Katzen zurück, da sie Fleischfresser sind. Doch da unsere beiden Dobermänner, die Katzen lieben, gesunde Vegetarier sind, wollten wir es versuchen und waren wirklich überrascht, wie leicht die Umstellung bei den Kätzchen Tiger und Minx war. Sie sind ganz verrückt nach ihrem Futter. Sogar die Hunde mögen es. Vielen Dank dafür, dass wir mit Ihrer Hilfe unseren Lebensstil beibehalten konnten. Der Kot der Kätzchen stinkt nicht, und sie sind sehr glücklich und gesund.“

Auch bei Toni Leet aus Kalifornien ging es leicht: „Meine kleiner Zoo besteht aus einem Hund namens Bo (acht Jahre alt) und fünf Katzen – Max, Molly, Cheetah, Tux und Chloe (zwischen einem und sieben Jahre alt). Ich war angenehm überrascht, wie problemlos die Umstellung von fleischhaltiger Tiernahrung auf Vegecat und Vegedog vonstatten ging: kein einziges verwöhntes Tier in der Familie! Sie alle sehen gesund und glücklich aus und fühlen sich auch so, ganz besonders Bo!“

So leicht wie das Öffnen einer Dose

Carolyn Gossman aus Pennsylvania erwähnt eine erfreuliche Veränderung, die normalerweise nach erfolgreicher Entwöhnung von kommerziellem Futter eintritt: Katzen erweitern ihren Geschmackssinn und werden zur Freude ihrer Besitzer abenteuerlustig: „Ich habe Ihr Buch erhalten und auch schon gelesen, und bin sehr froh, dass ich die Anzeige in *Animal's Agenda* entdeckt habe! Bis dahin wusste ich nicht, wie ich Katzen ernähren sollte. Für mich ist das Zubereiten ihres Futters jetzt so einfach wie für andere Leute das Öffnen einer Dose des handelsüblichen Junk-foods. Sie bekam dieses Futter bereits mit sechseinhalb Wochen und ist sehr gesund und genauso tollkühn wie jede andere Katze – und auffallend schnell. Und sie probiert jedes Futter und frisst so gut wie alles (natürlich keine tierischen Produkte). Bei jeder Gelegenheit erzähle ich den Leuten von dieser Art der Katzenernährung und wie gut es dem Tier geht."

Erweitern Sie den „Futter-Horizont"

Fast alle Katzen mögen Warzenmelonen, frische Maiskolben, Erbsen, gekochten Kürbis etc. Teilen Sie das, was Sie selbst mögen, mit Ihrer Katze. Gewöhnen Sie sie an neue Gerüche und Geschmackserlebnisse. Nur geben Sie ihnen bitte keine scharfen Gewürze.

Steve Victor aus Kalifornien, Autor des unterhaltsamen *Lighthearted Vegetarian Gourmet Cookbook* (Das heitere vegetarische Gourmet-Kochbuch), schrieb uns über seine Hauskatze CJ: „Ungeachtet der Gesetze der Evolution hat CJ eine ausgeprägte Vorliebe für eiweißarme Nahrung entwickelt, wie zum Beispiel Kartoffeln, die er dem Soja – egal ob als ganze Bohnen oder als Tofu – vorzieht. Doch jetzt scheinen wir endlich mit TVP Erfolg zu haben, das den Zweibeinern als ‚vegetarisches Chili' usw. angedreht wird. Vielleicht mag er die (entschuldigen Sie den Ausdruck) ‚fleischige' Konsistenz. Wie auch immer, jedenfalls sind Kartoffeln mit Soja jetzt sein Lieblingsfutter. Das ist auch deshalb gut, weil er auch Linsen und andere Bohnensorten nicht besonders mag... Ich nenne sein Feuchtfutter immer ‚Zehn Leben' – neun für die Katze und eins für die Kuh, deren Leben geschont wurde."

Babynahrung

Viele Leute weisen auf die bequeme Babynahrung hin. Fügen Sie einfach Vegecat, Öl und Hefeflocken hinzu, um ein nahrhaftes Futter zu erhalten. Auch auf Reisen ist Babynahrung einfacher, da sie nicht gekühlt werden muss. Außerdem machen es die kleinen Portionen leichter, Reste zu lagern. Manche benutzen es als besonderen Leckerbissen, wie Nancy Robinson aus Maryland erzählt: „Sie lieben Babynahrung (die besseren Sorten) auf dem normalen Futter, besonders die süßen Kartoffeln! Ich verwende meistens frisches Gemüse und nehme Babynahrung als besonderen Leckerbissen. Sie mögen auch gerne Bohnen mit Margarine auf dem Gemüse."

Algen

Da unser Zusatzfutter bereits Algen enthält, waren wir erstaunt darüber, dass manche Leute im Interesse der Schmackhaftigkeit noch mehr davon hinzufügen. Es scheint so, als seien Katzen hinsichtlich der verschiedenen Algensorten recht wählerisch!

Zum Glück kann man gerade auf dem Gebiet ausgiebig experimentieren. Pat Jones aus Kanada schreibt: „Wir waren erfolgreich mit einem hauptsächlich aus Kichererbsen bestehenden Rezept, doch der Geheimtipp war eine Algensorte namens Nori, die wir in einem orientalischen Laden fanden. Da ich schon fast ein Jahr lang nach vegetarischen Alternativen gesucht hatte, war ich erleichtert, dass wir endlich etwas für unsere Katze entdeckt hatten. Sicherlich wissen Sie, wie zermürbend der Willenskampf mit einer Katze sein kann. Als ein ganz normaler, sentimentaler Katzenbesitzer müsste ich jetzt eigentlich ein Foto meiner Katze beilegen, aber Sie können mit solchen Fotos bestimmt schon die Wände tapezieren. Es soll also genügen festzustellen, dass ich sie sehr lieb habe, und als Vegetarierin sogar noch mehr."

Veggie-Burger

Vegetarische Burger gibt es im Überfluss. Firmen machen es im Interesse schneller Geschäfte leichter als jemals zuvor, diesen beliebten Snack zu bekommen. Die besten Veggie-Burger für Katzen basieren auf Weizen, aber Zubereitungen aus Soja sind ebenfalls gut – sie enthalten lediglich mehr Magnesium. Je nachdem, wieviel Öl der Burger enthält, muss man eventuell noch etwas hinzufügen.

Trockenfutter

Für mit Trockenfutter aufgewachsene Katzen sind selbst gekochte halbfeuchte Rezepte wegen der neuartigen Konsistenz ungewohnt, und sie lehnen diese Nahrung daher womöglich ab. Stellen Sie in diesem Fall vegetarisches Trockenfutter selbst her und mischen Sie es unter die Rezepte. Oder Sie füttern nur das hausgemachte Trockenfutter, dessen Stücke ungefähr so groß sein sollten wie die der vertrauten kommerziellen Sorte.

Jennifer Friedman schreibt über ihre Erfahrungen: „Ich bin auf zwei Tricks gekommen, die vielleicht auch für andere nützlich sind. Der erste: Mischen Sie ein paar zerbröckelte Mais-Chips ins Futter. Der andere: Lassen Sie das meiste Wasser im Futter verkochen (Linsen und Hafer zum Beispiel). Fügen Sie Sojasoße, Öl, Hefeflocken, Ergänzungsstoffe und Gemüse hinzu. Streichen Sie alles dünn auf ein Backblech. Bei niedriger Temperatur backen, bis es knusprig ist. Dann in Stücke brechen. Zu dem Gekochten serviere ich normalerweise einen ‚Beilagensalat' aus Lieblingsgemüse."

Die Temperatur

Viele Fachleute halten Futter, das bei Zimmertemperatur gefüttert wird, für schmackhafter als kaltes. Das ist so, weil niedrige Temperaturen das Aroma einschließen; durch Erhitzen werden die verschiedenen Substanzen aromatischer. Katzen werden immer zuerst jedes angebotene Futter beschnuppern und verlieren normalerweise den Appetit, wenn dieser Test nicht nach ihrem Geschmack ausfällt. Unsere Katzen lieben es, wenn ihr Trockenfutter mit einer Kürbissauce und etwas Nährhefe überzogen ist. Nach dem Öffnen bewahren wir die Gläschen im Kühlschrank auf. Zur Fütterungszeit geben wir ein Löffelchen Kürbis auf einen kleinen Teller (davon haben wir jede Menge) und geben es für ca. zehn Sekunden in die Mikrowelle, so dass sich das Aroma entfalten kann. Danach fügen wir das Trockenfutter und die Hefeflocken hinzu und teilen das Futter unter den Katzen auf. Verwöhnen wir sie damit? Sie danken es uns, indem sie aufgereiht vor ihren Näpfen sitzen und uns dankbar anmiauen.

Kreative Herausforderung

Manchmal ist ein bisschen Zauberei in der Küche nötig. David Taylor meint zur Futterumstellung bei sturen Tieren: „Wenn Sie ein altes Tier mit eingefahrenen Gewohnheiten übernehmen, könnte eine kleine kulinarische Bemühung es von seiner Entschlossenheit zu fasten abbringen, wenn Sie ihm nicht die verlangte monotone Ernährung aus Langusten oder Kaviar vorsetzen."

Sehr wahrscheinlich wird Ihre Katze einfaches und selbst zubereitetes Futter lieben lernen, doch zuerst müssen Sie eventuell einen kleinen Anreiz bieten, wie zum Beispiel nachgemachte Speckstückchen, Suppen mit Fleischgeschmack und Ersatzprodukte. Vergessen Sie nicht, dass eine Katze ihr Fressen nach dem Geruch aussucht. Lassen Sie sich von ihr zeigen, was ihr schmeckt.

Spirulina

Für Priya war Spirulina (blau-grüne Mikroalgen) ein Festessen. Diese Vorliebe fiel mir auf, als ich für eine Firma Spirulina-Energieriegel herstellte. Die Masse wurde in einem 120-Liter-Behälter gemischt, welcher zum Saubermachen auf den Rasen gestellt und mit Wasser abgespritzt werden musste. Dabei schwemmte der grüne Spirulina-Schaum auf den Rasen. Unsere Katze Priya verbrachte die folgende Stunde damit, den Rasen abzuschlecken und genoss ganz offensichtlich dieses Spirulina-Festessen. Da sie es so sehr mochte, mischte ich es unter ihr normales Futter, das dadurch aufgewertet wurde durch zusätzliche Vitamine und Mineralien. Verwenden Sie es jedoch sparsam, da es stark Basen bildend ist und den Urin alkalisch macht (schlecht bei FUS).

Sie werden möglicherweise staunen, was Ihre Katze alles mag – vielleicht Nudelsauce oder verschiedene Getreidesorten. Im Sommer sind Warzenmelonen ein Hochgenuss, wie auch ein frisch geernteter, geschälter Maiskolben: Legen Sie ihn einfach auf den Rasen und schauen zu, wie sich Ihre Katze darauf stürzt.

Die Häufigkeit der Mahlzeiten

Fleischfresser in freier Wildbahn können die Zeit und die Größe ihrer Mahlzeiten kaum selbst bestimmen, da sie sich an ein gesichtetes Beutetier erst heranpirschen und es dann jagen müssen; möglicherweise lässt es sich nicht so einfach einfangen. All das erfordert einen beträchtlichen Energieaufwand. Raubtiere nehmen daher unregelmäßig große Mahlzeiten zu sich, wann immer sich die Möglichkeit ergibt.

Wie die meisten Fleischfresser sind auch Katzen opportunistische Fresser. Doch seitdem Trockenfutter und stets gefüllte Futternäpfe Einzug gehalten haben, hat sich all dies geändert. Wenn Katzen jederzeit fressen können, knabbern sie naschhaft herum und nehmen mehrere kleine Mahlzeiten, auf den ganzen Tag und die ganze Nacht verteilt, zu sich. Eine Untersuchung im Jahr 1975 ergab, dass auf diese Weise ernährte Katzen in vierundzwanzig Stunden acht bis zwölf Mahlzeiten einnahmen, die meisten davon in der Nacht. Eine weitere Studie aus dem Jahr 1982 ergab pro Tag sieben bis sechzehn Mahlzeiten, allerdings waren die Futtermengen und Tageszeiten unterschiedlich.

Das Fressverhalten hängt ab von der Wechselbeziehung zwischen dem Futterangebot und der notwendigen Energie, an dieses heranzukommen. Wenn der einzusetzende Energieaufwand steigt, nehmen die Katzen pro Tag weniger und größere Mahlzeiten ein und fressen langsamer – im Vergleich zu solchen, die jederzeit einen vollen Napf finden können. Das heißt, wenn die Katze bei jedem Besuch in der Küche gefüttert wird, erhält sie mehr und kleinere Portionen. Sollte das mit Ihrem Zeitplan nicht zu vereinbaren sein, dann reduzieren Sie die Mahlzeiten einfach auf zwei am Tag. Die Häufigkeit und die Mengen haben innerhalb dieser Beschränkungen kaum Auswirkungen auf die Gesundheit; Katzen können sich an beides gewöhnen.

Junge Katzen (bis zum Alter von etwa zwölf Monaten) und trächtige Katzen haben spezielle Bedürfnisse. Vegekit, das speziell für sie entwickelt wurde, deckt den Bedarf an zusätzlichem Vitamin A und D, Taurin und Mineralien. Benutzen Sie für diese Tiere die Rezepte für junge Katzen. Sollte Vegekit einmal vorübergehend nicht erhältlich sein, fügen Sie alle paar Tage ein Ei in die Vegecat-Rezepte, um die Wachstumsbedürfnisse besser decken zu können. Wird Vegekit gefüttert, sind Eier nicht nötig.

Ältere Katzen brauchen weniger Kalorien und weniger Eiweiß.

Näpfe

Suchen Sie die Näpfe bitte sorgfältig aus und achten Sie auf niedrige Ränder, da Katzen lange Schnurrhaare haben, auf die Rücksicht genommen werden sollte. Besonders schön sind gläserne oder getöpferte Näpfe (bitte auf eine bleifrei Lasur achten), häufig findet man in Tierfutterläden gut geeignete Näpfe, z.B aus

Edelstahl. Emaillierte Näpfe können Spuren von giftigem Zink enthalten und sind daher ebenso ungeeignet wie Plastiknäpfe, die sich leicht abnutzen und dann nicht mehr hygienisch sauber zu halten sind.

Futtermengen

Die Vegecat-Rezepte sind für 4,5 kg schwere Katzen entwickelt. Es gibt selbstverständlich Katzen, die mehr oder weniger Futter verlangen (siehe hierzu die Tabelle über den Energiebedarf in Kapitel 5). Die genauen Mengenangaben in den Rezepten beziehen sich auf die Trockenmenge und sollen es erleichtern, die Portionen bei Bedarf zu erhöhen. Diese Rezepte enthalten alle benötigten Nährstoffe für erwachsene Katzen (laut AAFCO, den Empfehlungen der amerikanischen Aufsichtsbehörde für Tierernährung). Vegepet sollte kommerziellem Tierfutter nicht zugesetzt werden. Wenn Sie ihre eigenen Tierfutterrezepte benutzen, fügen Sie bitte für eine 4,5 kg schwere Katze etwa 1 Teelöffel (6 ml) Vegecat täglich hinzu.
EL = Esslöffel, TL = Teelöffel

Rezepte für erwachsene Katzen

Trockenfutter: VegeKibble

Ausstattung

Wenn Sie in Ihrem Ofen Kekse backen können, ist er auch für Trockenfutter geeignet. Am besten und schnellsten funktioniert es, wenn sie zwei oder drei Roste besitzen oder gar einen Umluftofen.

Sie benötigen:

- ▷ *große Rührschüssel und einen Rührlöffel*
- ▷ *Waage oder Messbecher*
- ▷ *Nudelholz*
- ▷ *Messer (mit mindestens 20 cm langer Klinge)*
- ▷ *drei Backbleche (beschichtet, damit nichts anbackt, bzw. Backpapier)*
- ▷ *Schneidebrett (am besten in der Größe des Backblechs, damit das Schneiden erleichtert wird)*
- ▷ *fest verschließbaren Plastikbehälter (15 Liter), um die trockenen Zutaten für das 65-Tage-Rezept zu mischen.*

Trockenmischung für 15 Tage:

405 g Weizenvollkornmehl
270 g Weizenmehl Typ 550
180 g Glutenmehl
225 g Hefepulver
75 g Vegecat
15 g (1 EL) aluminiumfreies Backpulver

Ofen auf 160 Grad vorheizen (Heißluftofen 145 Grad). Mischen Sie in einer großen Schüssel folgende Zutaten: Trockenmischung für 15 Tage, 840 ml Wasser (oder soviel wie nötig), 60g/55 ml Tomatenpaste, 90g/100 ml Öl. Verkneten Sie alle Zutaten zu einem weichen, geschmeidigen Teig (nicht zu trocken). Halbieren Sie den Teig und rollen Sie die Hälften jeweils direkt auf einem Backtrennpapier möglichst rechteckig auf ca. ½ bis 1 cm Dicke aus. Stechen Sie den ausgerollten Teig mit der Gabel einige Male ein, damit sich beim Backen keine Blasen bilden, und backen Sie ihn auf mittlerer Schiene im vorgeheizten Ofen für ca. 15–20 Minuten. Nehmen Sie den „Kuchen" aus dem Ofen und backen Sie auch die andere Seite, indem Sie das vorbereitete, dritte Backtrennpapier darauf legen und mit Hilfe eines zweiten Backblechs und Topflappens sorgfältig wenden. Die zweite Seite weitere zwanzig Minuten backen, aber aufpassen, dass die Ecken nicht zu dunkel werden. Nehmen Sie den „Kuchen" aus dem Ofen und lassen Sie ihn langsam auskühlen. Mit der zweiten Teighälfte gleich verfahren. In einem Ofen mit Umluft können auch beide Teighälften zusammen gebacken werden. Mit einem großen, scharfen Messer schneiden Sie den noch lauwarmen Teig in kleine, mundgerechte Stücke (siehe herkömmliches Trockenfutter). Verteilen Sie die so erhaltenen Stückchen auf einem mit Backpapier ausgelegten Kuchenblech und lassen sie im Ofen bei ca. 50–90 °C oder an der heißen Sonne in ca. drei Stunden austrocknen, mindestens jedoch so lange, bis die Stückchen knusprig sind und auf Druck nicht mehr nachgeben.
Tipp: Ofen beim Trocknen einen kleinen Spalt offen lassen, damit die Feuchtigkeit entweichen kann.
Wenn das Kibble richtig getrocknet ist, muss es nicht gekühlt werden. Lagern Sie es in kleinen, verschließbaren Behältern bei Raumtemperatur.
Um sich einen Vorrat anzulegen, können Sie gleich die Trockenzutaten für 65 Tage mischen. Wenn Sie erneut backen wollen, nehmen Sie 1170 g der Trockenmischung und fügen Sie Wasser, Tomatenpaste und Öl wie oben angegeben hinzu. Danach alle Zutaten zu einem weichen Teig verkneten und fortfahren wie oben beschrieben.

Trockenmischung für 65 Tage:

1755 g Weizenvollkornmehl
1170 g Weizenmehl Typ 550
780 g Glutenmehl
975 g Hefepulver
330 g Vegecat
65 g aluminiumfreies Backpulver

Servieren des Trockenfutters

Katzen lieben es, wenn Sie ihnen das Trockenfutter mit etwas „Soße" anrichten. Mais mit etwas Meeresalgen (Nori) im Mixer verrührt ist ein echter Favorit. Besonders gern fressen sie, wenn das Futter zusätzlich mit Nährhefe bestreut wird.

Kichererbsen „plus" – Futter für 3 Tage

335 g Kichererbsen aus der Dose
oder 237 g selbst gekochte Kichererbsen (entspr. 150 g ungekochten Kichererbsen)
85 g TVP
oder 180 g fester Tofu
oder 180 g Seitan
45 g Hefepulver
15 ml (1 EL) Öl (bei Verwendung von Soja-Eiweiß)
oder 19 ml (4 TL) bei Verwendung von Seitan
16 g (4 TL) Vegecat
⅛ TL Salz oder ¾ TL Sojasoße (z.B. Tamari)

Kichererbsen in kaltem Wasser einweichen, bis sich ihr Volumen verdoppelt hat (Wasser regelmäßig wechseln). In frischem Wasser weich kochen. Wasser vollständig abgießen, Erbsen abtropfen lassen und noch warm mit einer Gabel zerdrücken. Restliche Zutaten (Tofu, weiches Soja-Eiweiß oder Seitan kleingeschnitten) beifügen. In bissgroßen Happen servieren und mit Soße und Hefe anrichten. In kleinen verschlossenen Behältern im Kühlschrank lagern.

Maßangaben bei TVP

Die Maßangaben bei TVP (texturiertes Soja-Protein) beziehen sich auf das Trockengewicht. Die TVP-Stücke müssen mit reichlich Wasser bedeckt einige Minuten gekocht werden. Beachten Sie auch die Herstellerangaben.

Linsen „plus" – Futter für 3 Tage

320 g gekochte Linsen (entspr. 105 g ungekochten Linsen)
oder 480 g gekochte Linsen (entspricht 160 g ungekochten Linsen) wenn Sie Seitan verwenden
80 g TVP
oder 50 g fester Tofu
oder 50 g Seitan
oder 130 g Tempeh
45 g Hefepulver
20 ml (4 TL) Öl (bei Tempeh nur 1 EL)
⅛ TL Salz oder ¾ TL Sojasoße
16 g (4 TL) Vegecat
Gewürze (z.B. etwas Knoblauchpulver)

Linsen mit frischem Wasser aufkochen (sie müssen nicht eingeweicht werden), bis sie gerade weich sind. Linsen abtropfen lassen und mit den anderen Zutaten vermischen (siehe Rezept Kichererbsen).

Reis/Seitan – Futter für 3 Tage

360 g gekochter Vollkornreis (entspr. 110 g ungekochtem Reis)
120 g Seitan
25 g TVP
40 g Hefepulver
20 ml Öl
15 g (3½ TL) Vegecat
⅛ TL Salz oder ¾ TL Sojasoße
Gewürze

Mixen Sie alle Zutaten und bewahren Sie das Futter im Kühlschrank auf.

Reis/Soja – Futter für 3 Tage

290 g gekochter Parboiled-Reis (entspr. 90 g ungekochtem Reis)
oder 290 g gekochter Vollkornreis (entspr. 90 g ungekochtem Reis)
oder 260 g gekochter weißer Reis (entspr. 90 g ungekochtem Reis)
95 g TVP
oder 205 g fester Tofu
40 g Hefepulver
20 ml (4 TL) Öl
15 g (3½ TL) Vegecat
⅛ TL Salz oder ¾ TL Sojasoße
Gewürze

Mixen Sie alle Zutaten und bewahren Sie das Futter im Kühlschrank auf. Parboiled Reis ist vorbehandelt, um die Vitamine nach der Entfernung der Schale zu erhalten.

Haferflocken „plus" – Futter für 3 Tage

700 g gekochte Haferflocken (entspr. 110 g ungekochten Flocken)
60 g TVP
oder 145 g Seitan
oder 130 g Tofu
40 g Hefepulver
20 ml (4 TL) Öl
15 g (3½ TL) Vegecat
⅛ TL Salz oder ¾ TL Sojasoße
Gewürze

Mixen Sie alle Zutaten und bewahren Sie das Futter im Kühlschrank auf.

Seitan – Futter für 3 Tage

370 g Seitan
50 g Hefepulver
30 ml (2 EL) Öl
15 g (3½ TL) Vegecat
2½ Tl geröstete Weizenkeime
⅛ TL Salz oder ¾ TL Sojasoße
Gewürze (z.B. etwas Knoblauchpulver)

Harnröhren-Störung

Einige Katzen bekommen durch einen hohen Magnesiumanteil im Futter Harnwegsprobleme. Nutzen Sie für diese Tiere bitte die Rezepte mit einem geringeren Magnesiumanteil.

Vegecat pH setzt sich wie Vegecat zusammen, enthält aber zusätzlich Säuerungsmittel, welches solche Harnröhrenstörungen verhindern hilft. Die nachfolgende Tabelle enthält den Anteil an Eiweiß, Fett und Magnesium in Prozenten des Trockengewichts für alle Rezepte.

Rezept	**Eiweiß %**	**Fett %**	**Magnesium %**
Seitan	54	20	0,101
KE aus der Dose, Seitan	36	12	0,115
KE aus der Dose, Tempeh	29	16	0,120
KE, Seitan	39	14	0,125
Kibble	29	11	0,126
KE, Tempeh	32	17	0,131
Reis w, Tofu	29	18	0,135
Reis p, Tofu	29	19	0,138
Linsen, Seitan	33	10	0,139
Haferflocken, Seitan	35	14	0,146
KE aus der Dose, Tofu	30	16	0,155
Linsen, Tofu	35	16	0,162
Linsen, Tempeh	34	15	0,165
Reis b, Seitan	32	12	0,166
KE, Tofu	33	17	0,167
Reis b, Tofu	29	20	0,182
Reis w, TVP	31	9	0,186
Reis p, TVP	31	10	0,189
Linsen, TVP	36	10	0,201
KE aus der Dose, TVP	33	9	0,201
KE, TVP	35	10	0,213
Haferflocken, TVP	30	13	0,213
Reis b, TVP	31	10	0,228

TVP steht für texturiertes Soja-Eiweiß. Reis ist entweder weiß (w), braun (b) oder parboiled (p). KE steht für Kichererbsen.

Das Füttern von jungen Katzen

Wir adoptierten Jewie, als er acht Wochen alt war. Ozzie wurde uns im Alter von vier Wochen anvertraut. Anfangs fütterten wir ihm Rohmilch mit einer Nuckelflasche; bald entdeckte er jedoch, dass Jewie Vegekit-Trockenfutter erhielt, und wollte von da ab auch keine Milch mehr trinken.

Wenn Ihre Katze ein Jahr alt wird, können Sie sie mit den Rezepten für ausgewachsene Katzen und mit Vegecat füttern.

Futtermengen

Stillende und säugende Katzen benötigen dieselbe Nährstoffdichte und -menge wie junge Katzen.

Zu Beginn der Stillzeit ist dies besonders wichtig, da die Tiere den doppelten bis dreifachen Futterbedarf haben.

Für die jungen Katzen ist die Milch in den ersten drei bis vier Wochen überlebenswichtig, dann können sie an feste Nahrung gewöhnt werden. Idealerweise werden sie dann weiterhin gesäugt, doch eine Zufütterung erleichtert es der Mutter, das Ausgangsgewicht wiederzuerlangen. Die folgenden Rezepte sind für sechzehn Wochen alte Katzen entwickelt worden. Die ca. 1,8 kg schweren Katzen erhalten ca. 1 Teelöffel (5,4 g) Vegekit am Tag. Bitte fügen Sie kommerziellem Futter mit komplettem Nährstoffspiegel kein Vegekit zu, da dies einer Überfütterung gleich käme.

Besonders junge Katzen weisen große Unterschiede bezüglich der erforderlichen Futtermengen auf (siehe hierzu auch Kapitel 5). Mehr oder weniger Appetit resultiert u.a. aus dem Temperament, Körperbau, Aktivität, Klima, etc.

Die meisten Hinweise der Rezepte für erwachsene Katzen gelten auch für Vegekit. Bitte lesen Sie die Anleitung für Trockenfutterherstellung im vorherigen Kapitel, diese entspricht der Vegekit- Anleitung.

Der bei den Rezepten angegebene Anteil an Eiweiß, Fett und Magnesium bezieht sich auf das Trockengewicht.

Rezepte für junge Katzen

1. Trockenfutter: Kibble

Eiweiß 36,6 %, Fett 14,3 %, Mg 0,17 %

Trockenmischung für 14½ Tage:

290 g Weizenvollkornmehl
200 g Soja-Vollmehl
290 g Glutenmehl
145 g Hefepulver

85 g Vegekit
15 g (1 EL) aluminiumfreies Backpulver

Dieses Kibble backen Sie genauso wie das für erwachsene Katzen. Temperatur und Backzeit sind gleich. Um den Teig herzustellen fügen Sie noch 960 ml Wasser (oder soviel, wie benötigt wird), 80 ml (75 g) Öl und 105 ml (115 g) Tomatenpaste hinzu.

Um sich einen Vorrat anzulegen, können Sie gleich die Trockenzutaten für 65 Tage mischen. Wenn Sie erneut backen wollen, nehmen Sie 1025 g der Trockenmischung und fügen Sie Wasser, Tomatenpaste und Öl wie oben angegeben hinzu.

Trockenmischung für 65 Tage:

1300 g Weizenvollkornmehl
910 g Soja-Vollmehl
1300 g Glutenmehl
650 g Hefepulver
375 g Vegekit
65 g aluminiumfreies Backpulver

Die Trockenmischung läßt sich in einem gut verschließbaren 15-Liter-Plastikbehälter (Baumarkt) aufbewahren, der gleichzeitig zum vollständigen Mixen der Zutaten dient.

Kichererbsen „plus" – Futter für 3 Tage

Eiweiß 31,7 %, Fett 13,6 %, Mg 0,145 %

290 g Kichererbsen aus der Dose
oder 205 g selbst zubereitete Kichererbsen (entspricht 95 g ungekochter Ware)
240 g fester Tofu
oder 110 g TVP
55 g Hefeflocken
4 TL (19 ml) Öl
4 TL (20 g) Vegekit
Wenn Sie Kichererbsen aus der Dose verwenden, verzichten Sie bitte auf Gewürze, ansonsten
1 Prise Salz oder ¾ TL Sojasoße

Lassen Sie die Kichererbsen abtropfen und zerdrücken Sie sie. Vermengen Sie alle Zutaten und portionieren Sie das Futter. Servieren Sie es ihrer Katze mit Hefeflocken bestreut oder mit anderen Leckereien wie z.B. Noriflocken, falschem Schinken, etc.

Linsen/Soja – Futter für 3 Tage

Eiweiß 34,6 %, Fett 18,8 %, Mg 0,16%

265 g gekochte Linsen (entspricht 90 g ungekochten Linsen)
210 g fester Tofu
35 g (3⅓ EL) Hefeflocken
4 TL Öl
3½ TL (16 g) Vegekit
1 Prise Salz oder ¾ TL Sojasoße
Gewürze (z.B. etwas Knoblauchpulver)

Linsen weich kochen. Abgegossene Linsen mit den übrigen Zutaten vermengen. Servieren wie oben beschrieben.

Linsen/Seitan – Futter für 3 Tage

Eiweiß 42,3 %, Fett 11,7 %, Mg 0,11%

265 g gekochte Linsen (entspricht 90 g ungekochten Linsen)
210 g Seitan
35 g (3⅓ EL) Hefeflocken
4 TL Öl
3½ TL (16 g) Vegekit
1 Prise Salz oder ¾ TL Sojasoße
Gewürze

Linsen weich kochen. Abgegossene Linsen mit den übrigen Zutaten vermengen. Servieren wie oben beschrieben.

Linsen /TVP – Futter für 3 Tage

Eiweiß 35,8 %, Fett 9,6 %, Mg 0,20%

265 g gekochte Linsen (entspricht 90 g ungekochten Linsen)
95 g TVP
35 g (3⅓ EL) Hefeflocken
4 TL Öl
3½ TL (16 g) Vegekit
1 Prise Salz oder ¾ TL Sojasoße
Gewürze

Linsen weich kochen. Abgegossene Linsen mit den übrigen Zutaten vermengen. Servieren wie oben beschrieben.

4. Reis/TVP – Futter für 3 Tage

Eiweiß 31,9 %, Fett 9,9 %, Mg 0,20 %

255 g gekochter Vollkornreis (entspricht 75 g ungekochtem Reis)
oder 240 g Parboiled Reis (entspricht 70 g ungekochtem Reis)
oder 200 g weißer Reis (entspricht 70 g ungekochtem Reis)
95 g TVP
45 g Hefeflocken
1 EL Öl (bei Vollkorn- oder Parboiled Reis)
oder 4 TL Öl (bei weißem Reis)
3½ TL Vegekit

Alle Zutaten mixen. Mit einer Prise Hefeflocken bestreuen und servieren.

Wie junge Kätzchen zu Vegetariern werden

Lil Frank aus Minnesota schrieb uns: „Pumpkin und Wylie sind beide zehn Monate alt, sehr gesund und leben vegetarisch, seit ich sie im Alter von zehn Wochen aus dem Tierheim bekam.

Sie genießen ihr Futter sehr. Am liebsten fressen sie Kichererbsen, Reis und Soja, das wir mit gedünstetem Sellerie, Paprika und Kohlrabi kombinieren."

Leckerer als kommerzielle Ware

Cecilia Schmieder aus Massachusetts schrieb: „Unser Kätzchen Griswel frisst das Vegekit-Futter lieber als jedes kommerzielle Trockenfutter. Wer würde auch nicht die Ernährung mit Kichererbsen, Hefeflocken, Olivenöl und leckeren Gewürzen einer undefinierbaren, ekligen Masse aus verendeten Hühnern, vergammeltem Getreide und ähnlichen Widerlichkeiten vorziehen?

Wir haben festgestellt, dass sie seit der Umstellung auf vegetarisches Futter viel experimentierfreudiger geworden ist. Früher fraß sie nur Sonnenblumenkerne, Rosinen und Pilze. Jetzt probiert sie alles, was nicht allzu sauer ist. Sie wird nun seit ca. neun Monaten vegetarisch gefüttert und ist schlanker und gesünder als je zuvor."

Cuddles

Cuddles hat sich uns ausgesucht, was bei Katzen ja nichts Außergewöhnliches ist. Vielleicht umgibt ihn deshalb diese Aura der Überlegenheit. Eine Woche,

Cuddles liebt sein vegetarisches Futter

nachdem unsere Katze Ozzie sich an Gefrierschutzmittel vergiftet hatte, tauchte Cuddles plötzlich auf unserer Terrasse in Montana auf. An jenem Morgen miaute er, bis wir ihn ins Haus ließen, obwohl er uns vorher noch niemals gesehen hatte. Er benahm sich so, als hätte er schon immer in unserer Mitte gelebt und bald entdeckte er auch den Napf von Jewie, auf den er sich begeistert stürzte, obwohl er eigentlich sehr wohlgenährt wirkte. Er liebte das vegetarische Futter sofort, und als hätte er geahnt, dass er unserem Ozzie zum Verwechseln ähnlich sah, schloss er bald die durch seinen Tod entstandene Lücke.

Auf dem Foto sehen Sie neben dem Napf einen Becher mit frischem Wasser, wir achten stets darauf, dass er gefüllt ist. Cuddles ist mittlerweile ein wunderschöner, ausgewachsener Kater, der oft bewundert wird. Normalerweise schläft er mit Kathi unter einer Decke, Kopf an Kopf gekuschelt. Er steht ungern vor ihr auf.

Eine Anmerkung

Auch wenn wir immer wieder hören, wie gern die Katzen das unterschiedlichste Futter fressen, achten Sie bitte darauf, dass dieses Frischfutter (wie z.B. saftiges Obst) das bleibt, was es sein sollte – eine Zwischenmahlzeit. Die Hauptnahrung muss eiweißreich sein und mit den richtigen Zusätzen versehen werden und Vitamine, Mineralien und Fettsäuren im richtigen Verhältnis aufweisen.

Wir bekommen häufig Briefe, in denen steht, wie sehr die Katze dieses oder jenes liebt, häufig erfahren wir jedoch nach einer Weile, dass diese Gemüsediäten fehlschlagen.

Abwechslung im Futter ist selbstverständlich gern gesehen, solange die Nährstoffmengen beachtet werden. Die Erfahrungsberichte zeigen, dass Ihre Lieblinge vegetarisches Futter genießen werden.

Kapitel 8

Wie man Hunde füttert

Zusammen mit Wölfen, Dingos, Schakalen und Füchsen gehören Hunde zur Familie der Canidae, einer der drei Familien, welche ihrerseits die Gruppe der Carnivoren bilden. Die anderen beiden sind die Katzenfamilie (Felidae) und die Robben und Walrosse. Einige Carnivoren (Bären, Waschbären und der im Himalaja lebende kleine Panda) fressen allerdings vorwiegend pflanzliche Kost.

Auch andere Mitglieder der Carnivoren ernähren sich fast ausschließlich von Früchten, wie z.B. der in den tropischen Gebieten Amerikas vorkommende, auf Bäumen lebende Wickelbär. Auch das katzenähnliche Binturong aus der Zibet-Familie isst vorwiegend Pflanzen. Dieses Tier lebt in den dichten Wäldern Südasiens, Indonesiens und Malaysias, wiegt 10–15 Kilogramm, hat langes, zottiges Haar, büschlige Ohren und einen langen, buschigen Schwanz. Berichten zufolge kann es ein sehr freundliches Haustier sein, aber wir haben es noch nie persönlich gesehen und wissen auch nicht, wie oder ob man diese Spezies in Amerika überhaupt zu Gesicht zu bekommen kann.

Allesfresser

Mit Pflanzen können die Ernährungsbedürfnisse von Hunden abgedeckt werden, auch wenn die meisten Fachleute immer noch zumindest etwas Fleisch empfehlen. David Alderton studierte Veterinärmedizin in England am Magdalene College in Cambridge. Als Berater der Tierfutter-Industrie veröffentlicht er häufig Beiträge in Zeitschriften. Auf die Frage, ob Hunde ausschließlich mit Fleisch ernährt werden sollen, antwortete er in *The Dog Care Manual* (Handbuch der Hundepflege): „Nein. Es ist eine Tatsache, dass Hunde weniger auf Fleisch als Hauptnahrung angewiesen sind als Katzen. Mit einer großen Auswahl an Nahrungsmitteln halten Sie Ihren Hund bei guter Gesundheit. Die Hauptzutaten sind dieselben, wie sie auch in der menschlichen Ernährung benötigt werden. Eiweiß, das aus verschiedenen Aminosäuren zusammengesetzt ist, kann dabei entweder aus pflanzlichen oder tierischen Quellen stammen."

Aber schon im nächsten Satz widerspricht sich Alderton, indem er den Aberglauben wiederholt, dass Hunde tierisches Eiweiß brauchen: „In pflanzlichem Eiweiß fehlen einige so genannte essenzielle Aminosäuren, die in einer Ernährung ohne Mangelerscheinungen enthalten sein sollten."

In Laboratorien werden Hunde routinemäßig durch Diäten ohne jegliche tierische Aminosäuren gesund erhalten. Im *The Merck Veterinary Manual* (Merck Handbuch für Tierärzte) steht: „Obwohl der Hund als Fleischfresser gilt, nutzt er effizient eine große Vielfalt an Nahrungsmitteln. Diese Fähigkeit macht es dem Hund möglich, seine Ernährungsbedürfnisse aus einer bemerkenswerten Vielfalt zu decken. ... Einige pflanzliche Eiweiße sind... befriedigende Quellen für Aminosäuren, die der Hund benötigt."

Small Animal Clinical Nutrition (Klinische Ernährung von Kleintieren) ist eine wertvolle Quellensammlung für viele Tierfutter-Hersteller. Darin steht: „Hunde sind von Natur aus Allesfresser." Um ihren Standpunkt zu betonen, vergleicht man Wyoming-Koyoten mit ihren südkalifornischen Verwandten. Während die ersteren Schafe jagen, rauben die zweiten Melonen und Weintrauben. Sie sind sogar in der Lage, Pfirsiche, Aprikosen, Pflaumen und Kirschen zu „erbeuten".

Ernährungsumstellung

Wenn Sie die Ernährungsumstellung bei einem relativ jungen Hund vornehmen, wird es wahrscheinlich einfach sein, ihn mit dem neuen Futter vertraut zu machen. Bei Hunden allerdings, die an ein bestimmtes Futter gewöhnt sind, könnten Sie, so wie bei einigen Katzen, auf Widerstand stoßen.

Das hat aber nichts damit zu tun, dass es sich um vegetarisches Futter handelt. Auch wenn man Hunde an selbst zubereitete, auf Fleisch basierende Mahlzeiten gewöhnen will oder einfach nur auf eine andere kommerzielle Futtermarke umstellt, kann man schon auf Schwierigkeiten treffen. Hunde sind äußerst geschickte Psychologen, wenn es darum geht, ihre „gut erzogenen" Besitzer in ihrem Sinne zu beeinflussen. Manchmal müssen Hunde wirklich hungrig sein, bis sie unbekannte Nahrung akzeptieren.

Für eine gute Gesundheit muss Ihr Hund genügend essen. Lassen Sie die Ernährungsumstellung also nicht zu einem „Willenskampf" ausarten, bei dem der Hund wegen Ihrer Hartnäckigkeit hungert.

Fixierung auf ein bestimmtes Futter

Tierärzte nennen die Konzentration auf ein bestimmtes Futter „Futterfixierung". Sie empfehlen, am Anfang nur eine kleine Menge des neuen Futters unter das alte zu mischen und den Anteil während der folgenden Tage oder gar Wochen langsam zu steigern.

Einige Hunde allerdings verschlingen das neue Futter gleich von Anfang an. Laura Moore schrieb aus Nevada: „Ich kann nicht mit Worten ausdrücken, wie dankbar und erleichtert ich bin, Ihre Produkte entdeckt zu haben! Dass ich meiner Katze und meinem Hund im letzten Jahr Fleisch geben musste, war ein richtiges Trauma für mich. Außerdem schienen sie (besonders mein Hund) es noch nicht einmal zu mögen. Jede Fütterung war eine Qual.

Ich habe alle möglichen Markenfutter ausprobiert, und meine Hündin (ca. sieben Kilogramm) konnte ich mit keinem einzigen wirklich begeistern (außer, wenn sie das Katzenschälchen plünderte!). Ihr Futter ist ein Geschenk des Himmels! Zum ersten Mal zeigte meine Hündin sofort Interesse am neuen Futter und bettelte sogar um eine zweite Portion! Auch der Kater ließ keinen Bissen liegen… Es ist wirklich aufregend. Als konsequente Vegetarierin bin ich nun auch endlich gleichzeitig ein gewissenhafter Tierhalter."

Weitere Ratschläge

Da Hunde den Fleischgeschmack mögen, verwenden Sie in den Rezepten als Salzersatz ähnliches wie zum Beispiel eine vegetarische Schinkensuppe. Auch kommerzielle Firmen fügen ihren Fertigprodukten verschiedene Geschmacksrichtungen bei, wie z.B. Fleisch-, Käse-, Rauch-, Minze-, Speck-, Zwiebel und Knoblaucharoma. Reformhäuser führen teilweise ähnliche Produkte für Vegetarier.

Kommerzielle Hundefutter enthalten gewöhnlich Appetitanreger (siehe Anhang 1). Hunde sind ganz verrückt danach und es gibt keinen auch nur annähernd gleichwertigen, vegetarischen Ersatz dafür. Aber versuchen Sie trotzdem, diejenigen vegetarischen Nahrungsmittel herauszufinden, die Ihr Hund wirklich mag; möglicherweise brauchen Sie dafür viel Geduld und Ausdauer.

Leanda Barr entdeckte auf ihrem eigenen Grundstück in Pennsylvania Algen: „Unsere Hunde mögen Bananen, Wassermelonen, Trauben, Heidelbeeren und Pfirsiche. Ich zerdrücke oder püriere die Früchte, so bekommen meine Hunde alle darin enthaltenen Nährstoffe. Meine Küchenmaschine brauche ich mehr für meine Hunde als für mich selbst. Wir leben auf einem vier Hektar großen Grundstück, auf dem mehr als genug Gras wächst für sie. Besonders lieben sie die um den Teich herum wachsenden Gräser. Eines Abends holte mein Mann Algen aus dem Teich. Die Hunde schienen ganz verrückt danach. Ich ließ sie essen, denn irgendwie fühlte ich, dass es gut für sie sein muss."

Fettleibigkeit

Fettleibigkeit ist das am meisten verbreitete Ernährungsproblem bei Hunden. 25 % bis 40 % aller Hunde in den USA leiden daran. Ältere Hunde und sterilisierte Hündinnen neigen besonders dazu. Gesundheitsprobleme, die durch Übergewicht verursacht werden, sind Herzfunktionsstörungen, Atembeschwerden, Probleme bei heißem Wetter und hoher Luftfeuchtigkeit sowie Hautprobleme.

Tierarzt Gregory MacEwen sagt dazu: „Fettleibigkeit kann eine der Hauptursachen sein, die die Langlebigkeit eines Haustieres nachteilig beeinflussen."

Menschen, die ihre Tiere auf eine vegetarische Ernährung umstellen, werden erleichtert feststellen, dass Übergewicht danach im Allgemeinen kein Problem mehr darstellt. Normalerweise fressen Hunde nur zur Befriedigung ihrer körperlichen Bedürfnisse und nicht der Gaumenfreuden wegen. Übergewichtige Hunde entwickeln schnell wieder ein gesundes Aussehen, und steife Glieder erlangen ihre Elastizität wieder, die für immer verloren schien.

Gründe für das „Überfressen" (die allgemein häufigste Ursache für Fettleibigkeit) sind u.a. Langeweile, Untätigkeit, Nervosität und Veranlagung. Bei einigen Hunden können auch körperliche Probleme eine Rolle spielen, wie z.B. Hormonstörungen. Falls Sie einen diesbezüglichen Verdacht haben, lassen Sie Ihren Hund von einem Tierarzt untersuchen.

Der effektivste Weg, das Übergewicht in den Griff zu bekommen, besteht in einer kalorienarmen Ernährung und mehr körperlicher Bewegung. Ständiges Naschen ist zu vermeiden, der Ölanteil in den Rezepten zu vermindern und kleinere, aber häufigere Mahlzeiten sind empfehlenswert. Das sind einfache und sehr effektive Mittel zur Gewichtsreduzierung. Es ist auch von Vorteil, wenn Sie Ihren Hund während der Futterzubereitung nach Möglichkeit nicht mehr in die Küche lassen.

Ältere Hunde

Vom Ernährungsstandpunkt her gelten die meisten Hunde ab sieben und große Hunde ab fünf Jahren als „älter“. Aufgrund möglicher Nieren- und Kardiovaskular-Veränderungen sollte dann der Eiweiß- und Natrium (Salz)-Gehalt in den Mahlzeiten reduziert werden. Vermindern Sie die Portionen an Hülsenfrüchten und tauschen Sie sie gegen Getreide aus, um so die Aufnahme von Eiweiß zu verringern. Füttern Sie häufiger kleinere Portionen. Zusätzliche Verdauungsenzyme sind in dieser Lebensphase besonders wichtig, und zwar umso mehr bei jenen, die diese in der Vergangenheit nicht regelmäßig erhalten haben.

Verabreichen Sie täglich eine kleine Dosis Multivitamine für Erwachsene. Möglicherweise werden die Vitamine C und E immer noch unzureichend sein. Für Vitamin-C-Empfehlungen schauen Sie im Kapitel 5 nach. Geben Sie pro zehn Kilogramm Körpergewicht Ihres Hundes 100–200 IE (Internationale Einheiten) Vitamin E, aber maximal 800 IE.

Anmerkungen zu den Rezepten

Die nachfolgenden Rezepte basieren auf Mengenangaben für einen ca. zwanzig Kilogramm schweren, erwachsenen Hund (beachten Sie auch die Tabelle über Energiebedarf im Kapitel 5). Welpen und trächtige oder säugende Hündinnen werden mehr essen, vielleicht sogar die doppelte Menge.

Die Analysen basieren auf dem Trockengewicht und sind Durchschnittswerte der Rezept-Variationen.

Denken Sie daran, dass immer frisches Wasser zur Verfügung stehen sollte.

Verwenden Sie bei der Zubereitung des Futters für erwachsene Hunde die Standard-Maßangaben. Für Welpen, trächtige und säugende Hündinnen verwenden Sie die Maßangaben für heranwachsende Hunde. Obwohl es nicht ideal ist, können erwachsene Hunde auch Welpenfutter essen.

Maßangaben für vegetarisches TVP

TVP (texturiertes Soja-Eiweiß) wird aus entfettetem Sojamehl hergestellt, dem man, nachdem es unter Druck gekocht wurde, die Flüssigkeit entzogen und es anschließend zu Granulat, Flocken oder Stücken verarbeitet hat. Die in den Rezepten genannten Maßangaben gelten für das getrocknete Produkt. Die TVP-Stücke müssen mit reichlich Wasser bedeckt einige Minuten gekocht werden, sie verdoppeln dabei ihr Volumen. Danach müssen Sie nur noch das überschüssige Wasser abgießen und die Stücke den Rezepten zufügen.

Rezepte für Hunde

Trockenfutter: Hundekuchen

Eiweiß 22,4 %, Fett 8,3 %

Backen Sie die Mischung für 2½ Tage nach den dafür vorgesehenen Mengenangaben. Die Mengenangabe für sechzehn Tage ist hauptsächlich dafür gedacht, die trockenen Zutaten für den späteren Gebrauch zu mischen und aufzubewahren. Dadurch können Sie viel Zeit sparen, da Sie die verschiedenen Trockenzutaten nicht jedes Mal neu abwiegen müssen.

Zutaten für 2½ Tage:

635 g Weizenvollkornmehl
190 g Soja-Vollmehl
50 g Maismehl
25 g Hefepulver
und
für Heranwachsende:
38 g Vegedog
7 g (1¼ TL) Salz
oder 50 ml (3 EL) Sojasoße zusammen mit 65 ml Öl und 700 ml Wasser
oder
Standard:
23 g (4 TL) Vegedog
1 g (¼ TL) Salz
oder 8 g (½ EL) Sojasoße zusammen mit 65 ml Öl und 700 ml Wasser
Gewürze nach Belieben

Heizen Sie den Ofen auf 160 °C. vor. Mischen Sie die oben angegebenen Zutaten in einer großen Rührschüssel. Benutzen Sie einen langen, stabilen Löffel zum Rühren der Masse. Bestreuen Sie Ihre Hände und die Arbeitsfläche mit Mehl. Kneten Sie den Teig gut durch. Nehmen Sie eine Hälfte des Teigs, rollen Sie ihn auf einem Backtrennpapier auf die Größe eines Backblechs aus und legen ihn auf ein Backblech. Verfahren Sie ebenso mit der zweiten Hälfte des Teigs. Stechen Sie den Teig ein paar Mal mit der Gabel ein, damit beim Backen keine Blasen entstehen. Schieben Sie das Backblech mit dem Teig auf die mittlere Schiene des vorgeheizten Ofens und backen Sie ihn bei 160 °C für ca. 15–20 Minuten. Bei Umluftbacköfen müssen Sie die Temperatur um 10 % reduzieren. Bei diesen Öfen können zwei Teigportionen zusammen gebacken werden. Achten Sie darauf, dass die Ecken nicht zu braun werden. Nehmen Sie den Teig aus dem Ofen und drehen Sie den halb gebackenen Teig um. Dies geht am einfachsten, indem Sie ein zweites Backblech mit Backtrennpapier umgekehrt oben auf den eben gebackenen Teig legen. Drücken Sie beide Bleche zusammen und drehen Sie sie zusammen um. Backen Sie den Teig weitere ca. 15–20 Minuten und achten Sie wieder darauf, dass die Ecken nicht zu braun werden. Nehmen Sie ihn aus dem Ofen und lassen Sie ihn etwas abkühlen. Nehmen Sie ein großes, scharfes Messer und schneiden Sie den „Kuchen“ auf einem Schneidebrett in 9–12 gleichmäßige, rechteckige Stücke. Diese können Sie dann einfach in kleine, quadratische, mundgerechte Bissen weiter zerkleinern. Falls die Stücke zusammenkleben sollten, war entweder die Backzeit zu kurz oder die Temperatur zu niedrig. Legen Sie die weichen Stückchen auf ein Backblech, und trocknen Sie sie im Ofen bei einer Temperatur von ca. 80–90 °C während 2–3 Stunden, bis sie schön knusprig sind. Bei heißem Wetter können Sie die Hundekuchen auch an der Sonne trocknen. Lagern Sie alles in gut verschließbaren Behältern. Kühlen ist unnötig. Manche Hunde mögen Hundekuchen lieber vermischt mit Gemüsebrei oder Hefeflocken.

16-Tage-Mischung:

4 kg Weizenvollkornmehl
1200 g Soja-Vollmehl
320 g Maismehl
160 g Hefepulver
und
für Heranwachsende:
235 g Vegedog
45 g Salz
oder 300 g (310 ml) Sojasauce
zusammen 400 ml Öl und der nötigen Menge Wasser
(wenn Sie die gesamte Mischung an einem Tag backen)
oder
Standard:
140 g Vegedog
7 g (1¼ TL) Salz
oder 50 g (50 ml) Sojasauce zusammen mit 400 ml Öl und der nötigen Menge Wasser (wenn Sie die gesamte Mischung an einem Tag backen)
Gewürze nach Belieben

Sie können das Salz in der Trockenmischung auch weglassen. Wenn Sie das Rezept für 2½ Tage herstellen, können Sie dann anstelle von Salz auch Sojasoße verwenden.

Für einen intensiveren Geschmack: Ersetzen Sie das Wasser durch eine fertige Tomatensauce ohne Zucker oder fügen Sie dem Wasser Tomatenmark hinzu.

Ein 18-Liter-Eimer mit einem gut schließenden Deckel eignet sich gut zum Mischen sowie als Vorratsbehälter der Trockenmischung. Wenn Sie dann ungefähr die Menge für 2½ Tage backen möchten, nehmen Sie circa 930 g dieser Trockenmischung und fügen Sie Wasser und Öl (und ggf. Sojasoße) wie beim 2½ -Tage-Rezept angegeben hinzu.

Trockenfutter: Sojafreier Hundekuchen

Eiweiß 24,2 %, Fett 8,1 %

Achtung: Backen Sie das 3½ Tage Rezept, das sich diesen Mengenangaben anschließt. Das Rezept für 18 Tage ist in erster Linie als Mischung und Vorrat der trockenen Zutaten gedacht, wodurch Sie bei künftigen Zubereitungen Zeit sparen. Ein 18-Liter-Behälter mit gut schließendem Deckel (im Baumarkt erhältlich) eignet sich zu diesem Zweck optimal.

Zutaten für die 3½-Tage-Mischung:

50 g Hefeflocken
2 EL (32 g) Vegedog
4 TL (18 g) Backpulver
¾ TL (4 g) Lecithin
⅔ TL (4 g) Salz

Alle Zutaten gut vermengen. Im Anschluss hinzufügen:

915 g Weizenvollkornmehl
200 g Glutenmehl

Zutaten für 18 Tage:

270 g Hefeflocken
160 g Vegedog
90 g Backpulver
4 TL (18g) Lecithin
1 EL (18g) Salz

Alle Zutaten gut vermengen. Im Anschluss hinzufügen:

4715 g Weizenvollkornmehl
1025 g Glutenmehl

Zubereitung für 3½ Tage

Ofen auf 160 °C vorheizen. 1223 g der Grundmischung (bzw. 3½-Tage-Mischung) vermengen mit: 70 ml Öl, 700 ml Wasser. Bei Bedarf: Ersetzen Sie das Wasser durch zuckerfreie Nudelsauce oder fügen Sie dem Wasser etwas Tomatenmark bei. Die weitere Zubereitung erfolgt wie bei dem Standard-Hundekuchen-Rezept (siehe Seite 135/136).

Kichererbsen/Soja – Futter für 3 Tage

Eiweiß 22,3 %, Fett 8,3 %

1080 g ungekochte Kichererbsen
oder 2435 g gekochte Kichererbsen
oder 3160 g Kichererbsen aus der Dose
27 g TVP
oder 85 g fester Tofu
30 g (3 EL) Hefepulver
23 ml (1½ EL) Öl
und
für Heranwachsende:
45 g (2½ EL) Vegedog
8 g (1⅓ TL) Salz oder 54 g Sojasoße
oder
Standard:
25 g (4 TL) Vegedog
1 g (¼ TL) Salz oder 6 g (½ EL) Sojasoße
Gewürze

Wenn Sie ungekochte Kichererbsen verwenden, weichen Sie diese zuerst in Wasser ein, bis sie ihr Volumen verdoppelt haben. Wenn nötig, wechseln Sie das Wasser, um Fermentierung zu vermeiden. Dann kochen Sie die Kichererbsen in frischem Wasser so lange, bis sie weich sind.

Gießen Sie das Wasser vollständig ab und zerdrücken Sie die warmen Bohnen mit einem Kartoffelstampfer. Wenn die Bohnen zu hart oder kalt sind, können Sie auch einen Mixer zum Zerkleinern verwenden. Dann mischen Sie die restlichen Zutaten darunter. Wenn Sie möchten, können Sie vor dem Servieren als zusätzlichen Geschmack noch etwas Hefe darüber streuen.

Lagern Sie Einzelportionen im Kühlschrank in gut verschließbaren Behältern.

Linsen – Futter für 2 Tage

Eiweiß 28,9 %, Fett 8,2 %

700 g ungekochte Linsen
oder 2025 g gekochte Linsen
24 g (2½ EL) Hefepulver
55 ml Öl
und
für Heranwachsende:
30 g (4½ TL) Vegedog
6 g (2 TL) Salz oder 40 ml (2½ EL) Sojasoße

oder
Standard:
17 g (1 EL) Vegedog
1 g (¼ TL) Salz oder 6 g (½ EL) Sojasoße
Gewürze

Die Linsen müssen vor dem Kochen nicht eingeweicht werden. Kochen Sie die Linsen, bis sie gerade weich sind. Gießen Sie das Wasser ab und mischen Sie die anderen Zutaten darunter. Wenn Sie möchten, können Sie vor dem Servieren als zusätzlichen Geschmack noch etwas Hefe darüber streuen. Lagern Sie alles im Kühlschrank in kleinen, gut verschließbaren Behältern.

Haferflocken/Soja – Futter für 3 Tage

Eiweiß 24,2 %, Fett 13,8 %

700 g ungekochte Haferflocken (dies ergibt gekocht 4335 g)
240 g TVP
oder 735 g fester Tofu
9 g (1 EL) Hefepulver
100 ml Öl
und
für Heranwachsende:
42 g (2½ EL) Vegedog
9 g (1½ EL) Salz oder 58 ml Sojasoße
oder
Standard:
30 g (4½ TL) Vegedog
¼ TL Salz oder ½ EL Sojasoße
Gewürze (Knoblauchpulver etc.)

Instant-Haferflocken sind sehr einfach in der Zubereitung: Sie müssen nur kochendes Wasser darübergießen. Wenn Sie TVP verwenden, wird es in der feuchten Haferflockenmasse sehr gut aufweichen. Achten Sie darauf, dass Sie nicht zuviel Flüssigkeit nehmen, da es sonst matschig wird.

Reis/Soja – Futter für 3 Tage

Eiweiß 26,3 %, Fett 10,0 %

590 g ungekochter weißer, Vollkorn- oder Parboiled-Reis (ergibt gekocht 1950 g)
380 g TVP
oder 1245 g fester Tofu
45 g Hefepulver
90 ml Öl

und
für Heranwachsende:
45 g (2½ EL) Vegedog
9 g (1½ TL) Salz oder 60 ml Sojasoße
oder
Standard:
27 g (4 TL) Vegedog
¼ TL Salz oder 1½ EL Sojasoße
Gewürze

Mischen Sie alle Zutaten zusammen und servieren Sie es. Versuchen Sie, das Futter so trocken wie möglich zu halten. Sie können es aber auch auf ein Backblech streichen und bei geringer Hitze langsam trocknen. Dadurch wird es nicht nur schmackhafter, sondern auch noch länger haltbar. Natürlich kann das Ganze auch an der Sonne getrocknet werden.

Vegedog bei eigenen Rezepten

Wenn Sie das Futter nach eigenen Rezepten herstellen, mischen Sie Vegedog nach den folgenden Angaben unter das Futter. Wenn Ihr Hund mehr oder weniger wiegt, errechnen Sie bitte die notwendige Menge Vegedog.

Gewicht des Hundes kg	Erwachsen Menge (g)	Heranwachsend Menge (g)
2,3	⅕ TL (1,1)	¼ TL (2)
4,5	⅓ TL (2,3)	½ TL (3,5)
6,8	½ TL (3,4)	⅞ TL (5,3)
9,1	¾ TL (4,5)	1 TL (7)
11,3	⅞ TL (5,7)	1⅜ TL (8,8)
18,1	1½ TL (9,1)	2¼ TL (14,1)
22,7	1¾ TL (11,3)	2¾ TL (17,6)
36	1 EL (18)	1½ EL (27)
54	1½ EL (27)	2¼ EL (42)

Kapitel 9
Die Jagd

Für Hauskatzen besteht keine Beziehung zwischen der Notwendigkeit zu töten und der Notwendigkeit zu fressen. Experimente verglichen das Verhalten von Jungtieren, deren einzige feste Nahrung aus Beutetieren bestand, mit solchen, die nie rohes Fleisch probiert hatten. Man sah, dass zwar beide Gruppen jagten, die letztere aber auch bei Hunger keinen Zusammenhang zwischen Töten und Fressen herstellte. Andere Forschungen ergaben keinen Unterschied im Jagdverhalten von hungrigen und gefütterten Katzen.

Mitglieder der Katzenfamilien gehören zur Spitze der Nahrungskette. Sie töten von jeher zum Überleben, während vegetarische Tierarten sich durch die immer wiederkehrenden klimatischen Veränderungen mit diversen Pflanzenarten vertraut machen mussten. Allerdings finden sich die Katzen gelegentlich mit etwas ähnlichen Entscheidungen konfrontiert bei der Frage, ob sie einen Beeren fressenden Vogel, ein Samen fressendes Nagetier oder ein grasendes Huftier erlegen sollen.

Der Dichter Kilban hat die Katzennatur in seinem Gedicht „Momcat" sehr gut beschrieben:

„Ich liebe es, die Mäuschen zu fressen,
Die Mäuschen zu fressen liebe ich.
Ihre kleinen Köpfe abzubeißen…
An ihren kleinen Füßchen zu nagen…"

Karen Talberth aus Oregon schrieb: „Ich fühle mich als Vegetarierin und Besitzerin von zwei Katzen bestenfalls traurig, schlimmstenfalls scheinheilig, wenn ich sie mit Fleisch füttere. Aber ich hielt es für unumgänglich, seit ich gelesen habe, dass sie noch intensiver jagen, wenn man das Fleisch aus ihrem Speiseplan entfernt. Da sie bereits jagten, wollte ich diese Aktivitäten nicht noch verstärken."

Killerkatzen

Leider hat der Verzicht auf das Füttern von Fleisch keinen Einfluss auf das Jagdverhalten von Katzen. Als effiziente Tötungsmaschine gebaut, sind sie ihrem natürlichen Ernährungsverhalten nach Fleischfresser. Ihr Spiel dreht sich ums Belauern, Springen und Fangen von allem, das sich bewegt. Das obige Gedicht schildert die Natur der Katze sehr treffend. Wild lebende Katzen, die nur Mäuse essen, verzehren zwölf Mäuse pro Tag, oft beim Kopf beginnend!

Naturliebhaber schaudern wegen des Verlustes von wild lebenden Tieren durch jagende Katzen. Laut einer Studie der Universität von Wisconsin töten Katzen jedes Jahr ungefähr eine Million Singvögel in den Vereinigten Staaten, Schätzungen über jährlich getötete Hasen belaufen sich auf 47 Millionen. Eine zu starke Bejagung von Mäusen und Wühlmäusen kann auch einen sehr negativen Einfluss auf die Überlebenschancen von Raubvögeln wie Eulen und Falken mit sich bringen.

Parasiten

Aber die Jagd ist keinesfalls ohne Gefahren, denn wir leben nicht mehr in der Welt unserer Großeltern. Heute sind alle Mäuse und Ratten normalerweise schon in irgendeiner Form mit Gift in Kontakt gekommen, das sie an das Tier weitergeben, das sie frisst. Manche Gifte führen auch zu einer Abhängigkeit, wie zum Beispiel das Unkrautvernichtungsmittel Alphacholeralose oder metalhydhaltiges Anti-Schneckenmittel.

Weitere Risiken stellen die Parasiten dar mit ihren gut angepassten Lebenszyklen, in dem Katzen die wichtige Rolle des Verbreiters spielen. Die Jagdaktivität einer Katze kann dazu führen, dass sie ungewollt eine ganze Armee von Parasiten beherbergt.

Eine besonders gefährliche Rolle spielt in dem Zusammenhang die Toxoplasmose, die durch Vögel, Nagetiere, Würmer, Fliegen, aber auch durch rohes Rind- oder Schweinefleisch übertragen werden kann.

Auch wenn ein parasitärer Befall nur schwache Symptome hervorruft, kann eine Infektion zu Hepatitis und Enzephalitis führen. Es kann auch durch die Geburt von der Mutter auf die Jungen übertragen werden und schwer wiegende Folgen für das zentrale Nervensystem haben.

Mäuse, Ratten, Vögel, Kaninchen und sogar Regenwürmer sind Zwischenwirte bestimmter Entwicklungsstadien des Katzenbandwurms und zweier Rundwürmer der Katze. Schnecken und Schlangen können Träger der Larven eines Lungenwurms sein, der Katzen befällt. Diese Tiere gehören zum Beuteschema von Vögeln, Nagetieren, Fröschen und Schlangen, die wiederum von Katzen gejagt werden und so als Überträger der Larven fungieren. In der Katze entwickeln sich diese Parasiten zum Endstadium und verursachen so große gesundheitliche Probleme.

Jagd ist erlernt

Wie eine Katze ihr Leben beginnt, beeinflusst stark ihr späteres Verhalten. Man sollte bevorzugt Jungtiere zu sich nehmen, die in ihrer Umgebung die Jagd gar nicht erst gelernt haben: Eine ausschließlich im Haus gehaltene Katzenmutter wird ihre Jungen nicht damit vertraut machen.

David Taylor berichtet dazu: „Das Jagdverhalten von Katzen ist nicht instinktiv, sondern wird erlernt. Deswegen werden die Jungen von nicht jagenden Müttern auch selbst später nicht jagen."

Falls das Muttertier seine Kinder aber in die Jagd einführt, geschieht dies zwischen der dritten und zwanzigsten Lebenswoche. Danach werden Katzen diese Aktivität zwar auch noch lernen, aber sie nicht mehr mit der berühmt-berüchtigten Geschicklichkeit ausführen können.

Der Anblick von lebendiger Beute scheint als Anreiz zur Jagd allein nicht zu reichen. Es ist sogar nicht außergewöhnlich, dass junge Katzen durch das Auftauchen von Beutetieren und deren hektischen Fluchtversuchen Angst bekommen; sie kennen den Zusammenhang von Futter und lebenden Tieren nicht.

Katzenmütter müssen erst verletzte Beute zeigen, damit die Jungen sie nicht als Spielzeug, sondern als Abendessen begreifen.

Wenn man es nicht verhindert, bringen Katzenmütter ihre tote Beute und fressen diese vor den Augen ihrer etwa drei Wochen alten Nachkommen. Später legen sie ihren Jungen die Beutetiere zum Fressen vor. Der nächste Schritt besteht darin, lebende Beutetiere heranzuschaffen, damit die Jungen das Töten erlernen; das Muttertier beaufsichtigt den Ablauf und sorgt dafür, dass das Opfer nicht flieht.

Falls die Katzenmutter eine Jägerin ist, behalten Sie sie nachts im Haus. Auf diese Weise wird sie daran gehindert, ihren Jungen die nächtliche Beute zu präsentieren. Falls die Katze jedoch ihre Nächte mit Jagdaktivitäten verbringen darf, sollte man ihr auf keinen Fall das anschließende Anschleppen ihrer Trophäen erlauben.

Kann das Problem gelöst werden?

Hauskatzen sind normalerweise nicht auf die Jagd angewiesen, sondern betreiben sie als Hobby. Das Fangen und spätere Herumspielen mit der Beute dient zur Entwicklung von Fertigkeiten und als bevorzugte Freizeitbeschäftigung. Es ist vergleichbar mit der Jagd als „Hobby" einiger Menschen.

Die Früchte der Jagd zu genießen ist hierbei eher zweitrangig, wichtiger scheint es, mit einer Trophäe nach Hause zu kommen. Es ist also gar nicht so unmenschlich, wenn Ihnen Ihre Katze eine tote Maus mitbringt und dafür Bewunderung zu erwarten scheint. Viele halten das Heimbringen der Beute für eher zweckmäßig, da sie hier in Ruhe verspeist werden kann.

Ist das Jagen erst zur Gewohnheit geworden, scheint eine Umkehr fast nicht mehr möglich. Sogar Glöckchen, die der Katze zur Warnung potenzieller Opfer umgebunden werden, erbringen nicht die erhoffte Wirkung: Katzen sind so geschickt, dass sie schnell das Anschleichen ohne Glöckchenklang erlernen.

Eric Allen und Lynda Bonning haben einen effektiveren Vorschlag zum Abgewöhnen des Jagdtriebes: Sobald sich die Katze mit ihrer Beute niederlässt wird sie von einem versteckten Helfer mit Wasser bespritzt, bzw. durch einen lauten Knall erschreckt. Hierbei ist es wichtig, dass die Katze Sie nicht sieht und mit der Störung in Verbindung bringt.

Natürlich machen diese eleganten Killer nicht den geringsten Unterschied zwischen Singvögeln und Ratten. Mögen auch manche vielleicht den Tod einer Ratte mit einer gewissen Befriedigung zur Kenntnis nehmen, so wird der Verlust eines Singvogels immer bedauert. Unsere felinen Freunde interessieren diese feinen Nuancen keineswegs, und wir sollten uns hüten, sie mit widersprüchlichen Reaktionen zu verwirren.

Auslöser

Wenn für Katzen auch die Sicht die wichtigste Sinneswahrnehmung ist, so können sie auch hervorragend hören. Wir meinen vielleicht, dass sie während langer Perioden auf dem Rasen einfach herumfaulenzen, aber tatsächlich setzen sie sich während der Zeit mit aufregenden Vorkommnissen auseinander, die sie erhören, und die wir selbst höchstens mit elektronischer Hilfe aufspüren könnten. Katzen können sogar das Echolot von Fledermäusen im 30.000-Hertz-Bereich wahrnehmen – eine Rekordleistung.

Hackordnung

Die Position in der Rangordnung im Wurf kann einen Einfluss darauf haben, wie leicht ein Kätzchen die Jagd erlernt. Höher gestellte Tiere kapieren schneller. Obwohl der Genickbiss zu gefährlich ist, um im Spiel angewendet zu werden, beherrschen einige Kätzchen ihn im Ernstfall sofort perfekt. Niederrangigen Jungen fehlt gelegentlich die Kraft, um stark genug in das Genick der Maus zu beißen, was dazu führen kann, dass sie auch später nicht den Mut für das Töten entwickeln und stattdessen lieber mit Papierknäueln herumspielen.

Einige Katzen haben kein Verlangen auf die Jagd, aus welchen Gründen auch immer. Normalerweise jedoch sind die weiblichen Tiere die Jäger in den verschiedenen Katzenfamilien, und sie jagen am liebsten in der Nacht. Männliche Tiere helfen zwar manchmal mit, aber nur, indem sie Beute in den Hinterhalt der Weibchen hetzen, denen die Last des Tötens zufällt. Wenn Sie die Wahl zwischen einer männlichen oder weiblichen Katze haben, könnte das ein Kriterium sein.

„Fleischlos"-Veggie

Der Kater Veggie ist Vegetarier, seit Kumari ihren Freund im Januar 1986 nach Hause brachte, um ihr veganes Hundefutter mit ihm zu teilen. Er war damals etwa fünf oder sechs Monate alt und aß das vegane Futter sofort. Er zog uns sogar dem Nachbarn vor, der Streunern handelsübliches Trockenfutter anbot.

Veggie & Lynn

Wir behalten unsere Katzen über Nacht im Haus. Das hat zwei Vorteile: Es vermindert das Jagen und verhindert gleichzeitig, dass unsere Katzen selbst die Opfer von Raubtieren werden, wie z.B. von Kojoten, die wir in den Morgenstunden ab und zu hören, manchmal sogar sehr nah.

Eines Abends kam Veggie jedoch nicht zurück, als er gerufen wurde. Wir waren besorgt. Als Kathi um halb fünf Uhr am nächsten Morgen die Tür öffnete, spazierte Veggie über eine vor der Tür abgelegte Maus herein, die er getötet, aber nicht angefressen hatte. Wir wunderten uns, denn Veggie hatte bis zu dem Augenblick immer als ausgesprochener Pazifist unter den Samtpfoten gegolten.

Soweit wir wissen, war dies die erste Maus, die er in über einem Jahr getötet hatte.

Später an dem Tag spazierten beide Katzen hinaus, Ebony wie immer vorne weg. Als sie jedoch die tote Maus entdeckte hielt sie abrupt inne, schnappte sich das tote Tier und warnte Veggie. Dieser ignorierte sie komplett und stolzierte nonchalant weiter.

Eine Bemerkung im *Cat Catalog* bietet eine Erklärung: „Auch vegetarisch aufgezogene Katzen jagen und töten ihre Beute, wenn sie die Gelegenheit dazu haben. Allerdings ist es weniger wahrscheinlich, dass sie auch essen, was sie gefangen haben."

Ebony war eine echte Sonnenschein-Katze, die bei Regen oder Schnee lieber im Haus blieb. In den wärmeren Monaten jagte auch sie. Wir konnten sie dabei beobachten, wie sie ihre Beute vor unserer Haustür verspeiste. Danach wollte sie stets schnell ins Haus und an ihren Napf mit veganem Futter, vermutlich wollte sie den Fleischgeschmack loswerden.

Veggie blieb stets in Sichtweite, wenn er draußen herumtollte, als Vegetarier seit nunmehr sechs Jahren zog er Kichererbsen den Mäuschen vor.

In ihrem Buch *The Body Language and Emotion of Cats* (Körpersprache und Emotionen von Katzen) beschreibt Myrna Milani einen ungewöhnlichen Anblick, der sich ihr eines Abends bot: Als sie polternden Geräuschen in der Küche auf den Grund gehen wollte, entdeckte sie einen sehr ängstlichen Ray, der als Jungtier mit der Flasche aufgezogen worden war. Er verteidigte seinen Napf, indem er fest seine Arme um ihn geschlungen hielt – vor einer entsetzten Maus, die im Kreis herumflitzte. Die Maus hätte sich leicht davonmachen können, aber das merkwürdige Benehmen von Ray irritierte sie offensichtlich so sehr, dass sie voll Panik herumrannte und dabei laut quietschte.

Wohnungskatzen

Viele Menschen ziehen es vor, ihre Katzen im Haus zu halten. Dazu erzählt uns Cecelia Schmieder: „Griswel ist als Wohnungskatze aufgewachsen und ist, im Gegensatz zur Meinung vieler Leute, weder gelangweilt, zerstörungswütig noch übergewichtig. Allerdings ist sie gelangweilt und fühlt sich unwohl, wenn wir sie zu einem Spaziergang draußen einladen wollen, denn ein offenes Fenster ist für sie so nahe an der Natur, wie sie es mag. Dieses Verhalten ist weder unnormal noch unnatürlich und schützt sie außerdem vor dem Überfahrenwerden durch Autos oder vor dem Töten und Verzehren von Tieren, die für sie giftig sein könnten. Ich möchte mit diesem kleinen Bericht darauf hinweisen, dass glückliche und zufriedene Katzen nicht unbedingt ‚völlig frei und wild' sein müssen!"

Freundliche Feinde

Freundschaften zwischen Jäger und Beute kommen gelegentlich vor, zum Beispiel beim Teilen des Futternapfs. Diese Allianzen zwischen natürlichen Feinden sind heikel herzustellen und können gefährlich sein, obwohl sie manchmal erfolgreich aufrechterhalten werden können, wie bei Socks und Mr. Bunny in Kapitel 4.

Der deutsche Wissenschaftler Paul Leyhausen berichtete, wie seine Katze Tilly, deren Speiseplan lebendige Ratten enthielt, Freundschaft mit einer Ratte schloss. Eine Ratte entkam ihrem Schicksal als Mahlzeit und schaffte es, sich unter dem Schlafkorb von Tilly zu verstecken. Ganz allmählich machte die Ratte Ausflüge in die Umgebung, besuchte Tilly und knabberte sogar an deren Füßen. Irgendwann war der Moment erreicht, an dem sich die Ratte frei bewegen durfte. Tilly tötete zwar weiterhin Ratten, beging aber nie den Fehler, ihre „Hausratte“ als Beute zu betrachten. Im Gegenteil, sie teilte sogar frisch getötete Ratten mit ihrem zum Kannibalen gewordenen Freund.

Die beiden schliefen zusammen, und Tilly hielt die Ratte mit ihren Pfoten an ihre Brust geschmiegt. Für vier Monate waren sie unzertrennlich, bis Leyhausen die Ratte wegnahm. Drei Monate später brachte er sie zurück. Tilly zeigte keine Anzeichen von Wiedererkennen und jagte sie. Die Ratte suchte Zuflucht im Schlafkorb, aber Tilly folgte ihr und verspeiste ungerührt den früheren Freund.

Kapitel 10

Einwände

Eine vegetarische Katzenernährung ist doch schrecklich! Was soll das eigentlich? Ein weiterer Beweis menschlicher Überlegenheit? Woher nehmen Vegetarier das Recht zu so grundlegenden Eingriffen, durch die sie Tieren eine offensichtlich völlig unnatürliche Ernährung aufzwingen? Die Tiere werden Probleme mit ihren Augen bekommen, erblinden und aller Wahrscheinlichkeit nach an der vegetarischen Ernährung sterben, und zwar selbst dann, wenn diese mit Taurin ergänzt wird. Weshalb quält man die Tiere so?

Als J.W. uns seine Einwände sandte, drückte er damit die Gedanken der Mehrheit, sogar innerhalb der Vegetarierbewegung, aus. Aber unsere eigenen Erfahrungen decken sich eher mit dem, was der Komödiant Dick Gregory in seinem unnachahmlichen Stil geschrieben hat: „Die Leute verhalten sich sehr sonderbar gegenüber ihren eigenen Tieren und deren Ernährung. Wenn man ihnen vorschlägt, sie sollten einmal eine fleischlose Ernährung bei ihren Hunden und Katzen versuchen, reagieren sie, als wären ihre Haustierchen nie domestiziert worden: ‚Hunde und Katzen sind Fleischfresser! Schließlich stammen sie von Tigern und Wölfen ab!' Allerdings: Falls diese Behauptung stimmte, stünden die Chancen gut, dass die Haustiere ihre Besitzer und deren Kinder längst aufgefressen hätten!"

Einige der Empfänger unseres ersten Vegecat-Prospektversandes waren Vegetarier, welche das Fleisch aus gesundheitlichen Gründen mieden und keine Bedenken hatten, was das Schlachten betrifft. Unsere ursprüngliche Kundenliste bestand aus den Bestellern der Millionen von uns produzierten „Sonnen-Riegel" (Sun Bars) aus getrockneten Früchten und Nüssen, die immer einen inspirierenden Spruch auf der Packungsrückseite hatten. Wir planten auch ein Buch über Rohkost. Einige unserer Kunden fühlten sich von uns im Stich gelassen.

G.S. kritisierte uns in folgendem Schreiben: „Sie schweifen vom Thema ab und kümmern sich um Katzen. Dabei gibt es so viele Menschen, vor allem ältere Mitbürger, welche ihre Lebenserwartung mit Informationen und Ermutigungen über Rohkost steigern könnten. Glücklicherweise gibt es ein australisches Buch mit dem Titel *Raw Energie* (Rohenergie). Ich wäre ein Stammkunde Ihrer Sonnen-Riegel … wenn Sie Menschen dieselbe Fürsorge angedeihen ließen wie Katzen! Nun können Sie sich gern darüber aufregen, dass ich Ihnen ehrlich gesagt habe, wie Ihre Kunden über Ihr Katzenexperiment denken."

Natürlich ärgerten wir uns nicht über G.S. An Meinungsverschiedenheiten mit unseren Mitmenschen gewöhnt, fühlten wir, dass unsere eigenen Untersuchungen zur Harmonie im Leben vieler ethischer Vegetarier und deren Vierbeiner beitragen können. Indem auch noch die letzte Verbindung zu Fleisch erfolgreich beseitigt wird, könnten wir gemeinsam unseren Teil zur Schließung von Schlachthäusern liefern, und zwar ohne Sorge um eine optimale Versorgung unserer Tierkameraden.

Andere haben uns gefragt, warum wir diese Ernährungsumstellung Fleisch fressenden Lebewesen „aufzwingen" und damit bewusst gegen deren Natur handeln. Dick Gregory antwortete: „Einige Tierbesitzer, die gegen das Töten von Tieren für die menschliche Ernährung sind, rechtfertigen jeden Fleischeinkauf damit, dass ihre Haustiere von Natur aus Raubtiere seien. Also füttern sie Rindfleisch, Pferdefleisch, Schweinefleisch, Lammfleisch, Leber und alle möglichen anderen Formen von rohem Fleisch. Aber das ist ja gar nicht die „natürliche" Ernährung Fleisch fressender Haustiere! Konsequenterweise müsste ein solcher Haustierbesitzer seinem Hund eigentlich rohe Kaninchen geben oder Hühner, Vögel oder irgendeines der Kleintiere, die in freier Wildbahn erlegt werden können.

Manchmal wird ein Tierbesitzer erklären: ‚Ich habe es mit Früchten und Gemüse versucht, aber mein Haustier mag lieber Dosenfutter.'

Es scheint dem Hundebesitzer jedoch nicht einzufallen, dass der Hund seine Notdurft auch lieber auf dem Teppich zuhause erledigen würde und es möglicherweise vorziehen würde, keine Kunststücke zu machen. Tierhalter erziehen ihre Vierbeiner zur Sauberkeit, bringen ihnen Tricks bei und hoffen auf deren Abwehr unerwünschter Gäste – also lauter Dinge, die Vorteile bringen. Aber derselbe Besitzer wehrt sich gegen Ernährungsumstellungen, selbst wenn diese im Interesse seines Tieres liegen."

Experten

Lin, die Sie bereits in Kapitel 6 kennengelernt haben, schrieb der Zeitschrift *The Cat* (Die Katze) und fragte nach deren Meinung zur vegetarischen Katzenernährung. Mark Sunlin schrieb zurück, und Lin schickte HOANA eine Kopie seiner Antwort. Obwohl sich seit diesem Meinungsaustausch einiges geändert hat, ist es doch interessant, die Antwort auf die Einwände von damals anzuschauen.

Mark Sunlin: Obwohl die Firma Vegepet, mit welcher sie im Moment Geschäfte macht, behauptet, eine Taurin-Ergänzung „aus nicht tierischen Quellen" beizufügen, steht im „Merck-Index" (eine 1.700-seitige Liste von Chemikalien), dass kommerziell Taurin aus Ochsengalle gewonnen wird.

HOANA: Mr. Sunlin verwendet sehr altes Referenzmaterial. Es stimmt, dass Taurin früher zuerst aus Ochsengalle isoliert wurde, und zwar im Jahre 1827. 1918 wurde Taurin dann aus den großen Muskeln von Abalonen (große Meeresschnecke im pazifischen Ozean) gewonnen. Anorganische Synthese von Taurin aus 2-n Bromoethansulfonat wurde erstmals im Jahre 1930 durchgeführt. Seit 1947 ist die billigste Methode der Taurin-Herstellung die Sulfonierung von Ethylenchlorid mit Natriumsulfit, gefolgt von einer Ammonolyse mit wasserfreiem Ammoniak oder mit wässrigem Ammoniak und Ammoniumcarbonat. Mit dieser Methode wird auch das von uns verwendete Taurin hergestellt. Aber auch Katzenfutter-Hersteller verwenden aus wirtschaftlichen Gründen synthetisches Taurin in ihren Produkten.

Mark Sunlin: Selbst wenn Taurin aus anderen Quellen erhältlich ist, deklariert Vegepet nicht, wieviel davon sie ihren Produkten zufügen, und das könnte von ent-

scheidender Wichtigkeit sein. Zum Beispiel wurde die Herzkrankheit DCM, die mit einem Taurin-Mangel in Verbindung gebracht wird, bei Katzen festgestellt, die mit Trockenfutter ernährt wurden, welches 25 bis 50 Milligramm Taurin pro 100 Gramm Futter enthielt. Dahingegen enthielten die Beutetiere, die von den Vorfahren unserer Katzen und Hunde verzehrt wurden, eine auf Trockenbasis vergleichbare Taurinmenge von 610 Milligramm, also die zwanzigfache Menge, die mit der genannten Herzkrankheit in Verbindung gebracht wird. Es genügt also nicht, dass ein Produkt einfach nur „Taurin enthält", sondern es muss große Mengen Taurin enthalten.

HOANA: Bei den meisten Katzenfuttersorten, die in den USA hergestellt werden, wird nicht deklariert, wie viel Taurin enthalten ist. Es ist jedoch bekannt, dass man die Menge verwendet, die vom Ausschuss für Tierernährung des nationalen Forschungsrats empfohlen wird. [Die Gesellschaft der Amerikanischen Futterkontrollstellen e.V. legt die aktuellen Richtwerte fest.] Die meisten Arten kommerziellen Katzenfutters basieren hauptsächlich auf pflanzlichen Quellen, unter Zugabe tierischer Fette und Nebenprodukte, ergänzt mit Vitaminen, Mineralien und Aminosäuren (einschließlich der Aminosäure Taurin). Die Vegecat-Ernährung übertrifft die geforderte Mindestmenge Taurin, enthält aber nicht soviel, wie von Herrn Sunlin empfohlen wird. Diese Menge wird jedoch mit keinem einzigen kommerziellen Nahrungsmittel erreicht, es sei denn, es handelt sich um reines Fleisch. Auf den aktuellen Vegecat-Etiketten ist die enthaltene Taurinmenge klar deklariert [3.557,2 Milligramm pro 100g].

Mark Sunlin: Vegepet macht auch vorschnelle Angaben über nützliche „Enzyme", welche sich in rohen Eiern befinden, die empfohlen werden. Aber Enzyme sind Eiweiße, die beim Verdauungsprozess zerstört werden. Auch wenn das an sich eigentlich nicht so wichtig ist, bleibt dennoch ein ungutes Gefühl bei den anderen Behauptungen dieser Firma.

HOANA: Herr Sunlin liegt in der Frage roher, enzymreicher Nahrung absolut daneben! Eine Arbeit an der Northwestern Universität, die in der Ernährungs-Zeitschrift *Journal of Nutrition by Ivy, Schmitt, and Beazell* veröffentlicht wurde, zeigte, dass 51 % der Malzamylase, ein durch keimende Gerste produziertes Enzym, sich im Darm in eine aktive Form verwandelt, nachdem sie Stärke im Magen verdaut hat. Rohe Nahrung liefert seine eigenen verdauungsfördernden Enzyme.

Das erwähnte rohe Ei enthält die Enzyme Tributyrinase, Lipase (Fett spendendes Ferment), Phosphatase, Peptidase, Peroxidase, Catalase, Oxidase und Amylase. Konsumenten müssen der gekochten Nahrung fehlende Enzyme hinzufügen. Hunde und Katzen, die mit einer natürlicher Rohkost ernährt werden, haben keine Enzyme in ihrem Speichel, die allerdings nachweisbar werden, nachdem die Tiere eine Woche lang mit gekochter Nahrung gefüttert worden sind. Diese Verdauungs-Enzyme verbrauchen Lebensenergie, die sonst verfügbar gewesen wäre für die Herstellung von hunderten anderer lebenswichtiger

Enzyme. Dr. Edward Howell, Autor des Buches *Enzym Nutrition* (Enzym-Nahrung – 700 Seiten mit 700 Verweisen auf wissenschaftliche Literatur), stellt fest, dass die Lebenslänge umgekehrt proportional ist zur Verbrauchsrate des Enzympotenzials eines Körpers.

Mark Sunlin: Experten empfehlen allgemein, dass Katzennahrung weniger als 0,1 % Magnesium auf Trockenbasis enthalten sollte, um FUS zu verhindern… eine vollständig auf Beutetiere ausgerichtete Ernährung enthält nur 0,08 % Magnesium auf Trockenbasis, während die Vegepet-Rezepte 0,15 % Magnesium auf Nassbasis beinhalten, was vermutlich mindestens doppelt soviel auf Trockenbasis bedeutet. Das ist absolut zu viel – und typisch für eine vegetarische Ernährung.
HOANA: Herr Sunlin erfindet fehlerhafte Schlussfolgerungen darüber, wieviel Magnesium (auf Trockenbasis) in der Vegecat-Ernährung enthalten ist. Unsere Fachliteratur sagt deutlich, dass sich Zahlen bezüglich Magnesium auf Trockenbasis beziehen (wie schon immer). Die Rezepte reichen von 0,09 % für die Gluten-Rezepte bis 0,18 % für einige Rezepte, die Soja enthalten. [nun 0,073 %] Wir raten jenen Leuten, deren Katzen zu FUS neigen, Rezepte mit weniger Magnesium zu wählen. Unsere Erfahrung mit einer an FUS erkrankten Katze war, dass sie innerhalb von zwei Wochen völlig gesund war dadurch, dass wir von einem Rezept mit 0,19 % auf eines mit 0,15 % Magnesiumanteil umstellten.

Mark Sunlin: Außerdem können Katzen linoleische Säure, die Hauptbestandteil der meisten Pflanzenöle ist, nicht nutzen. Ungesättigte Öle wurden bereits mit der Entstehung von Krebs bei Menschen und anderen Säugetieren in Verbindung gebracht.
HOANA: Herr Sunlin irrt sich schon wieder, diesmal sogar gewaltig. Für Katzen ist linoleische Säure (18:2n6) eine lebenswichtige Fettsäure. Es ist absolut sicher, dass diese Säure in den in unserer Ernährung eingesetzten Mengen bei Hunden und Katzen noch nie Krebs verursacht hat. Man muss sich schon wundern und fragen, ob Herr Sunlin seine Untersuchungen tatsächlich durchgeführt hat!

Mark Sunlin: Viele Vegetarier und Hersteller von vegetarischem Tierfutter behaupten, dass Hunde als Allesfresser leicht auf eine vegetarische Ernährung umgestellt werden können und dass Katzen davon auch nicht allzu weit entfernt sind. … Es ist sehr wahrscheinlich, dass in der für Katzen und Hunde natürlichen Fleischnahrung zahlreiche, uns im Moment noch unbekannte Bestandteile vorkommen, die in einer fleischlosen Ernährung nicht in ausreichender Menge enthalten sein könnten. Die Hoffnung, dass jemand diese Wirkstoffe eines Tages entdeckt, ist eher unwahrscheinlich und nicht sehr realistisch.
HOANA: Canis familiaris (der domestizierte Hund) gilt bezüglich seiner Ernährung als Allesfresser, da es keinen Beweis für das Gegenteil gibt. Nicht tierische Quellen liefern alle benötigten Nährstoffe für Hunde, genau wie für Menschen. Aber allein schon die missliche Lage unserer Biosphäre wäre Grund ge-

nug für unsere Ernährung mit pflanzlichem statt mit tierischem Eiweiß, da die Produktion tierischer Nahrung die Erde vergiftet. Dafür gibt es so viele Beweise, dass man eigentlich gar nicht mehr darüber diskutieren muss. Dasselbe gilt für unsere Haustiere. Wir täten gut daran, von einer tierischen zu einer rein pflanzlichen Ernährung zu wechseln, bei der alle fehlenden oder ungenügend vorhandenen Nährstoffe aus nicht tierischen Quellen ergänzt werden.

Herr Sunlin sagt, dass der Versuch, tierische Bestandteile aus Futter für Haustiere zu eliminieren, ein „aussichtsloses und unrealistisches" Unterfangen ist. Er scheint nicht zu berücksichtigen, dass vergangenes Jahr in diesem Land ca. eine Million Tonnen Rinder, Schafe, Fische und Hühner zu Tierfutter verarbeitet wurden. Welche unglaubliche Verschwendung ökologischer Quellen, da diese Tiere Milliarden Tonnen wertvolles Getreide und andere Nahrungsmittel fressen. Es lohnt daher wirklich, einen Weg zu finden, um ein solches Ausmaß an Leiden und Zerstörung zu beenden.

Außerdem reagieren einige Hunde auf Rindfleisch allergisch. Auch leiden viele ältere Hunde unter ernsthaften Nierenfunktionsstörungen. Ein großer Teil dieses Problems wird verursacht durch eine andauernde Überbelastung der Nieren durch Fleischabfälle.

Viele Tierärzte verordnen korrekten, wissenschaftlich entwickelten Vegetarismus für Tiere als gesunde Alternative zu kommerziellem Tierfutter, dessen Einfluss sich im weiten Spektrum von Krankheiten täglich in den Tierarztpraxen widerspiegelt.

Herr Sunlin sollte seine Voreingenommenheit ablegen und die Vorteile abwägen, die aus einer vegetarischen Ernährung resultieren, und zwar für Mensch und Tier. Wir fordern ihn heraus, einen einzigen wirklichen Fehler in der vegetarischen Tiernahrung zu finden, die wir so sorgfältig entwickelt haben und mit der wir seit 1986 tausende von Menschen in der Welt bekannt machten. Unsere Ordner quellen über mit Briefen, die den Erfolg dieser Ernährungsart bescheinigen.

Nachdem wir auf die Einwände von Mr. Sunlin geantwortet und eine Kopie dieser Antwort an Lin geschickt hatten, meldete sie sich erneut: „Ich war begeistert, als ich letzte Woche eine Kopie Ihres Briefes ans Katzen-Magazin erhielt. Ich schreibe Ihnen, um mich für die Zeit und Mühe zu bedanken, die Sie für die Beantwortung der Einwände von Herrn Sunlin investiert haben. Ich weiß, wie wertvoll Ihre Zeit ist. Als Laie war ich von den vielen wissenschaftlichen Ausdrücken in seinen Unterlagen total verwirrt und fand seine Antwort bestenfalls nutzlos.

Ich habe jedoch gemerkt, dass ihm all die fühlenden Geschöpfe völlig egal sind, welche tagtäglich weltweit für die Befriedigung der menschlichen Gier ausgebeutet werden! Besonders in einem Ihrer Abschnitte haben Sie exakt meine Gefühle wiedergegeben, und ich danke ihnen, dass Sie sie so ausdrucksvoll auf den Punkt gebracht haben.

Die beiden Katzen, die mit mir zusammenleben, gedeihen prächtig mit der vegetarischen Vegecat-Ernährung: Tuppence ist bereits vierzehn und Kelly schon fast acht Jahre alt. Ich habe jetzt die Möglichkeit, Vegecat hier in England bei der Vegan-Vereinigung zu kaufen. Bis vor kurzem musste ich mich mit den Bierhefe-Rezepten begnügen, aber jetzt habe ich endlich auch einen Lieferanten für Nährhefeflocken gefunden."

Presse-Pessimismus

Als wir 1986 Dr. James Morris anriefen und ihm erzählten, dass wir uns mit der Entwicklung eines Ergänzungspulvers für vegetarische Katzen beschäftigten, ermutigte er uns und teilte uns seine Meinung über eine seiner Ansicht nach ideale Zusammensetzung mit. Besonders was Taurin betrifft, hat er ein Minimum von 800 Milligramm pro Kilogramm Nahrung vorgeschlagen, was mehr ist als die offiziell von der NRC empfohlenen 500 Milligramm pro Kilogramm Nahrung. Unsere erste Vegecat-Zusammensetzung enthielt deshalb 800 Milligramm pro Kilogramm Nahrung, und wir vermieden damit bei unseren Kunden eine Wiederholung der 1987 aufgetretenen Cardiomyopathie-Panik, die mit einer ungenügenden Zufuhr von Taurin in Verbindung gebracht wurde.

Dennoch hat sich Morris in der *New York Times* gegen eine vegetarische Ernährung für Katzen geäußert und dabei unsere Anstrengungen, an denen er letztlich selbst beteiligt gewesen ist, völlig ignoriert:

Frage: Ist eine vegetarische Ernährung für Katzen denkbar?

Antwort: „Absolut nicht", sagte Prof. James Morris vom Department of Physiological Science and der School of Veterinary Medicine (Departement für physiologische Wissenschaften an der veterinärmedizinischen Schule) der Universität von Kalifornien in Davis.

Beachtenswert ist, wie er nach seinem ersten kategorischen Ausspruch dann ausweichend reagiert: „Eine Ernährung auf pflanzlicher Basis wäre zwar denkbar, aber nur, wenn einige chemische Reagenzien und tierische Fette zugefügt würden, da Katzen einige der lebenswichtigen Fettsäuren, die in tierischem Fett vorkommen, nicht selbst herstellen können.

Beispielsweise kommt die Aminosäure Taurin in Pflanzen praktisch nicht vor. Taurinmangel führt zu Blindheit und Gehörverlust, erweiterter Cardiomyopathie, ernsten Wachstumsstörungen bei jungen Katzen und zur Geburt von Jungen mit angeborenen Missbildungen."

Wenn man an unsere ersten Gespräche mit Dr. Morris denkt, fällt es schwer, seine ständigen Einwände gegen den Vegetarismus zu verstehen. Er (und andere) scheinen sich verpflichtet zu fühlen, alle offiziellen Empfehlungen nachzuplappern.

Der Präsident der Massachusetts Society for the Prevention of Cruelty to Animals (Vereinigung zur Verhütung von Grausamkeiten gegen Tiere), Tierarzt Gus W. Thornton, beantwortete folgende Frage in der Zeitschrift *Animals* (Tiere):

Frage: „Können Katzen vegetarisch leben? Ich bin Vegetarier und möchte, dass auch meine Katzen das sind, aber ich sorge mich um ihre Gesundheit. Ist das möglich? Wenn ja, womit soll ich sie füttern?"

Antwort: „Manchmal möchten Vegetarier, dass ihre Tiere dasselbe essen wie sie. Fleischlose Nahrung ist im Handel erhältlich oder kann zu Hause selber zubereitet werden. Beispiele solcher kommerziellen Produkte für Hunde sind einige Sorten von Hill's Canine Prescription Diet.

Während es für Hunde bereits schwierig ist, eine ausgewogene, vegetarische Nahrung zu verkraften, ist für Katzen eine ausgewogene Ernährung ganz ohne tierische Produkte (z.B. Milch und Eier) schlicht unmöglich."

Kein Wunder, dass nicht einmal ernsthafte Vegetarier an die Möglichkeit einer fleischlosen Ernährung für Katzen denken. Zu viele „Experten" lehnen Vegetarismus für Katzen ab und machen damit deutlich, dass jedermann, der sich weiter für dieses Thema interessiert, nicht ganz normal ist.

Cats Magazine

Der folgende Leitartikel mit dem Titel „Vegetarische Ernährung ist keine Hauptnahrung" erschien im April 1990 im *Cats Magazine* (Katzen-Magazin):

„Wir erhielten von unseren Lesern zahlreiche Briefe, in denen sie uns erzählten, dass die im Haushalt lebenden Menschen sich vegetarisch ernährten und wissen wollten, ob diese Ernährungsform auch bei der Familien-Katze machbar sei.

Viele Vegetarier finden, wenn es Menschen möglich ist, ohne tierisches Eiweiß gesund zu leben, sollte das auch bei Katzen möglich sein.

Die Antwort lautet Nein. Katzen können nicht existieren und schon gar nicht gedeihen bei einer eiweißarmen Ernährung. Unter normalen Umständen (außer bei einer speziellen Diät aus medizinischen Gründen) braucht eine Katze zwei- bis dreimal soviel Eiweiß wie andere Tierarten, um dieselbe Stufe für Entwicklung und Stoffwechsel zu erreichen.

Die Art des Eiweißes (basierend auf seiner Aminosäuren-Zusammensetzung), welche eine Katze benötigt, ist genau so wichtig wie die Menge. Es gibt zwei lebenswichtige Aminosäuren, die sie nicht selber herstellen können. Dabei handelt es sich um Taurin und Arginin. Katzen brauchen beide regelmäßig, da sie, im Gegensatz zu den meisten anderen Tierarten, nicht in der Lage sind, das Aminosäuren in Energie umwandelnde Enzym-System abzusperren. Da Katzen einen Teil des durch die Ernährung aufgenommen Eiweißes in Energie umsetzen, statt es für die Gewebebildung zu verwenden, haben sie einen hohen Bedarf an Eiweiß.

Ein anderer Grund, warum Katzen nicht wie Menschen konsequent vegetarisch ernährt werden können, liegt darin, dass sie Vitamin A benötigen. Katzen sind nicht in der Lage, Beta-Karotin in Vitamin A umzuwandeln. Sie besitzen nicht das Enzym-System, welches nötig wäre, Vitamin A aus Pflanzen zu nutzen. Außerdem haben Katzen nicht die Fähigkeit, Vitamin aus irgendeiner Quelle zu entnehmen und es in den für sie benötigten vorgeformten Zustand umzuwandeln.

Wild lebende Katzen erhalten ihr Vitamin A, indem sie andere Tiere essen, die ihr Vitamin selbst hergestellt haben. Unsere domestizierten Katzen decken ihren Vitamin-A-Bedarf aus der Leber in handelsüblichem Katzenfutter.

Während Menschen sich vegetarisch ernähren können, ist diese Ernährungsform für Katzen absolut nicht anwendbar."

Noch vor Jahren haben sogenannte „Experten" Vegetariern erklärt, dass es unmöglich sei, Kinder ohne tierische Produkte aufzuziehen. Das hat nicht funktioniert, und so versucht man nun uns weiszumachen, dass eine vegetarische Ernährung für Katzen unmöglich sei.

Im Leitartikel des *Cats Magazine* wurden folgende Gründe genannt, warum man Katzen nicht vegetarisch ernähren kann:

1. zu wenig Eiweiß
2. zwei für die Katze lebenswichtige Eiweiße (Arginin und Taurin), die nur in tierischen Produkten enthalten sind
3. Katzen brauchen tierisches Vitamin A.

Als Antwort zum ersten Einwand ist zu sagen, dass genügend Eiweiß in vielen pflanzlichen Nahrungsmitteln vorhanden ist.

Der zweite Einwand stimmt teilweise. Im Gegensatz zum Menschen ist Arginin für Katzen eine lebenswichtige Aminosäure, sie ist jedoch in pflanzlichen Eiweißen reichlich enthalten. Taurin dagegen kommt in pflanzlicher Nahrung nicht vor, synthetisches Taurin ist aber leicht erhältlich.

Der dritte Punkt stimmt, aber auch hier ist zu sagen, dass eine künstlich hergestellte Vorform des Vitamin A, entweder Palmitat (Salz der aus Palmenöl gewonnenen palmitischen Säure) oder Azetat (essigsaures Salz), leicht erhältlich ist.

Schlussbetrachtung

Durch Beobachtungen und praktische Erfahrungen haben wir eine große Datenbank empirischer Beweise gesammelt, auf Grund derer eine vegetarische Ernährung ganz klar befürwortet werden kann, wenn sie mit erforderlichen synthetischen Ergänzungen komplettiert wird.

Als wir Richard Pitcairn besuchten und das Buchprojekt *Dogs & Cats Go Vegetarian* (Hunde & Katzen werden Vegetarier) diskutierten, kam uns dieser bekannte Schriftsteller und ganzheitlich arbeitende Tierarzt sehr aufgeschlossen vor und schien mit unseren Untersuchungen völlig einverstanden.

Als er dann aber 1992 in der September-Oktober-Ausgabe der Zeitschrift *Body Mind & Spirit* (Körper Geist & Seele) durch Katherine Diehl interviewt wurde, warnte er Haustierbesitzer davor, Hunden und Katzen eine vegetarische Ernährung ohne Milch und Eier aufzuzwingen: Dringend benötigte Nährstoffe würden sonst fehlen.

Weiter sagt Diehl, dass ganzheitliche Gesundheitsberater für Tiere und Tierärzte „darauf hinweisen, dass jede zuverlässige Taurin-Ergänzung sowieso tierischen Ursprungs ist". Damit ignoriert sie völlig die Tatsache, dass Tierfutterhersteller dasselbe anorganische Taurin wie wir gebrauchen.

Diehl zitiert Anita Frazier, Autorin von *The New Natural Cat* (Die Neue Natürliche Katze): „Wenn Sie Vegetarier sind und Ihre Katze nicht mit Fleisch füttern wollen, geben Sie sie weg. Mit einer vegetarischen Ernährung wird sie sonst zuerst blind und dann stirbt sie."

In einem anderen Artikel „The Natural Animal" (Das Natürliche Tier) zitiert Diehl eine Antwort Fraziers auf die Frage des Fleischersatzes in Katzennahrung: „Nur schon beim Gedanken daran könnte ich auf den Boden fallen und um mich schlagen!"

Einige Autoren sind so auf früher von ihnen Geschriebenes fixiert, dass sie zur Meinungsänderung nicht mehr fähig zu sein scheinen.

Verdauliches Gemüse?

Dina Smithson aus Louisiana schrieb uns: „Ich las Ihr Buch über vegetarische Hunde- und Katzenernährung. Als vegane ‚Eltern' von sieben Hunden und einer Katze sind mein Mann und ich sehr glücklich, dass wir unsere Haustiere mit gesunden, gewaltfreien Nahrungsmitteln versorgen können, wie Sie es in Ihrem Buch empfehlen.

Außerdem sind wir Lehrer und betätigen uns in der Öffentlichkeitsarbeit. Wir teilen den veganen Gedanken mit vielen Menschen und haben einige von ihnen schon inspirieren können, Vegetarier oder sogar Veganer zu werden. Durch Ihr Buch haben wir noch mehr Informationen für unsere Aufklärungsarbeit gewonnen. Dennoch gibt es eine uns schon wiederholt gestellte Frage, auf die wir noch keine richtige Antwort haben, und zwar betrifft sie die Darmlänge von Hunden und Katzen und ihre Fähigkeit, pflanzliche Nahrung auf die physiologisch effizienteste Art zu assimilieren.

Unsere bisherige Begründung für eine vegetarische Ernährung ist, dass sie für Menschen gesünder ist, weil wir einen langen Darm haben. So wie andere Tiere mit langem Darm auch verdaut der menschliche Körper pflanzliche Nahrung am wirkungsvollsten. Fleisch hat die Tendenz, in langen Därmen zu verfaulen, was zur Entstehung vieler Krankheiten beiträgt, wovon eine der Dickdarmkrebs ist. Auch wenn wir mit einer fleischorientierten Ernährung überleben können, so

Dina mit Rocky, Lacey und Pepper

stellt diese doch keinesfalls die gesündeste oder effizienteste Ernährung für den menschlichen Körper dar.

Meine grundlegende Frage bezieht sich also auf die Gegensätzlichkeit der oben erwähnten Feststellungen... was ist mit Katzen und Hunden, die ja bekanntlich einen kurzen Darm haben? Wäre für sie nicht eine vorwiegend fleischorientierte Ernährung, ergänzt mit einigen Kräutern und Gemüse besser, da kurze Därme für einen schnellen Durchgang verdauter Nahrung bestimmt sind?"

Dina fügte hinzu: „Persönlich sind wir davon überzeugt, dass eine gewaltfreie, auf pflanzlicher Nahrung basierende Ernährung nicht nur gesünder ist als die ‚Junk Food'-Fleischalternativen aus Tierfabriken, sondern auch besser für das spirituelle Wachstum und Überleben unseres Planeten."

Fleischfresser haben einen kurzen Darm im Vergleich zu anderen Tieren, aber Studien beweisen, dass Hunde wie auch Katzen problemlos gekochte oder gekeimte pflanzliche Nahrung verdauen können. In Studien aus dem Jahre 1947 fand man heraus, dass die offensichtliche Verdaulichkeit von Eiweiß bei einer vegetarischen Ernährung mit weißem Brot, Mais, Reis, Kartoffeln, Tomaten und Apfelmus 80 % beträgt. Eine Studie von 1980 berichtet über die offensichtlichen Verdaulichkeitswerte von Sojamehl, Mais, Reis und Hafer, die zwischen 77 und 88 % liegen, im Vergleich zu den offensichtlichen Verdaulichkeitswerten von 50 % bei Mahlzeiten bestehend aus Fleisch und Knochenmehl, 78 % bei Rindfleisch und 79 % bei Leber.

Pflanzenöstrogene

Auf dem 600 Morgen großen Wildlife-Safari-Gelände, das sich in Winston im Staat Oregon befindet, stand ich ehrfurchtsvoll nur einige Schritte entfernt von einem Geparden. Ich fühlte mich sehr unbehaglich, als diese eindrucksvoll leuchtenden Tieraugen mich anstarrten – Raubtier und Beute von Angesicht zu Angesicht.

Wettrennen zum Aussterben

Mit der Beschleunigung eines leistungsstarken Rennwagens und einer Höchstgeschwindigkeit von 100–120 km/h sind Geparden die schnellsten Tiere der Welt. Vor 10.000 Jahren lebten in Nordamerika, Europa, Asien und Afrika noch verschiedene Geparden-Arten, die bis auf eine ausgestorben sind. Aber selbst der Bestand der heute noch lebenden Geparden ist gefährdet. Diese Gattung ist schon völlig verschwunden in Asien und Indien (dort zuletzt gesehen 1948), im Iran seit den 70er Jahren, und auch in Afrika leben nicht mehr viele dieser Tiere. Weltweit existieren schätzungsweise noch zwischen 5.000 und 25.000 Exemplare.

1986 wurden Tierärzte erstmals alarmiert über die schlechte Fortpflanzungsfähigkeit von den in Gefangenschaft lebenden Geparden. Nur 9–12 % der fortpflanzungsfähigen Geparden in nordamerikanischen Zoos erzeugten zwischen 1981 und 1986 lebensfähige Jungtiere, im Vergleich zu 60–80 % in Südafrika.

Anders als bei anderen Großkatzen sind die heutigen Geparden genetisch praktisch identisch. Dieser Mangel an genetischer Vielfalt ist verantwortlich für eine Epidemie namens FIP (feline infektiöse Peritonitis – infektiöse Bauchfellentzündung bei Katzen), welche zwischen 1982 und 1983 im Wildlife Safari siebzehn von den 34 Geparden das Leben kostete. Wildlife Safari ist ein Zentrum für die Zucht bedrohter Arten mit einer der weltweit größten Geparden-Populationen. Auch aus Irland, Texas und San Diego wurden Todesfälle gemeldet. Laurie Marker, Verantwortliche für die Geparden in Wildlife Safari stellte fest, dass 29 % der Gepardenjungen nicht älter als sechs Monate werden und nur die Hälfte das Erwachsenenalter erreicht.

Ernährungsfehler

1926 entdeckte man, dass einige Pflanzen östrogenhaltige Substanzen enthalten; bis 1975 waren mehr als 300 Pflanzen mit diesen Eigenschaften bekannt geworden. Östrogene können die Leber angreifen und zu einer Vergrößerung der Gebärmutter führen, wodurch sie faserig wird. Ein 1946 vom westaustralischen Landwirtschaftsdepartment veröffentlichter Bericht unterstreicht den äußerst schädlichen und weit verbreiteten Einfluss pflanzlicher Östrogene auf die Reproduktion bei Tieren. Die Fruchtbarkeit von Schafen, welche auf unterirdisch belastetem Klee grasten, nahm zwischen 1941 und 1944 kontinuierlich ab. Dieses Syndrom mangelnder Fruchtbarkeit bei Schafen wurde schließlich bekannt als „Klee-Krankheit".

1984 analysierte Kenneth Setchell, zusammen mit einigen schwedischen Wissenschaftlern, Sojabohnen. Eine einzige Mahlzeit Sojaeiweiß verursachte eine 100- bis 1.000fache Östrogen-Zunahme im Urin, ein bedeutsamer biologischer Faktor. 1986 äußerte Dr. Setchell die Vermutung, dass sowohl für die Unfruchtbarkeit der Geparden als auch für eine beobachtete Leberkrankheit die Ernährung in Zoos verantwortlich ist. Zu dieser Zeit wurden Geparden im Cincinnati-Zoo mit einer kommerziell zubereiteten Katzennahrung gefüttert, welche Pferdefleisch und tierische Nebenprodukte, Sojabohnen, Knochenmehl, Leber, Fischmehl, Vitamine und Mineralien enthielt. Der Sojaeiweiß-Anteil bei dieser Ernährung betrug zwischen 5 und 13 %.

Dr. Setchells Forschungsteam schlug eine auf Hühnerfleisch basierende Version vor, die keine Sojaprodukte enthielt. Ein vierjähriges Tier in Cincinnati, welches noch nie zuvor trächtig war, wurde drei Monate nach dieser Ernährungsumstellung paarungsbereit. Sie paarte sich und zeigte alle Frühzeichen einer Schwangerschaft, aber leider erfolgte keine Geburt. Durch das Weglassen von Östrogenen in der Ernährung kann entstandener Schaden nicht immer beseitigt werden.

Alarmiert durch die Entdeckung der Folgen von Soja in der Katzenernährung, kontaktierten wir Dr. Setchell und gaben ihm die technischen Daten unserer Diät. Er vermutete, dass die in der Vegecat-Ernährung verwendete Sojamenge kaum Wirkung auf die Katzen haben würde.

Domestizierte Katzen sind äußerst vermehrungsfreudig, und Unfruchtbarkeit bei Hunden und Katzen ist selten, sogar bei einer Ernährung mit großen Mengen Sojaeiweiß.

Tofu enthält weniger Östrogenaktivität als die meisten anderen Sojaprodukte, was durch die folgende Tabelle veranschaulicht wird (Mengen in ppm/ Teile pro Million):

Phytoöstrogen-Menge in Soja-Produkten

Produkt	Genistin	Daidzin
Sojabohnen	747	117
Geröstete, entfettete Flocken	1601	200
TVP	882	86
Frühstücks-Pastetchen	37	1
Sojasprossen (fünf Tage alt)	403	92
Tofu	75	35
Sojasoße	0	0

Kapitel 11
Gesundheit

Am Anfang war unser wichtigstes Ziel die Unterbrechung der unglückseligen Verknüpfung zwischen Schlachthaus und Vegetariern, die für vierbeinige Gefährten sorgen. Wir hofften, dass vegetarische Haustiere wenigstens genauso gesund sein würden wie die mit Schlachthofprodukten ernährten. Im Laufe der Zeit präsentierte sich uns eine angenehme Überraschung: Korrekt gefüttert, dürfen sich vegetarische Haustiere sogar einer besseren Gesundheit erfreuen. Eigentlich hätten wir das voraussehen müssen. Was NICHT in vegetarischem Futter enthalten ist, macht den Unterschied zum Fertigfutter.

Wild lebende Katzen ernähren sich hauptsächlich von Mäusen und gelegentlich von einem Eichhörnchen, Hasen oder Vogel. Es ist gefährlich da draußen! Der Tod droht meistens, besonders für Jungtiere, durch andere Fleischfresser, durch das Verzehren vergifteter Tiere oder das Verschlingen toxischer Materialen beim Durchstöbern von Müll. Dieses steht in scharfem Kontrast zu den Lebensbedingungen von Tieren, die unser Heim mit uns teilen.

Die häufigsten Todesursachen

Katzen	Hunde
Katzen-Leukämie	Krebs
Nierenerkrankungen / -versagen	Nierenerkrankungen
Krebs	Altersschwäche
Altersschwäche	Herzerkrankungen
Bauchfellentzündung (FIP)	Magendrehung
Herzversagen	Leberversagen

Sechzehnjährige verjüngt

Im Jahre 1990 besuchte ich einen Freund in Nord-Idaho, der zwei Katzen hatte, Fritzie und Pasha. Pasha, ein Riesenkater von ungefähr sechs Jahren, wog sieben Kilogramm und hatte langes, dickes Fell, wodurch er sogar noch eindrucksvoller wirkte. Sein Besitzer Michael sagte, dass dieses Tier ausschließlich handelsübliches Trockenfutter gegessen habe. Fritzie, die ältliche Matrone in diesem Riesenhaus, war dagegen zart, schwach und knochig. Sie hatte immer mit Michael gelebt, sah mit ihren sechzehn Jahren so alt aus, wie sie war, und schaffte es bedauerlicherweise nur noch selten, rechtzeitig eines der vielen im Haus verteilten Katzenklos zu erreichen. Als Katzenexperte des Hauses fand ich mich also in der Rolle wieder, meiner Nase folgend den letzten „Unfall" aufzuspüren und wegzuputzen. Ihr Kot roch furchtbar. Unglücklicherweise wurde etwas Kot vom Staubsauger aufgesogen, wodurch sich der Gestank im ganzen Haus verteilte. Wir mussten hektisch lüften, bevor wir die nächsten Gäste empfangen konnten.

Das soll ich doch wohl nicht etwa essen?

Eine Ernährungsumstellung war dringend erforderlich. Fritzie marschierte sofort weg von ihrem Napf mit dem neuen vegetarischen Futter mit einem deutlichen Ausdruck von Empörung: „Du glaubst doch wohl nicht im Ernst, dass ich das esse?“ Eine halbe Stunde später überprüfte sie ihre seltsame Mahlzeit noch einmal in der Hoffnung, dass ihre Nachricht angekommen sei. Von wegen! Immer noch derselbe Kram. Aber immerhin kostete sie das Futter nun vorsichtig und fand es offensichtlich schmackhaft genug, um alles zu verputzen.

Einige Tage später waren alle Hausbewohner ganz aufgeregt wegen der wundersamen Veränderung, die mit der ehemaligen „Oberstinkerin“ Fritzi geschehen war. Meine Aufgabe als Chefreiniger war auch eindeutig einfacher geworden! Zwar schaffte es Fritzie immer noch nicht bis zum Örtchen, aber nun suchte ich die Häufchen mit den Augen und nicht mehr mit der Nase.

Michael konnte die Veränderung kam fassen. Auch die Verwandlung von Fritzis Fell musste von allen bestaunt werden, denn zum ersten Mal seit Jahren war es wieder weich, glänzend und fühlte sich nicht mehr fettig an. Bei all dem schnurrte Fritzie glücklich wegen all der ihr zugedachten Aufmerksamkeiten und Streicheleinheiten. Man konnte diese Entwicklung für ein Wunder halten.

Unterdessen beobachtete der willensstarke Pasha diese Verwandlung mit Sorge. Als wir das neue Futter mit seinem geliebten Trockenfutter mischten, pickte er sich nur Vertrautes heraus. Wir aber waren gleichermaßen entschlossen und hatten außerdem noch den Vorteil von „Gut und Richtig“ auf unserer Seite, Pasha dagegen nichts anderes als seine verweichlichten Geschmacksknospen.

Nach neun Tagen in diesem großen Haus musste ich nach Oregon zurückkehren. Pasha hatte sich zwar noch nicht auf das ungewohnte Futter eingestellt, doch neun Tage sind manchmal nicht ausreichend für die Umgewöhnung einer wirklich hartnäckigen und verwöhnten Katze. Aber die Auseinandersetzung war keineswegs vorüber.

Gruppendruck

Einen Monat später waren wir nach Idaho umgezogen und konnten die Umerziehung von Pasha fortsetzen, der nun drei vegetarische Freunde hatte, nämlich Fritzie, die Vegetarier geblieben war, und unsere beiden Langzeitvegetarier Veggie und Ebony. Das war zuviel für Pasha. Nach einigen Tagen knickte er ein und begann, dasselbe zu essen wie die anderen – und das war’s!

Einige Wochen später gab Michael seinen Juristenberuf auf, veränderte seinen Lebensstil und verkaufte oder verschenkte die meiste seiner Habe. Gleichzeitig suchte er neue Familien für seine Tiere. Nette Leute, die von Fritzies gesetztem Naturell und ihrer guten Gesundheit begeistert waren, adoptierten sie. Der Wechsel in ihrer Ernährung hat sie vor einem sicheren Tod im Tierheim bewahrt.

Fritzie ist kein Einzelfall. Wir haben in diesem Buch auch Berichte von anderen alten Katzen und Hunden angeführt, die wieder jung geworden sind. Warum ist dies so, und weshalb kann eine ‚unnatürliche vegetarische Ernährung‘ einer überlegen sein, die auf Fleisch basiert? Vielleicht liegt es im grundsätzlichen Unterschied zwischen aus Pflanzen gewonnenen Nahrungsmitteln und tierischen Produkten.

Stoffwechselabfälle

Die Körper von Kühen und Kojoten, Fisch und Geflügel, Menschen und Stachelschweinen enthalten Skelett, Muskeln, Nerven, Kreislauf-, Atmungs-, Verdauungs-, Stoffwechsel- (Leber und Hormone), Fortpflanzungs- und Ausscheidungssysteme. Das gute Funktionieren all dieser Systeme ist von entscheidender Bedeutung für die Gesundheit. Die Ausscheidungssysteme schließen die Nieren ein, die das Blut von den unerwünschten Substanzen der Stoffwechselabfälle befreien. Die Asche dieser Zellfeuer würde bald die Verbrennung selbst ersticken, wenn sie nicht rechtzeitig ausgeschieden werden könnten.

Fleischesser vergiften sich durch ihre Nahrung

Die Rückstände von Harnstoff, Harnsäure, Kreatin, Phenol, Sulfaten und Phosphaten sind Gifte, die im Pflanzenreich entweder gar nicht oder nur in geringem Maße vorkommen. Harnstoff entsteht durch das Aufspalten von Aminosäuren, wobei Ammoniak gebildet wird, das sich mit Kohlendioxid in der Leber verbindet und Harnsäure produziert. Diese ist so giftig, besonders für das Gehirn, dass eine zu hohe Konzentration zu einem hepatischen Koma führen kann. In einem solchen Fall ist oft auch Ammoniak im Gehirn nachweisbar.

Auf Zellniveau zerfallen Purine, ein Grundbaustein der DNS, in Tierkörpern zu Harnsäure. Ein zu hoher Anteil von Harnsäure ist Verursacher von aggressivem Verhalten, Arthritis, Nierensteinen, Gicht und verminderter Nierenfunktion, die zum völligen Versagen führen kann. Von Tieren stammendes Futter enthält viel mehr Purine als Pflanzennahrung.

Fleischfresser können schon diesen Stoffwechselgiften nicht entgehen, ganz zu schweigen von zusätzlichen künstlichen Substanzen wie Östrogenen und Stilböstrol (angewandt für ein schnelleres Wachstum) oder BST (zur Erhöhung der Milchleistung bei Kühen).

Außerdem belastet eine Konzentration von Pestiziden, Fungiziden und Schwermetallen nachweisbar das obere Ende der Nahrungskette, nämlich die Tiere.

Beim Fleischverzehr muss ein Tier enorme Energien einsetzen, um diese Stoffwechsel- und anderen Gifte auszuscheiden. Katzen und Hunde, obwohl zum Abstoßen von Stoffwechselabfällen gut ausgestattet, sparen wahrscheinlich vitale Energie, wenn ihnen all diese Belastungen erspart werden. Vielleicht ist dadurch zu erklären, dass Tiere, zur großen Begeisterung ihrer Besitzer, verjüngt erscheinen, wenn sie kein Fleisch mehr fressen.

Akupunktur

David Jaggar schreibt in der *Vegepet Gazette:* „Es ist belegt, dass Akupunktur seit über 3.000 Jahren angewandt wird. Die Existenz von Akupunktur ist im Westen seit über einem Jahrhundert bekannt, wurde jedoch im größeren Umfang erst seit ungefähr fünfzehn Jahren eingesetzt. Akupunktur ist nur ein Teilaspekt der traditionellen chinesischen Medizin, neben Kräutertherapie (am meisten angewendet), Massagen, therapeutischer Gymnastik usw. Man nimmt an, dass ein Viertel der Weltbevölkerung Nutzen zieht aus Akupunktur, eine der wichtigsten Formen medizinischer Behandlung. Traditionell wird Akupunktur im Rahmen einer weit ausgelegten ‚Philosophie des Lebens' praktiziert, die sich von der im Westen vorherrschenden etwas unterscheidet. Wenn dies auch nicht der Moment ist, diese Ideen detailliert vorzustellen, so sei doch gesagt, dass traditionelle Akupunkteure Körperenergie manipulieren, um den Energieausgleich im Körper wiederherzustellen und so die verschiedenen Organfunktionen zu verbessern.

Das westliche Verständnis neigt dagegen zu einer mechanischen Sicht des Lebens, so dass unsere Ärzte den menschlichen Körper wie eine komplexe Maschine betrachten und sich bei ‚Reparaturen' vorwiegend auf Chirurgie und Medikamente verlassen. Die Frage nach dem Entstehen von Leben wird bei uns nicht diskutiert, in der östlichen Lebensauffassung jedoch gilt die ‚vitale Energie' als der zentrale Punkt.

Das soll absolut nicht heißen, dass die westliche Medizin nicht wertvoll sei. Natürlich ist sie es, aber hauptsächlich für ernste, lebensbedrohliche Situationen. Für die ganz normale medizinische Routine, Vorsorge und die Behandlung chronischer Krankheiten ist die westliche Medizin allerdings nur begrenzt geeignet, und der traditionelle chinesische Ansatz scheint überlegen."

Ganzheitliche Medizin

Nachdem ich zum ersten Mal von Akupunktur gehört hatte, interessierte ich mich sofort brennend für dieses Thema, da mich die tierärztliche Medizin des Westens schon so häufig enttäuscht hatte. Tierärzte arbeiten nach wie vor fast wie Techniker, die routinemäßig Antibiotika und Steroide spritzen, Routine-Operationen durchführen und auf außergewöhnliche Fälle warten, die die Monotonie auflockern sollen.

Es gibt immer spärlicheren Kontakt zum Tier und nur mäßiges Interesse für das spezifische Gesundheitsproblem eines Patienten, wie z.B. Dermatitis (Entzündung der Haut). Im Westen fragt man normalerweise nicht, weshalb ein Tier sein Problem durch einen bestimmten Gesundheitszustand ausdrückt. In östlichen Überlegungen dagegen sind Antworten auf solche Fragen für eine erfolgreiche Behandlung wichtig, denn anstatt an den Symptomen herumzudoktern, will man dem tieferen Ursprung des Gesundheitsproblems auf die Spur kommen. Deswegen fällt Akupunktur unter den Begriff „ganzheitliche Medizin".

Abgesehen von einigen speziellen Behandlungen, ist für Akupunktur beträchtliches Wissen und Erfahrung erforderlich, wie auch die Aufgeschlossenheit zu verstehen, dass der Körper mehr ist als nur detaillierte Anatomie und Physiologie – wie im Westen gelehrt wird.

Im Jahr 1975 gründeten einige Tierarztkollegen mit mir die International Veterinary Acupuncture Society (IVAS). Sie wurde zur einzigen Organisation außerhalb Chinas und Japans, welche die tierärztliche Akupunktur vertritt und sich sowohl international als auch in den USA für deren Verbreitung einsetzt. IVAS organisiert Kurse und andere Treffen, um graduierte Tierärzte in dieser nützlichen Heilmethode zu unterweisen, da Akupunktur an tierärztlichen Fachhochschulen noch nicht als Teil des Hauptlehrplans unterrichtet wird.

IVAS fördert und unterstützt wissenschaftliche Untersuchungen und Forschung im Bereich von Physiologie und Praxis der tierärztlichen Akupunktur. Wir schließen auch Elemente mit ein, die sich als nützlich in der Erforschung der Human-Akupunktur (oft an Tieren durchgeführt) erwiesen haben. Das Ergebnis ist jetzt eine solide Forschungsgrundlage, die die Wirksamkeit der Akupunktur belegt. 1988 wurde die tierärztliche Akupunktur durch die Amerikanische Gesellschaft für tierärztliche Medizin offiziell anerkannt.

Anwendungen

Jetzt werden Sie vielleicht fragen, wobei Akupunktur angewendet werden kann. Es gibt da sehr viele Möglichkeiten. Eines der Hauptgebiete bezieht sich auf Muskel- und Skelettprobleme; auf diesem Gebiet wird Pferden oft geholfen. Sie hat sich auch bei vielen anderen Schwierigkeiten als nützlich erwiesen, wie z.B. Hautkrankheiten, bestimmten neuralgischen Problemen (z.B. bei gewissen Krankheiten der Bandscheiben), Atemschwierigkeiten, Magen-, Darm- und Kreislaufproblemen, Schock usw.

Akupunktur ist zwar kein Allheilmittel oder Patentrezept, hat aber dort, wo sie eingesetzt werden kann, recht befriedigende Ergebnisse gebracht. Besonders beim Versagen konventioneller westlicher Therapien oder wenn diese wegen drohender Nebenwirkungen nicht praktikabel sind und auch chirurgische Eingriffe nicht durchgeführt werden können, sollte Akupunktur in Erwägung gezogen werden, bevor man zu weiteren drastischen Maßnahmen greift – lebensbedrohliche Situationen ausgenommen.

Methoden

In Akupunktur ausgebildete Tierärzte sind vertraut mit einigen hundert für die verschiedenen gesundheitlichen Probleme bedeutungsvollen Punkten, wie auch damit, die Krankheit des Tieres aus einer östlichen Betrachtungsweise zu analysieren. Sie können also für die Behandlung des Tieres aus einer Vielfalt von Behandlungsmethoden auswählen, unter welche man die traditionelle Verwendung von Nadeln zählt: Stimulierung bestimmter Punkte mit einer sehr geringen Stromstärke, Einstiche in die Punkte, Erwärmung der Punkte oder deren Behandlung mit einem Laser von schwacher Intensität.

Während der Behandlung, und ganz besonders bei Folgebehandlungen, sind die meisten Tiere ziemlich entspannt, so dass man selten Beruhigungsmittel benötigt. Die Anzahl der Behandlungen hängt ganz vom jeweiligen Problem ab, wobei länger andauernde Krankheiten in der Regel mehrere Sitzungen erforderlich machen. Normalerweise führt man zwei bis drei Behandlungen pro Woche durch; nach einigen Wochen wird Bilanz gezogen und über das weitere Vorgehen entschieden. Wenn die Therapie schnell zufrieden stellende Ergebnisse zeigt, kann die Frequenz der Behandlungen reduziert werden auf einmal pro Woche oder pro Monat – oder vielleicht sogar ganz eingestellt werden.

Akupunktur ist eine wertvolle Ergänzung der Tierärzten zur Verfügung stehenden Therapie-Palette. Diese Art der Behandlung bietet besonders alten Haustieren eine segensreiche Möglichkeit zur Aufrechterhaltung von Lebensqualität. Obwohl noch zusätzliche Forschung erforderlich ist, bildet Akupunktur ein aufregend neues Feld in westlicher Tiermedizin und, da die Wirksamkeit weitgehend erkannt ist, wird die Anwendung in den kommenden Jahren mit Gewissheit noch zunehmen.

Für weitere Informationen und Nennung eines Praktikers in Ihrer Gegend nehmen Sie bitte Kontakt auf mit der Internationalen Gesellschaft für tierärztliche Akupunktur.

Allergien

Obwohl sie normalerweise nicht lebensbedrohlich sind, treten Allergien heutzutage viel häufiger auf als je zuvor, und zwar wegen der Zunahme von künstlichen Farbstoffen, Aromen, Konservierungsmitteln, Stabilisatoren und gepanschten Schlachtabfällen im Tierfutter. Aber selbst durch eine Ernährungsumstellung kann das Problem normalerweise nicht gelöst werden, da sich alle Hersteller ähnlicher Proteinquellen bedienen.

Es passiert zwar seltener, aber auch Impfungen und Medikamente können sogar noch ernstere allergische Reaktionen wie Schwellungen, Atembeschwerden, Durchfall, Bauchschmerzen und auch den Tod verursachen.

Menschen leiden normalerweise unter brennenden und tränenden Augen, Niesen und laufenden Nasen, aber bei den Haustieren ist quälendes Jucken das häufigste Anzeichen einer Nahrungsmittelallergie, obwohl auch Erbrechen, Husten oder Keuchen (Katzenasthma) vorkommen kann. Katzen neigen mehr zu Allergien als Hunde und werden mit zunehmendem Alter immer empfindlicher.

Katzen können auch von einer besonderen Hautkrankheit befallen werden, die sich durch kleine rote Beulen an Kopf und Hals bemerkbar macht. Der Wundschorf fühlt sich dabei unter dem Fell wie Beulen an. Ungefähr 10 % dieser Hautkrankheit werden durch allergische Reaktionen auf Nahrungsmittel, 55 % auf Flöhe und 12 % auf ein inhaliertes Allergen verursacht.

Auch der Eosinophile Granuloma-Komplex wird mit Allergien in Verbindung gebracht. Eine Studie zeigt, dass hier 14 % durch Nahrungsmittel, 12 % durch Inhalieren und lediglich 5 % durch Flöhe verursacht wurden.

Die Krankheit zeigt sich in drei unterschiedlichen Hauterkrankungen:
1. Nagetier-Geschwür, eine rotbraune Schwellung der Oberlippe
2. Eosinophiler Belag, ein stark juckender und rötlich nässender Haarausfall am Hinterleib und an den Läufen
3. Eosinophiles Granulom, gelbe oder rosa Stellen an Kinn oder Lippe.

Zwei Bluttests wurden bislang angewandt, um Allergien festzustellen, sowohl die RAST- als auch die ELISA-Methode werden von Internisten und Allergologen als unzuverlässig eingestuft.

Wenn Sie eine Nahrungsmittelallergie vermuten, bietet eine hausgemachte Diät die besten Chancen auf Besserung. Ein aussagekräftiger Test kann bis zu vier Wochen dauern. Falls Sie Hefe als Auslöser vermuten, nehmen Sie hefefreie Vitamin-B-Tabletten. Wenn das Immunsystem erst einmal wieder gestärkt ist, führen Sie die verdächtigten Nahrungsmittel nach und nach wieder ein.

Gemäß dem Allergie-Experten Alfred Plechner bilden tierische Produkte die Hauptursache der meisten allergischen Reaktionen. Dabei steht Rindfleisch an erster Stelle und zwar sowohl bei Hunden als auch bei Katzen.

Eine einfache hausgemachte Diät, bei welcher alle fragwürdigen Allergene vermieden werden, könnte sofort die Symptome mildern und zugleich die Grundlage für eine zukünftige Ernährung bilden.

Laut Richard Pitcairn sind die am schwierigsten zu behandelnden Hautprobleme diejenigen, welche durch die wiederholte Verwendung von Cortison oder deren zahlreichen synthetischen Derivaten unterdrückt wurden.

Barney

Valerie Cline schrieb uns aus Kanada ihre Geschichte von Barney: „Ich bin stolz darauf, mein Heim mit fünf Katzen zu teilen, von denen eine Barney heißt. Barney litt unter sehr ernsten Allergien, seit ich ihn bei mir aufgenommen hatte.

Viele Tierärzte sagten mir, dass er eine Futterallergie habe. Also versuchte ich es mit einer anderen Ernährung, aber nichts wirkte, nicht einmal die Rezepte mit Lamm und Reis. Bei jedem Tierarztbesuch wurde er mit dem ‚Wundermittel' Cortison behandelt, ohne das sein ganzer Kopf rot anschwoll und juckte. Barney kratzte sich sein Fell weg und seine Haut blutete. Seine Ohren waren übersät mit Abszessen und aus seinen Augen quoll so viel blutiger Ausfluss, dass sie zuschwollen und er keuchte. Zwei Jahre lang wurde Barney mit Cortison behandelt, bis er zuckerkrank wurde.

Immer wieder hatte ich Tierärzte verzweifelt nach Alternativen befragt und dachte u.a. auch an eine Diät, die ich zu Hause zubereiten konnte, aber immer wieder versicherte man mir, dass Cortison die normale Behandlungsmethode bei dieser Art von Katzenallergie sei und dass es sich hierbei um das wirksamste Mittel bei der Schwere seiner Krankheit handele.

Barney benötigte bereits tägliche Insulinspritzen. Bevor endlich die richtige Dosis ermittelt war, erlitt er zweimal einen Insulinschock. Man sagte mir, dass Barney für den Rest seines Lebens zuckerkrank und insulinabhängig bleiben würde.

Erst zu diesem Zeitpunkt wurde mir von meinem Tierarzt eine hypoallergene Diät empfohlen. Barney reagierte zwar immer noch allergisch, jedoch nicht mehr so heftig. Das Futter kostete mich $ 50 pro Monat, und ich musste Barney von allen anderen Katzen getrennt halten, weil diese anders ernährt wurden. Schon ein Bissen der kommerziellen Diät hätte ausgereicht, Barney wieder in Gefahr zu bringen – ohne die Sicherheit einer schnellen Cortison-Injektion.

Dann fand ich Ihr Produkt, und innerhalb eines Monats brauchte Barney kein Insulin mehr; er war gesünder, als ich ihn je zuvor gesehen hatte. Ich ernähre ihn nun seit vier Monaten mit Vegecat, und er ist nicht mehr zuckerkrank. Seine Augen und Ohren sind wieder sauber; er sieht fabelhaft aus!"

Arthritis

Der ganzheitlich behandelnde Tierarzt Michael Lemmon, der schon unzählige Fälle von Arthritis behandelte, erlaubte uns, die folgenden Empfehlungen abzudrucken:

Freie Radikale

Was sind Freie Radikale? Sie klingen gefährlich, und sie sind es auch. Vielleicht haben Sie kürzlich im Zusammenhang mit dem Älterwerden und degenerativen Erkrankungen schon etwas darüber gelesen? Wie sind sie aufgebaut? Welche Schäden verursachen sie? Und vor allem: Wie kann sich der Körper vor ihnen schützen?

Eine der Hauptursachen von Arthritis ist die zu hohe Konzentration von Freien Radikalen in der Gelenkkapsel, dem mit Flüssigkeit gefüllten Beutel, der jedes Gelenk im Körper umgibt.

Diese Flüssigkeit, oder auch „Gelenkschmiere", wird mit Hilfe von Enzymen, die vom Körper produziert werden, gesund erhalten. Die Enzyme wirken dabei wie Seife. Sie säubern das Gelenk von Freien Radikalen, halten es immer schön geschmeidig und erlauben dadurch freie Beweglichkeit. Andernfalls würden die Freien Radikalen die Gelenkfüllung langsam auffressen, was Schmerzen und Schwellungen zur Folge hätte.

Wer an Arthritis leidende Tiere zu pflegen hat, kennt die versteifenden, schmerzhaften Folgen dieser Krankheit, die die Gelenke scheinbar in einer bestimmten Position „einfrieren" lässt.

Was kann man dagegen tun? Zunächst einmal hilft die Kenntnis darüber, woher die Freien Radikale kommen: Sie entstehen während des normalen Zell-

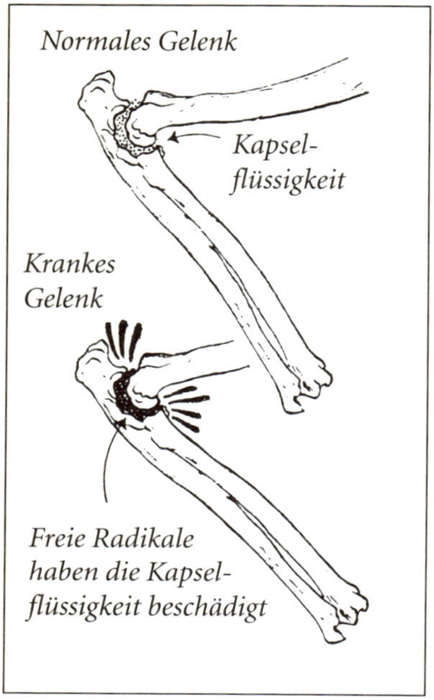

stoffwechsels, wenn Zellen Nährstoffe aufnehmen, assimilieren und verwenden und dann die Abfallstoffe ausscheiden. Einige dieser Abfallprodukte sind Freie Radikale. Immer wenn minderwertige Lebensmittel gegessen werden, kann man einen Überschuss an Freien Radikalen feststellen.

Ranzige Fette und verschimmeltes Getreide sind zwei der Hauptursachen für die Entstehung von Freien Radikalen bei Tieren. Woher stammen sie?

Handelsübliches Tierfutter

Fett ist ein lebenswichtiger Bestandteil in jeder Ernährung. Viele kommerzielle Tierfutterhersteller haben trotz des Einsatzes von Chemikalien Probleme, die Ranzigkeit der hinzugefügten Fette unter Kontrolle zu halten.

Amerikanisches Getreide ist ziemlich oft und unterschiedlich stark durch Schimmel verschmutzt, und aus wirtschaftlichen Gründen verwenden Tierfutter-Hersteller normalerweise ohnehin minderwertigeres Getreide in ihren Produkten.

Chemikalien und Schadstoffe in unserer Luft, Wasser und Nahrung tragen wesentlich zur Zunahme von Freien Radikalen bei. Wie Freie Radikale das Gewebe des Körpers schädigen, wenn sie nicht durch Antioxidantien neutralisiert werden, veranschaulicht das angegebene Arthritis-Beispiel.

Wie auch immer, es gibt Schutz vor Freien Radikalen. In vielen Fällen von Arthritis reagiert der Körper wirksam und schnell auf oxidationshemmende Nährstoffe wie Vitamin C, Vitamin E, Beta-Karotin und Selen.

Der tägliche Bedarf hängt vom Gewicht des Tieres ab. Kleinere Haustiere (4–10 Kilogramm) brauchen 500 bis 1.000 Milligramm Vitamin C, 200 bis 400 Einheiten von Vitamin E und 50 bis 100 Milligramm Selen.

Den besten Schutz erreichen Sie durch selbst zubereitete Mahlzeiten, denn nur so können Sie ranzige Fette, schimmeliges Getreide und Chemikalien, wie sie in den meisten Tiernahrungssorten verwendet werden, vermeiden. Da jedoch viele Tierbesitzer aus Bequemlichkeit auf herkömmliches Fertigfutter vertrauen, ist es doppelt wichtig, dass Sie dieses durch Antioxidantien ergänzen.

S.O.D.-Katalase-Enzyme

Ein weiterer sehr effektiver Oxidationsschutz ist die Enzym-Kombination von Superoxid Dismutase (S.O.D.) und Katalase.

Diese beiden Enzyme werden in den Zellen unseres Körpers gebildet. Jeder einzelne Mensch wurde mit einer Enzym-„Bank" geboren. Babys haben doppelt so viel S.O.D.-Katalase wie Erwachsene. Diese S.O.D.-Katalase-Enzyme sind die wirkungsvollsten Zerstörer von Freien Radikalen. Außerdem helfen sie auch bei der Beseitigung anderer Gifte und Toxine.

Die Fähigkeit des Körpers, S.O.D.-Katalase herzustellen, schwindet mit zunehmendem Alter. Es gibt gute Beweise dafür, dass durch den übermäßigen Gebrauch des körpereigenen Enzym-Systems diese Enzymproduktion abnimmt. Indem wir durch eine enzymreiche Rohkosternährung (oder die Verwendung von Enzym-Zusätzen) die körpereigene Enzym-„Bank" schonen, helfen wir mit, das Problem der Freien Radikalen zu lösen.

Eine andere Möglichkeit ist die Einnahme von S.O.D.-Katalase-Zusätzen, die aus Weizenkeimen gewonnen werden. Man benötigt eine große Menge Weizenkeime für die Herstellung einer einzigen Tablette, die mehr als eine Million Einheiten an S.O.D.-Katalase enthält.

Diese Nahrungsergänzungen haben sich nicht nur als sehr hilfreich bei Arthritis und altersbedingten degenerativen Problemen in meiner Praxis erwiesen, sondern auch in der Anwendung durch andere Tierärzte überall im Lande. S.O.D.-Katalase-Zusätze sind harmlos.

Die verwendete Menge ist abhängig von der Größe des Tieres sowie von der Schwere der Krankheit. Manchmal wird täglich eine erhöhte Menge von sechs bis zehn Tabletten und sogar mehr verabreicht, um das Wachstum der Freien Radikalen und anderer Gifte im Körper so schnell wie möglich zu reduzieren. Dadurch werden Schmerzen und Entzündungen vermindert, wonach der Tierarzt niedrigere Dosen verschreiben kann.

Anstatt Arthritis und andere degenerative Probleme bei älteren Tieren mit massiven Dosen von Steroiden und anderen Medikamenten, welche schädliche Nebenwirkungen haben können, zu behandeln, können wir uns auf diese einfachen, wirksamen Antioxidantien verlassen, die in Harmonie mit dem Körper wirken, ihn bei seinen täglichen Routineaufgaben unterstützen und damit Erleichterung bringen bei Schmerzen, Unwohlsein und Krankheit.

Informationen über S.O.D.-Katalase-Zusätze können bei Biotec Foods-Biovet International angefordert werden.

Aloe vera

Die Schlagzeile lautete: „Diese Katze schnurrt schon seit 203 Jahren." Dies wäre das entsprechende Alter des 25-jährigen Katers Spike in Menschenjahren, der vor kurzem als Englands älteste Katze in das Guiness-Buch der Rekorde aufgenommen wurde. Spikes Herrchen, ein Aromatherapeut, schwärmt von Aloe vera. „Ich mische ihm täglich etwas in sein Futter. Es hält sein Fell gesund und schützt ihn vor Rheuma." Rheuma steht in diesem Zusammenhang stellvertretend für Arthritis und ähnliche Erkrankungen.

Magendrehung

... betrifft jährlich 40.000–60.000 Hunde in den Vereinigten Staaten. Akute gastrische Dilatation – Magendrehung endet in jedem zweiten Fall tödlich. Hierbei handelt es sich um die fünfthäufigste Todesursache, an welcher jährlich bis zu 36.000 Tiere sterben. Durch die Tatsache, dass große Hunde mit niedrigem Brustkorb am meisten betroffen sind, fallen vor allem körperliche Faktoren ins Auge. Große Rassehunde mit tiefem Brustkorb wie Schäferhunde, Bluthunde, Irish Setter, Dänische Doggen und Bernhardiner im mittleren Alter und ältere sind am anfälligsten, obwohl es manchmal auch kleinere Rassen, wie z.B. Dackel und sogar Katzen erwischt.

Magenerweiterung durch Überfressen kommt gelegentlich bei jüngeren Hunden vor. Symptome sind Übelkeit, Aufstoßen, Erbrechen oder Müdigkeit.

Magendrehung ist ein unglaublich schnell wirkendes Leiden, bei dem ein völlig gesunder Hund (selten eine Katze) innerhalb von drei Stunden nach dem Essen sterben kann. Der Magen bläht sich auf wie ein Ballon und die Haut darüber ist durch die Ausdehnung so gespannt, dass es wie eine Trommel klingt, wenn man mit einem Finger dagegen schnippt. Der Tod tritt ein durch den Blähungsdruck auf Herz und Lungen. Bei Hunden kommen noch zwei andere Faktoren außer Magenblähungen durch Gas hinzu:

- ein geschwächtes Band des Magens und der Leber
- eine Blockierung der Gase im Magen.

Das vom Magen zur Leber gespannte Band kann durch regelmäßiges Überfressen locker werden. Dies wird durch körperliche Aktivitäten direkt nach dem Essen noch verschlimmert.

Fleisch sowie übermäßige Kalziumaufnahme fördern die Bildung von Gastrin, ein die gastrische Säureproduktion stimulierendes Hormon. Eine zu hohe Gastrin-Konzentration führt in vielen Fällen zu der beschriebenen Magendrehung, die auch verantwortlich für die Blockade des Gasdurchgangs des Magens ist.

Die Annahme, dass Magendrehungen durch bestimmte Nahrungsmittel verursacht werden, entstand durch die Untersuchung aufgeblähter Mägen an toten Tieren. Die Zusammensetzung des Gases bei geblähten Mägen lebender Tiere ist davon jedoch ziemlich verschieden und besteht hauptsächlich aus Luft. Luft kann nur durch Verschlucken in den Magen gelangen. Je schneller gegessen wird und je größer die Aufregung und der Stress, desto mehr Luft wird wahrscheinlich verschluckt.

Ohne jeden wissenschaftlichen Beweis wurden Trockenfutter auf Soja- und Getreidebasis für die Magendrehung verantwortlich gemacht, obwohl man diese Probleme bei allen Ernährungsformen der Tiere feststellen kann. Oft füttert man große Hunde aus finanziellen Gründen mit herkömmlichen Trockenfutter und dann wird eben diese Fütterungsart für die Ursache der Magendrehung gehalten.

Folgende Faktoren erhöhen das Risiko der Magendrehung: eine große Mahlzeit, Bewegung direkt nach dem Fressen, zuviel Kalzium in der Nahrung, schnelles Herunterschlingen des Futters und übertriebene Aufregung während der Mahlzeit. Tierarzt Leon Whitney stellte fest, dass sich alle ihm bekannten Todesfälle durch Magendrehung während der Nacht ereignet haben. Aufgrund dieser Erfahrung bekommen seine Hunde die Hauptmahlzeit am Morgen.

Vorsorge

- ▷ Verhindern Sie hastige Nahrungsaufnahme. Dies kann leichter erreicht werden, wenn der Hund separat an einem ruhigen Ort gefüttert wird.
- ▷ Auf körperliche Aktivitäten sollte während mindestens einer Stunde nach einer größeren Mahlzeit verzichtet werden.
- ▷ Füttern Sie mehrere kleinere Portionen (mindestens zwei pro Tag) in einer ruhigen Umgebung.
- ▷ Füttern Sie kein zusätzliches Kalzium. Kalziumüberschuss kann durch den Verzehr von Knochen entstehen oder auch durch das Anreichern einer ohnehin schon ausgewogenen Ernährung mit zusätzlichem Kalzium. Das Futter sollte nicht mehr als 2,0 % Kalzium enthalten (Trockengewicht).
- ▷ Füttern Sie die Hauptmahlzeit auf keinen Fall abends.

Behandlung

Plötzliche Ausdehnung des Magens, Würgen ohne Erbrechen, Atembeschwerden und Kollaps sind klare Symptome der Magendrehung. Der Tod tritt dabei durch plötzlichen Druck auf Herz und Lungen ein.

Verlieren Sie keine Zeit, wenn Sie den Verdacht auf Magendrehung haben. Ein Hund kann innerhalb von drei Stunden nach dem Fressen sterben. Bringen Sie das Tier sofort für eine Notfallbehandlung zum Tierarzt, bei der eine Behandlung gegen Schock durchgeführt und das Gas aus dem Magen entfernt wird.

Der Tierarzt wird wahrscheinlich eine gut eingefettete Magensonde benutzen, aber er könnte sich auch dazu entschließen, große, hohle Nadeln durch die Bauchwand in den Magen einzuführen. Auch können Sauerstoff und intravenöse Flüssigkeit zugeführt werden.

Dilatative Cardiomyopathie

Dilatative Cardiomyopathie (DCM), eine Herzmuskelerkrankung bei Hunden, verursacht eine Vergrößerung des Herzens. Erschlafftes Herzgewebe kann nicht ausreichend Blut in den Körper pumpen. Die Aussicht, nach dem Auftreten der Symptome länger als sechs bis zwölf Monate am Leben zu bleiben, ist bei den meisten Hunden mäßig bis schlecht. Bei Dobermann-Pinschern liegt sie sogar nur bei drei bis sechs Monaten.

Obwohl in der ganzen Welt weiter geforscht wird, ist der Grund für diese erworbene Krankheit immer noch unbekannt.

Von 1.000 Hunden kommen 5,5 (meistens reinrassige) mit einem angeborenen Herzproblem zur Welt. Die Liste der Herzkrankheiten, die weitere 107,2 Hunde befallen wird, sieht so aus: Herzparasiten, Herzbeutel-, Herzmuskel- (DCM befällt ungefähr 20 Hunde) und chronische Herzklappenprobleme.

DCM tritt häufig bei Dänischen Doggen, Deutschen Schäferhunden, Boxern, beim Labrador, Retriever und vor allem bei Dobermann-Pinschern auf. Bei den kleineren Rassen sind Cockerspaniel am meisten gefährdet.

Dr. Mark Kittleson, Professor für Medizin, schrieb uns, dass er beim amerikanischen Cockerspaniel ein erhöhtes Auftreten von Taurinmangel beobachtet hat, wenngleich er die Häufigkeit auf weniger als 1 % schätzt. Karen Porreca, Bibliothekarin bei PETA, kennt noch andere Rassen, die anfällig sind: Malamut, Pitbull, Irish Setter und Dalmatiner.

Obwohl normalerweise vor allem Rüden betroffen sind, scheint dies bei der Dobermann-Rasse nicht mehr zu stimmen. Die betroffenen Hunde sind meistens zwischen zwei und fünf Jahre alt. Michael O'Grady von der Fachhochschule für Tierärzte in Ontario berichtet, dass mindestens 28 % dieser Rasse an DCM erkranken (mehr als alle anderen zusammengenommen), wovon 17 % innerhalb von fünf Minuten nach den ersten Anzeichen dieser Krankheit einen plötzlichen Tod erleiden. Kein Wunder, dass damit DCM die größte Gefahr für diese Hunderasse bedeutet. Selbst das Herz eines gesunden Dobermanns wird schwächer eingeschätzt als das anderer Rassehunde. Deshalb wird in diesem speziellen Fall eine jährliche EKG-Untersuchung empfohlen.

Im Jahre 1988 vermuteten einige Forscher, dass DCM bei einigen Hunden durch einen Mangel an Carnitin hervorgerufen wird, einer wasserlöslichen, aminosäureähnlichen Substanz, die in tierischem Gewebe gefunden wurde.

Paul Pion, der als erster den Zusammenhang zwischen Taurin und DCM bei Katzen entdeckt hatte, sagte damals: „Die Beweiskraft reicht absolut nicht aus für die Bestätigung einer Ursache-/Wirkung-Beziehung. Die Behandlung mit Carnitin hat bei den meisten von uns gegen DCM behandelten Hunden KEINEN Erfolg gebracht. Da eine Behandlung mit Carnitin teuer ist, sehe ich für Hundebesitzer zur Zeit KEINEN Grund, Carnitin zu kaufen."

O'Grady glaubt, dass der bei einigen Hunden festgestellte Carnitin-Mangel sehr wahrscheinlich eine Auswirkung und nicht die Ursache von DCM ist.

Es gibt einige empfohlene Behandlungen für DCM, wie z.B. Koenzym Q_{10}-Ergänzungen (dreimal täglich 30 Milligramm). Ein kleiner Prozentsatz von Hunden mit DCM hat einen Mangel an L-Carnitin. Die einzige Möglichkeit festzustellen, ob Ihr Hund zu dieser Gruppe gehört, ist eine invasive Biopsie. Für einen großen Hund können sich die Kosten für eine L-Carnitin-Therapie auf bis zu $ 200 pro Monat belaufen. Die verantwortliche Organisation für das Bestimmen von Nährstoffempfehlungen in Haustierfutter, AAFCOs Canine Nutrition Expert Subcommittee, hält es für keine notwendige Ernährungsvorschrift. Soweit wir wissen, berücksichtigen es die führenden Tierfutterhersteller nicht in ihren Rezepten.

Hunde, die mit handelsüblichem Futter auf Fleischbasis ernährt werden, sind mindestens genauso stark gefährdet wie vegetarisch ernährte Hunde. Obwohl Carnitin in tierischem Gewebe vorhanden ist, wird diese leicht lösliche Aminosäure beim modernen Herstellungsprozess fast gänzlich ausgewaschen, so dass selbst im günstigsten Fall nur wenig im Endprodukt zurückbleibt.

Obwohl es keinen dokumentierten Beweis dafür gibt, dass DCM durch Zufüttern von Taurin oder L-Carnitin verhindert werden kann, empfiehlt Karen Porreca eine tägliche Ergänzung von 250 Milligramm Taurin (welches in Vegedog enthalten ist) und 250–500 Milligramm L-Carnitin für einen zwanzig Kilogramm schweren Hund. Veganes L-Carnitin ist erhältlich von Carlson Laboratories und wird in Reformhäusern verkauft. Aus Kostengründen wird es zurzeit noch nicht in der Vegedog-Zusammensetzung berücksichtigt.

Flöhe

Als der Streuner Veggie bei uns auftauchte, war sein ganzer Körper von Flöhen übersät, obwohl er gut ernährt schien. Wir stellten ihn um auf eine vegetarische Ernährung. Die Flöhe waren so zahlreich, dass mein jüngster Sohn Jamil sie nach kurzer Zeit sicher aufspüren konnte, wenn er nur einfach seine Finger durch Veggies Fell gleiten ließ. Die Ohren der Katze waren schwarz von Flöhen.

Da wir handelsüblichen Produkten wie Flohhalsbändern und Insektiziden nicht trauten, versuchten wir es mit gewöhnlichen Hausmittelchen, wie Eukalyptusöl, Rosmarin und Gewürzpflanzen. Vielleicht wirkten sie ein wenig, aber eine große Veränderung war nicht erkennbar. Wir wussten noch nicht, dass wir ihn auch mit Wasser hätten einsprühen können, in dem über Nacht eine rohe Zitronenschale gezogen hatte (hätte das geholfen?).

Nährhefe

Wir fütterten ihn weiterhin mit vegetarischer Kost, die einen beträchtlichen Anteil Nährhefe enthielt. Aufgrund der guten Versorgung mit B-Vitaminen konnten wir nach einigen Monaten schon eine deutliche Besserung der Flohplage feststellen, und irgendwann waren dann endlich alle Flöhe verschwunden.

Während einem der offiziell wärmsten Sommer wurden Haustierbesitzer in einem Artikel der Lokalzeitung vor einer Rekord-Flohinvasion gewarnt. Aber weder Veggie noch sein munterer Katzenkumpel Ebony hatten irgendwelche Probleme in dieser Beziehung.

Thiamin (Vitamin B_1)

Von den mehr als 20 B-Vitaminen scheint Thiamin das wirksamste für den Aufbau einer Flohabwehr zu sein. Dabei ist die Wirkung von Thiamin innerhalb des gesamten Vitamin-B-Komplexes wesentlich stärker, als wenn es isoliert verwendet wird.

Ola Donadio, Autor von *Repel Fleas Nutritionally* (Flohabwehr durch Ernährung), erzählt die Geschichte eines Tierarztes, der seinem Hund täglich 200 Milligramm Thiamin verabreichte. Bald schon hatte sein Hund keine Flöhe mehr, aber in der vierten Woche kehrte die Plage zurück, und zwar schlimmer als je zuvor. Donadio vermutete die Ursache darin, dass man Thiamin nicht in solch großen Dosierungen verwenden kann, ohne das Gleichgewicht der anderen B-Vitamine durcheinander zu bringen. Die Verwendung von Nährhefe (eine ausgewogene Thiamin-Quelle) in Vegecat-Rezepten ergibt die zwanzigfache Menge des täglichen Bedarfs an Thiamin.

Hefe ist bekannt dafür, dass sie die Abwehrkräfte gegen Flöhe steigert, aber für die erwünschte Wirkung ist eine langfristige Anwendung erforderlich. Da das Testen mit Hefe nicht allzu viel Gewinn verspricht, waren die wenigen Forschungsprojekte für dieses „Hausmittel" nur von kurzer Dauer.

In einer Studie aus dem Jahre 1983, die in der Zeitschrift der Amerikanischen Gesellschaft für tierärztliche Medizin veröffentlicht wurde, konnte kein Unterschied festgestellt werden zwischen Hunden, die täglich vierzehn Gramm Bierhefe erhielten und einer Kontrollgruppe ohne Hefe. Gemäß dieser Studie, die nach nur fünf (!) Wochen beendet wurde, ist Hefe wirkungslos für eine erfolgreiche Flohbehandlung.

Eine andere Studie, die in der Zeitschrift der Gesellschaft Amerikanischer Tierkliniken veröffentlicht wurde, kam zum selben Ergebnis. Noch ungeduldigere Forscher verabreichten zweimal täglich 100 Milligramm Thiamin. Als die Hunde nach zwei Wochen immer noch Flöhe hatten, wurde die Studie einfach abgebrochen.

Für einige schulmedizinische Tierärzte reichten diese allzu kurzen Versuche jedoch schon für den Beweis, dass Hefe bzw. Thiamin keinen relevanten Schutz vor Flöhen bietet. Derartige Ergebnisse sorgen dafür, dass der extrem lukrative Verkauf herkömmlicher Produkte mit all ihren Nebenwirkungen auch in Zukunft keinerlei Dämpfung erfährt.

Während einige Leute Knoblauch verfluchen, schwören andere darauf. Es gibt eine Vielzahl dokumentierter Vorteile, wie z.B. die Stärkung des Immunsystems.

Pat Jonson schreibt in *Cat Love* (Katzenliebe): „Roher Knoblauch ist ein hervorragendes Mittel gegen Flöhe, da er das Katzenblut für Parasiten uninteressant macht. Solange die Flohplage akut ist, sollte täglich eine kleine zerdrückte Knoblauchzehe unter das Katzenfutter gemischt werden. Bei Katzen, die nicht durch Flöhe befallen sind, reicht zur Vorbeugung eine Zugabe von Knoblauch zweimal pro Woche. Damit kann sichergestellt werden, dass Flöhe es gar nicht erst versuchen, sich auf Kosten der Katze zu ernähren. Ich weiß, dass einige Leute nicht an die Wirksamkeit von Knoblauch glauben, aber ich habe selber gesehen, wie es schiere Wunder vollbracht hat."

Wenn Hefe nicht verwendet werden kann, sollte man täglich einen schwach dosierten Vitamin-B-Komplex verabreichen und damit fortfahren, selbst dann, wenn die Flöhe bereits verschwunden sind.

FUS

FUS (Felines urologisches Syndrom) ist der zweitgrößte Katzenkiller. Schätzungen zufolge sind bis zu 13 % aller Katzen durch diese Krankheit gefährdet. Bei Verdacht auf FUS sollten Sie daher unbedingt sofort zum Tierarzt gehen, denn diese Krankheit ist wirklich lebensgefährlich.

Studien zufolge sind weibliche Katzen von FUS stärker betroffen als männliche, obwohl Kater für eine Verstopfung der Harnröhre anfälliger sind. Zwischen kastrierten und unkastrierten Katzen gibt es keinen Unterschied. Der erste Vorfall ereignet sich normalerweise im Alter zwischen ein und drei Jahren, und über 80 % treten in den ersten sechs Lebensjahren auf.

Symptome

Schwierigkeiten beim Urinieren und Kauern, unkontrolliertes Ausscheiden winziger Urinmengen, Blut im Urin und ständiges Lecken der Genitalien sind typische Symptome für FUS. In ungefähr 30 % der Fälle kompliziert eine Sekundärinfektion des Urinaltraktes (meistens Staphylokokken) die Heilung. Ohne sofortige Behandlung kann FUS den gesamten Urinaltrakt lahm legen, was zu Erbrechen, Depression, Austrocknung, Koma, Zuckungen und zum Tod führt.

Vollständiger Verschluss der Harnwege muss beseitigt werden, entweder durch Massage, Spülungen oder in ernsten Fällen durch Operationen. Als letzten Ausweg kann der Tierarzt die Harnblase mit einer hypodermischen Spritze durchstechen und den Urin absaugen. Außerdem könnte es nötig sein, offensichtlichen Flüssigkeitsverlust bei Katzen durch einen intravenösen Katheter auszugleichen.

Ursache

Es wird angenommen, dass Hauskatzen von kleinen Wüstenkatzen abstammen, deren einzige Feuchtigkeitsquelle oft die Körperflüssigkeit ihrer Beute bildete. Deshalb produzierten sie einen konzentrierteren Urin als andere Tiere. Diese konzentrierte Lösung kann winzige Steine oder Kristalle (Harnsteine) bilden, die die Wände des Harntrakts reizen (Blasenentzündung) und die Harnröhre sogar vollständig blockieren können.

Studien deuten auf zwei Hauptfaktoren, die zur Entstehung von FUS beitragen: eine hohe Konzentration von Harnstein bildenden Bestandteilen und alkalischer Urin.

Magnesium

Nicht nur der Aschegehalt in der Nahrung ist wichtig, sondern auch der Magnesiumgehalt. Asche besteht aus nicht brennbaren Stoffen, z.B. Mineralsalzen. Eine Ernährung mit einem relativ hohen Aschegehalt kann viel Phosphor und gleichzeitig wenig Magnesium enthalten, wodurch FUS verhindert wird.

Studien aus den Jahren 1971–82 zeigten, dass 90–97 % aller Harnsteine Struvitsteine sind, ein aus Magnesium und mit Wasser verbundenem Ammonium-phosphat zusammengesetzter Stein. Vor allem aufgrund der Zunahme Säure bildender Nahrung, die weniger Magnesium enthält, sank diese Zahl bis 1986 auf 82 %. Andere Harnsteine können aus Kalziumoxalat, Kalziumphosphat und Ammoniumurat (Harnsäure) bestehen.

Handelsübliche Katzenfutter (trocken oder aus der Dose) enthalten im Durchschnitt 0,16 % Magnesium auf Trockenbasis, einige Sorten sogar bis zu 0,29 %. Eines mit den niedrigsten Werten, das hauptsächlich von Tierärzten verkauft wird, ist Hill's Prescription Diet Feline s/d, mit 0,06 % Magnesium (0,058 % in Dosen- und 0,055 % in Trockenfutter). Hill's empfiehlt es nicht als Hauptnahrung, sondern speziell zur Auflösung kristalliner Harnsteine.

Hill's Prescription Diet c/d wird als sehr magnesiumarmes Futter verkauft für solche Katzen, die in der Vergangenheit Probleme mit FUS hatten. Aber es wird auch eingesetzt, um Problemen bei nicht mit FUS vorbelasteten Katzen vorzubeugen, denn es enthält nur 0,07 % Magnesium und damit genauso viel wie das Vegecat-Kibble-Rezept mit den geringsten Magnesiumwerten.

In einer Studie an Ratten konnten Struvitsteine mit einem Magnesiumanteil von 0,07 % im Futter innerhalb von vier Wochen vollständig aufgelöst werden. Dagegen verdoppelten sie sich bei einem Magnesiumanteil von 0,27 %.

Trotz dieser und anderer Ergebnisse empfiehlt Joan Harper zusätzliches Magnesium bei FUS und sagt: „Falls Sie keine Magnesium-Zusätze füttern (s. Kapitel über Nahrungsmittelergänzungen), dann fangen Sie damit an, und wenn Sie es geben, dann erhöhen Sie die Dosis."

Sie selbst verschreibt Katzen zusätzlich 100 Milligramm Magnesium pro Tag, und zwar zusätzlich zu den ohnehin schon im Futter enthaltenen 50 Milligramm. Obwohl es schwierig ist, diese Maßnahme rational zu begründen, hat Harper dennoch ziemlich viele Anhänger. Ihr 1992 veröffentlichtes Buch *The Healthy Cat and Dog Cook Book* (Das Kochbuch für gesunde Katzen und Hunde) ist nun schon in der siebten Auflage veröffentlicht (die erste erschien 1975).

Da die gegen Magnesium sprechenden Beweise erdrückend sind, wählen Sie für eigene Rezepte Zutaten mit einem geringen Magnesiumanteil. Kaufen Sie Tofu (ein gutes Sojaprodukt), der mit dem Gerinnungsmittel Nigariko (Kalziumsulfat) anstelle von Nigari (Magnesiumchlorid) hergestellt wurde. Bei der Verwendung von Getreide vermeiden Sie Vollkornprodukte, da Mineralien im Samenmantel konzentriert sind.

Katzen brauchen viel hochwertiges Eiweiß und Phosphor im Verhältnis zum Magnesium. Deshalb enthält Katzenurin normalerweise genug Ammonium und Phosphate bei ausreichend vorhandenem Magnesium. Der kritische Wert hängt aber noch von einem weiteren Faktor ab, dem pH-Wert des Urins (sauer oder basisch).

Saurer Urin

Struvitsteine bilden sich am leichtesten in alkalischem Urin. Zystin- und Uratsteine entwickeln sich am besten in saurem Urin, aber diese machen weniger als 3 % aller Harnsteine aus. Der pH-Wert des Urins hat keinen Einfluss auf die nur vereinzelten Oxalat- und Kalziumphosphat-Harnsteine.

Anita Frazier sagt, dass schon der Geruch von Nahrung dazu führen kann, dass die chemischen Prozesse im Körper den Urin alkalisch werden lassen. Dies ist ein Grund, warum man Futter nicht den ganzen Tag liegen lassen sollte. Auf Grund von Untersuchungen der Mark Morris Associates in Kansas ist der pH-Wert des Urins in diesem Zusammenhang jedoch unberechenbar. Einige Nahrungsmittel, die jederzeit frei zugänglich gefüttert wurden (im Gegensatz zur Fütterung nur zu bestimmten Zeiten), resultierten in alkalischerem Urin. Andere Nahrungsmittel, die in derselben Weise angeboten wurden, machten den Urin saurer. Nach Umstellung von freier Wahl auf Intervall-Fütterung zeigten auch die Nahrungsmittel andere Wirkungen, einige machten Urin saurer und andere machten ihn alkalischer.

Empfehlenswert ist in jedem Fall, den Fütterungsbereich sauber zu halten, frisches Futter in sauberer Umgebung zu füttern und Essensreste in vernünftigen Zeitabständen zu entfernen.

Badewannen-Labor

Besorgt aufgrund schlechter Erfahrungen mit FUS, untersuchte einer unserer Kunden den Urin seiner vegetarischen Katze fast jeden Tag. Auf diese Weise konnte er sofort den Einfluss saurer Nahrungsmittel auf die Urinbeschaffenheit feststellen und, wenn erforderlich, für entsprechenden Ausgleich sorgen. Wir wunderten uns, wie er den Urin offensichtlich so einfach kontrollieren konnte. Er erklärte uns, dass seine Katze die Badewanne als Katzenklo benutze, was es ihm einfach mache, den Urin mit Lackmus (ein mit gewissen Flechten beschichtetes Papier, das durch bestimmte Rot- oder Blau-Schattierungen den Säure- oder Basengrad anzeigt) zu überprüfen. Dazu befeuchtet er das Lackmuspapier mit frischem Urin und vergleicht dann die entstandene Färbung mit einer Farbskala.

Eine andere Methode (allerdings teurer) besteht in der Verwendung einer speziellen Katzenstreu, die ihre Farbe wechselt. Ihr Tierarzt kann Ihnen vielleicht bei der Beschaffung helfen.

Eine Frage des Ausgleichs

Die folgende Liste, ein Auszug aus dem Buch *Acid and Alkaline* (Sauer & Basisch) von Herman Aihara, verdeutlicht, wie Nahrungsmittel den pH-Wert des Urins verändern können. Die folgenden Zahlen entsprechen der Menge in Milliliter einer bekannten Lösung, welche die ursprüngliche Lösung neutralisierte:

Saure & basische Nahrungsmittel:

Säure bildend		Basen bildend	
Eigelb	19,2	Rote Bohnen	18,8
Hafermehl	17,8	Spinat	15,6
Brauner Reis	15,5	Sojabohnen	10,2
Tunfisch	15,3	Bananen	8,8
Huhn	10,4	Azukibohnen	7,3
Pferdefleisch	6,6	Karotten	6,4
Erdnüsse	5,4	Kartoffeln	5,4
Rindfleisch	5,0	Kohl	4,9
Favabohnen	4,4	Süßkartoffeln	4,3
Käse	4,3	Äpfel	3,4
Erbsen	2,5	Wassermelone	2,1
Brot	0,6	Stangenbohnen	1,1
Spargel	0,1	Tofu	0,1

Man testet die Reaktion der Aschen (die Verdauung nachvollziehend) mit einer sauren oder basischen Lösung bekannter Größe, bis man ein neutrales Ergebnis erhält (dies nennt man Titrationsverfahren) und bestimmt so den pH-Wert. Dieses Experiment zeigt deutlich den Einfluss einzelner Nahrungsmittel auf Säuregrad, Basengrad oder die Neutralität der Körperflüssigkeiten, einschließlich des Urins. Die Nieren halten den pH-Wert im Blut ziemlich konstant, indem sie einen Überschuss an sauren und basischen Bestandteilen in den Urin absondern.

Reste (Asche), die nach der Verdauung von Nahrungsmitteln zurückbleiben, sind entweder sauer oder basisch. Durch einen Wechsel der Nahrungszusammensetzung verändert sich auch der pH-Wert im Urin in der einen oder anderen Weise.

Über Lungen und Nieren werden saure Endprodukte des Nahrungs-Stoffwechsels ausgeschieden. Lungen entfernen Kohlendioxid. Nieren entfernen Wasserstoffionen aus dem Körper und führen dem Blut gleichzeitig Bikarbonat zu, wodurch sie den pH-Wert im Blut ziemlich konstant halten. Nahrungsmittel wie Getreide, Fleisch, Eier und Brot, die nicht sauer schmecken, werden sehr sauer, wenn deren Endprodukte Blut und Urin erreichen, da die meisten eiweißreichen Nahrungsmittel und fast alle Samen ein Übergewicht an Säure bildenden Elementen wie Schwefel, Phosphor und Chlor enthalten. Ihr Stoffwechsel produziert Schwefel- und Phosphorsäuren, wodurch der Säuregrad im Urin erhöht wird.

Im Gegensatz dazu werden organische Säuren aus Früchten und Gemüse, wenn sie oxidiert sind, zu Kohlendioxid, Wasser, einem Rest an Kalium, Kalzium, Natrium und Magnesium umgewandelt, die den Urin basischer machen.

Zeitreise

Wenn man die lange evolutionäre Anpassung von Katzen an Säure bildendes Fleisch betrachtet, dann muss der Schwerpunkt einer vernünftigen Ernährungsempfehlung auf nicht basischen (sauren) Nahrungsmitteln liegen. Nur: Wie lange haben sich Katzen und ihre direkten Vorfahren von Beute ernährt?

In Ägypten wurden Katzen vor 5.000 Jahren domestiziert, aber Paläontologen verfolgen die Entwicklung der heutigen Katzen mindestens bis ins Oligozän (vor 30 Millionen Jahren) zurück und sind dabei auf ein kleines katzenähnliches Säugetier gestoßen, das Proailurus genannt wurde.

Vorläufer der Katze

vor … Jahren	Epoche	Name	Beschreibung
65 Mio.	Paläozoikum	Creodont	Fleisch fressendes Säugetier
54 Mio.	Eozän	Miacid	Fleisch fressendes Säugetier
38 Mio.	Oligozän	Dinictis	Säbelzahntiger
26 Mio.	Miozän	Pseudälurus	Säbelzahntiger
7 Mio.	Pliozän	Felis lunensis	Beißende Katze
2,5 Mio.	Pleistozän	Felidae	Moderne Katze

Das Zeitalter des Pleistozäns war eine Welt voller Löwen, Luchse, Riesengeparden, Leoparden, Jaguare, kleiner katzenähnlicher Wesen, wie zum Beispiel Manul (existiert heute immer noch), und Martellis-Wildkatzen. Vor einer Million Jahren durchstreiften Säbelzahntiger Europa, Asien sowie Nord- und Südamerika und töteten dabei unter anderem dickhäutige Elefanten und Nashörner. Die letzte dieser Großkatzen starb vor 14.500 Jahren aus. Nach den Martellis-Wildkatzen breitete sich vor 600.000 Jahren Felis silvestris über ganz Europa, Asien und Afrika aus. Die heutige Hauskatze (Felis domesticus) ist wahrscheinlich der direkte Nachkomme der afrikanischen Version (Felis lybica).

Von jeher Fleischfresser, entwickelten Katzen völlig andere Ernährungsbedürfnisse als Menschen. Da die Stoffwechselrückstände von Fleisch sauer sind, erlaubt eine fein abgestimmte Physiologie den Katzen, saure Rückstände gut zu verarbeiten. Gleichzeitig verloren sie dadurch jedoch die Anpassungsfähigkeit an vorwiegend basische Nahrungsmittel, wie sie von alles- und Pflanzen fressenden Tieren bevorzugt werden.

Im Widerspruch dazu schreibt Anita Frazier in *It's a Cat's Life* (ein Katzenleben), dass reine Fleischernährung (für Katzen) einen basischen Urin fördern. Wegen deren basischer Wirkung empfiehlt sie bei kranken Katzen manchmal sogar die Zugabe von Gemüse im Futter. Dies ist zwar für kranke Menschen ein wertvoller Ratschlag, aber für kranke Katzen wohl eher unangemessen. Außerdem ist Frazier gegen das Füttern mit Tomaten und Kartoffeln, weil sie von deren Säure bildender Wirkung überzeugt ist. Untersuchungen im Jahre 1978 ergaben jedoch, dass bei drei verschiedenen Tomatensäften der pH-Wert im Urin erhöht wurde (sie machten ihn basischer).

Säure bildende Pflanzennahrung

Glücklicherweise sind die wichtigsten von uns zur Fütterung empfohlenen vegetarischen Nahrungsmittel Säure bildend. Spargel, Erbsen, brauner Reis und Hafer sind alles saure Lebensmittel. Von Aihara gemieden, jedoch auf anderen Listen Säure bildender Nahrungsmittel enthalten sind: Linsen, Kichererbsen, Mais, Rosenkohl, die meisten Nüsse (außer Mandeln und Kokosnüssen) und Getreide (außer Hirse). Weizengluten, das in Kibble-Rezepten verwendet wird, ist auch ein ziemlich stark Säure bildendes Nahrungsmittel.

Indem Sie Säure bildende Nahrungsmittel füttern, die einen niedrigen Magnesiumgehalt aufweisen, verringern Sie die Wahrscheinlichkeit für FUS.

Trockenfutter

Mehrere Studien weisen darauf hin, dass handelsübliches Tiertrockenfutter zu FUS beiträgt, obwohl, wie bereits vorher erwähnt, Dosen- und Trockenfutter auf Trockengewichtsbasis prozentual durchschnittlich gleich viel Magnesium enthalten. In Amerika ergab eine Studie, dass die Gefahr einer FUS-Erkrankung bei einer regelmäßigen Fütterung von herkömmlichem Trockenfutter mit einem prozentualen Anteil von 50–75 % der Ernährung 1,7-mal, bei 75–99 % 3,1-mal und bei ausschließlicher Fütterung mit Trockenfutter 6,7-mal höher ist. Eine ähnliche Studie in Holland ergab, dass mit Trockenfutter ernährte Katzen siebenmal häufiger an FUS erkranken als solche, die nie Trockenfutter erhielten.

In einer anderen Studie wurde festgestellt, dass die Magnesiumkonzentration im Urin bei Katzen, die mit Trockenfutter ernährt werden, dreimal höher ist, obwohl die Dosennahrung prozentual zum Trockengewicht genauso viel Magnesium enthielt. Das Untersuchen von Futter hinsichtlich Magnesiumeinheiten per Lebensmittelkalorie von durch Stoffwechsel veränderter Energie kann helfen, diese ungewöhnlichen Abweichungen zu erhellen.

Magnesium/Nahrungsmittelenergiedichte

Da die Kaloriendichte von Trockenfutter niedriger ist als bei anderen Ernährungsformen, fressen Katzen mehr davon, um den nötigen Energiebedarf zu decken, nämlich ungefähr 20 % mehr, was auch mehr Magnesium bedeutet.

Hill's Prescription Diet Feline s/d enthält 11 Milligramm/100 kcalME (pro 100 Kalorien umwandelbarer Energie). Hill' Prescription Diet c/d ist die nächstniedrigere Version mit 15 Milligramm/100 kcalME (mit 0,07 % Diät-Magnesium).

Vergleichen Sie diese Zahlen mit denen des weltweit meist verkauften Katzen-Trockenfutters, Cat Chow. Dieses Produkt von Ralston Purina enthält 43 Milligramm/100 kcalME (0,16 % Magnesium auf Trockengewichtbasis). Und das ist noch gar nichts verglichen mit Puss 'N Boots Tunfisch mit Werten von 84

Milligramm/100 kcalME (0,25 % Milligramm/Trockengewicht). Vegecat Trockenfuttermischung Kibble für Katzen enthält 19 Milligramm/100 kcalME (0,07 % Milligramm/Trockengewicht).

Stärker konzentrierter Urin

Trockene Katzenfuttersorten tragen zur Entstehung von FUS wahrscheinlich auch noch auf eine andere, indirekte Weise bei. Futter, das in Form von Kroketten aufgenommen wird, fördert Durst. Doch selbst wenn genügend Wasser getrunken wurde, um die gleiche Menge, wie sie in Dosenfutter oder selbst hergestelltem Futter vorhanden gewesen wäre, auszugleichen, wird dafür über den Kot mehr Flüssigkeit ausgeschieden. Dadurch steht für die Verdünnung des Urins weniger Wasser zur Verfügung.

Die meisten handelsüblichen Trockenfutter enthalten mehr Ballaststoffe, sind weniger leicht verdaulich und haben eine geringere Kaloriendichte als Dosenfutter. Diese Faktoren erhöhen die Magnesiumkonzentration und bilden so die Bedingungen für die Entstehung von FUS.

Nach Aussage der ganzheitlich arbeitenden Tierärztin Judy Stoltz entstammen Katzen (im Gegensatz zu Hunden) dem Mittleren Osten, wo sie keinen Zugang zu Wasser hatten. Deshalb war es nötig, dass diese Wüstentiere das für sie lebensnotwendige Wasser durch ihre Beutetiere erhielten. Sie glaubt, dass es für Katzen aus physiologischen Gründen immer noch notwendig ist, Feuchtigkeit aus ihrem Futter zu extrahieren. Nur Wasser aus einem Napf reicht nicht aus und kann zu Nierenproblemen oder sogar zu Nierenversagen führen.

Übergießen Sie trockenes Futter mit einer feuchten Sauce wie zum Beispiel gesiebtem Brei, der als Babynahrung verkauft wird. Ihre Katzen werden Ihnen für den zusätzlichen Geschmack danken und außerdem gesünder sein. Sollten Sie einmal gezwungen sein, eine größere Menge Futter unbeaufsichtigt für längere Zeit stehen zu lassen, fügen Sie keine Sauce hinzu, da sie sonst zu einer unappetitlichen Kruste austrocknet.

Stress

Obwohl die Gründe für die Entstehung von FUS wissenschaftlich klar definiert zu sein scheinen, muss auch noch ein anderer Faktor berücksichtigt werden. Manchmal schreiben uns Kunden, dass ihre Katze FUS-Symptome entwickelt hat und zwar kurz nach einer ziemlich unruhigen Zeit im Haushalt, z.B. nach einem Umzug. Obwohl FUS durch einen basischen Urin hervorgerufen wird, glaubt Anita Frazier auch an emotionelle Auslöser.

Ich kann dies nicht überprüfen, da in der wissenschaftlichen Literatur über FUS der Stress als Faktor nicht erwähnt wird. Für die menschliche Gesundheit spielt Stress unbestreitbar eine wichtige Rolle und daher ist es empfehlenswert, Stress auch für kranke Tiere zu beseitigen.

Viele Faktoren tragen zu Stress bei, wie zum Beispiel ein lärmbelasteter Haushalt, die seelische Verfassung des Tierhalters, Veränderungen im Umfeld, Fremde, chemische Reizstoffe (Flohhalsbänder, Rauch und Deodorants), Zugluft sowie extreme Hitze oder Kälte. Eine ruhige und gemütliche Umgebung kann, sowohl bei Menschen als auch bei Tieren, viel zur Heilung von Krankheiten beitragen.

Richard Pitcarin empfiehlt daher für jeden Behandlungsbeginn eine leicht verdauliche Diät, wie zum Beispiel Brei aus Kartoffeln, Broccoli mit Sojasoße zu Fleisch oder Knochen. Wir würden Fleisch und Knochen weglassen und durch Weizen-Eiweiß-Produkte ersetzen. Katzen mögen gekochten Kürbis, ein leicht verdauliches Gemüse, das die Ausscheidungsorgane entlastet. Anschließend sollten Sie zu einer magnesiumärmeren Ernährung wechseln.

Wasserkonsum

Sorgen Sie dafür, dass immer sauberes Frischwasser bereitsteht. Urin ist eine Mischung aus verschiedenen aufgelösten Substanzen, und je konzentrierter er ist, desto schneller können sich Steine entwickeln. Wenn Ihre Katze noch nicht älter ist, können Sie auch Salz hinzufügen oder salziges Futter geben, wodurch sie mehr trinkt und folglich der Urin verdünnt wird.

Vitamin C und E

Fügen Sie dem Futter Vitamin C (Ascorbinsäure) bei. Pulverisieren Sie Tabletten oder verwenden Sie Ascorbinsäure-Pulver, das fast überall erhältlich ist. Für eine vier Kilogramm schwere Katze empfiehlt Dr. Belfield eine täglich Dosis von 2.000 Milligramm. Diese Menge reduziert zwar den pH-Wert des Urins, reicht aber möglicherweise nicht aus für die Auflösung kristalliner Harnsteine.

Verwenden Sie keine gepufferten Formen von Vitamin C, da ein Grund für die Verwendung von Vitamin C darin besteht, den Urin sauer zu machen. Vitamin C ist sehr wirksam bei Infektionen und hilft somit auch in dieser Hinsicht bei FUS. Bei einer Langzeit-Anwendung fügen Sie täglich 1.000 Milligramm bei. Sollten Sie auch noch andere Urin-Säurebildner verwenden, reduzieren Sie die Menge auf 500 Milligramm.

Durch eine tägliche Zugabe von mindestens 60 IE bis maximal 300 IE Vitamin E helfen Sie mit, dass beschädigtes Gewebe mit geringer oder ganz ohne Narbenbildung verheilt, und vorhandene Narben bilden sich sogar zurück.

Methionin

Qualitativ minderwertige, handelsübliche Futter enthalten oft wenig Methionin, was zu basischem Urin beitragen kann (in allem Vegecat-Futter ist genügend Methionin).

Schwefelsäure, ein Endprodukt des Methionin-Stoffwechsels, wird in den Urin abgesondert und macht ihn saurer. Außerdem entfernt Schwefel Phosphat aus Magnesiumammoniumphosphat. Diese beiden Faktoren tragen erheblich zur Auflösung von Kristallen bei und verhindern die Bildung neuer Steine.

Methionin, eine natürliche Aminosäure im Eiweiß (obwohl manchmal in ungenügenden Mengen vorhanden), kann dem Futter relativ sicher zugefügt werden. Wird jedoch zuviel gegeben, reduziert sich der pH-Wert des Urins auf ein gefährliches Niveau (weniger als 5,9), was zur Stoffwechsel-Übersäuerung führt. Übermäßig saurer Urin kann mit der Zeit zu Osteoporose (Kalzium-Verlust der Knochen) führen und außerdem zu einem unausgewogenen Verhältnis zwischen Kalium und Elektrolyten, wodurch neurologische und muskulöse Funktionen beeinflusst werden. Mengen an Methionin (wie auch Ammoniumchlorid), die für erwachsene Katzen ungefährlich sind, sind für junge Katzen giftig, wobei sie das Wachstum vermindern und in größeren Mengen sogar tödlich wirken können.

Die angemessene Menge Methionin, die nötig ist, um Kristalle aufzulösen, beträgt 1.000 Milligramm pro Tag (für eine vier Kilogramm schwere Katze) und wird mit dem Futter eingenommen. Dadurch wird der Säuregrad des Urins auf einem Wert zwischen 6,1 bis 6,2 gehalten und bleibt damit deutlich unter einem Höchstwert von 1.800 Milligramm. Fügen Sie es während der Futterzubereitung bei, obwohl es einige Katze wegen seines Eigengeschmacks ablehnen.

Welche Rolle spielt Nährhefe?

Einige Leute machen sich Sorgen darüber, dass Nährhefe möglicherweise zur Blockierung des Urinaltraktes beiträgt.

Immerhin sind nicht mehr als 22 von 10.000 Katzen von Ammonium-Uraten oder Harnsäurekristallen betroffen. Die Chance, dass Ihre Katze Harnsteine hat, ist also sehr gering. Wenn allerdings nach einer zweiwöchigen Säure bildenden, magnesiumarmen Diät immer noch Anzeichen von FUS erkennbar sind, müssen Sie auch die Möglichkeit einer Infektion oder das Vorhandensein eines nicht-kristallinen Harnsteins in Betracht ziehen.

Die Urin-Urate-Konzentration (Salz der Harnsäure) erhöht sich mit der steigenden Aufnahme von Purinen. Tierische Nahrungsmittel enthalten die meisten Purine, wie beispielsweise Muskelgewebe, mit einem Purin-Anteil von ungefähr 0,1 %. Andere Tiergewebe enthalten Purin-Anteile bis zu einem Prozent, wie zum Beispiel einige Fischsorten sowie Herz, Leber und Gehirn von Tieren.

Nährhefe enthält sieben bis acht Prozent Nukleinsäure – 90 % sind RNS und 10 % DNS. Der Nukleotid-Grundstoff in der DNS besteht zu 19 % aus Guanin und zu 31 % aus Adenin. Diese beiden Grundstoffe sind Derivate von Purinen, weshalb der Puringehalt in Nährhefe ungefähr 0,4 % beträgt.

Verglichen mit den meisten anderen Zutaten, verwenden wir in unseren Rezepten wenig Hefe. Ein Tier, das vorwiegend mit Fleisch ernährt wird, nimmt wesentlich mehr Purine auf.

Falls Sie die Hefe in unseren Rezepten weglassen sollten, fügen Sie dem Futter wöchentlich eine schwach dosierte Vitamin-B-Komplex-Tablette bei.

Heilkräuter

Richard Pitcairn empfiehlt die Zugabe von Equisetum arvense (Schachtelhalm). Weichen Sie zwei Teelöffel der getrockneten Kräuter in einer halben Tasse heißem Wasser ein. Von diesem Aufguss geben Sie dreimal täglich, während ein oder zwei Wochen, einen Viertel Teelöffel. Danach unterbrechen Sie eine Woche, und falls nötig, wiederholen Sie die Teekur.

Da Katzen mit FUS häufig frieren, empfehlen wir Brennnesseln, mit denen gute Resultate erzielt wurden, wobei sich Katzen wieder wärmer fühlen. Außerdem helfen sie dabei, Blasenkrämpfe abzuschwächen. Verwenden Sie die getrockneten Kräuter.

Herzprobleme

Vitamin E ist wichtig bei Herzproblemen. In akuten Fällen bei Katzen raten wir, die Dosis allmählich bis zu 400 IE jeden dritten Tag zu steigern. Bei Hunden empfiehlt Dr. Belfield 100 IE für kleine, 200 IE für mittlere und größere und 400 IE für die ganz großen Rassen. Falls Sie außerdem Vitamin C geben, vermeiden Sie ascorbinsaures Natrium. Salz sollte auf die Hälfte der in den Rezepten empfohlenen Menge reduziert werden.

Juliette de Bairacli Levy rät bei Herzbeschwerden zur Verabreichung eines starken Rosmarintees (als Tonikum, Reinigungsmittel und Nerven stärkendes Mittel) zusammen mit Honig gegen Herzkrankheiten. Außerdem empfiehlt sie Löwenzahn- und Brunnenkresseblätter.

Die Bücher *How to Have a Healthier Dog* (Wie wird mein Hund gesünder) und *The Very Healthy Cat Book* (Das Buch für kerngesunde Katzen) von Belfield und Zucker behandeln Vitamin-Therapien. *Dr. Pitcairn's Complete Guide to Natural Health for Dogs and Cats* (Umfassender Ratgeber für eine natürliche Gesundheit bei Hunden und Katzen) bietet umfassende homöopathische Empfehlungen.

Homöopathie

Michael Lemmon, überzeugter Verfechter der Homöopathie, schreibt: „Viele Gesundheitsprobleme, unter denen Ihre Tiere zu leiden haben, könnten leicht durch die Anwendung von Homöopathie geheilt werden. Diese wirkungsvollen und ungefährlichen Heilmittel sind den üblichen Medikamenten vorzuziehen. Denjenigen, welche sich für diese Heilungsmethode interessieren, empfehle ich die folgenden beiden Bücher:

Der englische Tierarzt George MacLeod hat Bücher über die Anwendung von homöopathischen Mitteln bei Rindern, Pferden und Hunden veröffentlicht. In *Homeopathic Treatment of Dogs* (Homöopathische Behandlung von Hunden) schreibt MacLeod über die Struktur des Organismus, beschreibt dann einige Krankheitssituationen und empfiehlt Heilmittel, die in den betreffenden Fällen helfen könnten. Zum Beispiel erwähnt er unter der Überschrift ‚Urinsysteme' auch Nierenentzündung, Nierenbeckenentzündung, Nierenkrankheit, Harnsteinleiden und Blasenentzündung. Er beschreibt kurz die Krankheit inklusive deren medizinische Symptome und nennt dann zu jedem Leiden vier bis dreizehn wirkungsvolle Heilmittel.

Im hinteren Teil des Buches befindet sich ein gutes Stichwortverzeichnis zum schnellen Auffinden von Krankheiten. Ein Abschnitt über Viruskrankheiten, wie Parvovirose und Staupe, gibt wertvolle Informationen über Alternativen zum Impfen: Nosoden, homöopathische Präparate, die aus Mikrokulturen, Viren, Sekreten oder krankem Gewebe oder Ausscheidungen hergestellt werden. Er beschreibt Experimente, die die Sicherheit und den hohen Schutzfaktor dieser Mittel beweisen.

Ein anderer englischer Tierarzt, Christopher Day, ist der Autor von *The Homeopathic Treatment of Small Animals* (Die homöopathische Behandlung von kleinen Tieren). In diesem Buch findet man auch ein Kapitel über die Geschichte und Philosophie der Homöopathie; es wird darin erklärt, wie Homöopathie funktioniert, und bietet außerdem verständliche Argumente zu einigen verbreiteten Kritikpunkten gegenüber dieser Behandlungsart.

In anderen Kapiteln erhalten Laien Ratschläge, wann ein Tierarzt konsultiert werden sollte. Der Tierhalter kann auch viele gute Behandlungsvorschläge finden, wie bestimmte homöopathische Mittel in spezifischen Situationen anzuwenden sind, so z.B. bei einfachen Verdauungsbeschwerden, Steifheit in den Beinen und auch bei psychischen Problemen.

Für den Tierarzt gibt es ein Kapitel, in dem erklärt wird, wie auch die Krankengeschichte bei der Entscheidung für ein Medikament mit einzubeziehen ist. Es gibt hilfreiche Information darüber, wie jeder Fall behandelt werden sollte, welche Potenz zu verwenden ist und wie oft das Mittel genommen werden muss.

Außerdem gibt es einen interessanten Abschnitt über vorgeschlagene Heilmittel bei bestimmten Krankheitssituationen. Ein Beispiel ist Entropion, eine Augenreizung durch Einwärtskehrung der Augenlidspitze, die bei einigen Boxern, Chow-Chows und Dänischen Doggen auftritt. Day empfiehlt Borax, um die Situation zu lindern und dadurch vielleicht sogar einen chirurgischen Eingriff zu vermeiden. Ich kenne einige Fälle, wo sich diese Behandlung als erfolgreich erwiesen hat, und zwar durch die Anwendung von Borax 6X zweimal täglich.

Ein anderes bereits erwähntes Leiden sind Gelenkschmerzen und Steifheit, welche sich durch Schonung verschlimmern und durch Bewegung und körperliche Aktivität verbessert werden. Das klassische Heilmittel in diesem Fall ist Rhus tox, und ich habe selber schon oft beobachtet, wie wirkungsvoll diese Behandlung sein kann. Es gibt auch einen kleinen Abschnitt, der sich mit Krankheiten bei Kaninchen, Meerschweinchen, Hamstern, Ratten, Mäusen und Vögeln befasst.

Die Frage der Krankheitsvorbeugung, einschließlich Anwendung von Nosoden bei Infektionskrankheiten, wird auch angesprochen. Auch über die Verwendung des homöopathischen Mittels Caulophyllum bei Geburten wird berichtet.

Es gibt aber auch noch viele andere hilfreiche Abschnitte über den Stand der aktuellen Forschung in der tierärztlichen Homöopathie, eine Bibliografie und ein gutes Stichwortverzeichnis. Beide Autoren bieten wertvolle Anleitungen sowie wichtige und hilfreiche Informationen für Tierärzte und Tierhalter, die sich für tierärztliche Homöopathie interessieren."

Die Academy of Veterinary Homeopathy kann Ihnen bei der Suche nach einem nach diesen Richtlinien arbeitenden Tierarzt weiterhelfen.

Zähne

Auf die Frage, ob ein Tier hartes Futter für die Zähne benötigt, haben wir in der Vergangenheit mit dem Hinweis darauf geantwortet, dass es diesbezüglich gegensätzliche Meinungen gibt.

Übereinstimmung herrscht darin, dass Nahrungsbestandteile nur dabei helfen können, Zahnsteinbildung zu reduzieren, und dass Zahnstein von Zeit zu Zeit entfernt werden sollte. Nass- und Dosenfutter haben einen Anteil von 65 % am Tierfuttermarkt. In einem Kommentar zu Trockenfutter sagt die *Small Animal Clinical Nutrition* (Klinische Ernährung von Kleintieren): „Seine scheuernde Wirkung reduziert (nicht: verhindert) die Bildung von Zahnstein, was gesündere Zähne und Zahnfleisch fördert. In den meisten Büchern über die Pflege von Hunden und Katzen wird jedoch die Ansicht aufrechterhalten, dass knuspriges Kaufutter dabei hilft, Zähne vor Zahnstein zu schützen."

Anita Frazier ist gegen die Verwendung von Katzen-Trockenfutter, da es als Hauptverursacher von FUS (Felines urologisches Syndrom) gilt. Die Verwendung von Trockenfutter zur Zahnreinigung findet sie „lächerlich". Sie sagt, dass Trockenfutter Zähne nicht reinigt, das noch nie getan hat und ihrer Meinung nach auch nie tun wird. Als dies geschrieben wurde, waren die „zahnsteinkontrollierenden" Trockenfutter von Heinz & Hill's noch nicht bekannt.

Hill's Prescription Diet wurde speziell zur Unterstützung der Zahnhygiene entwickelt. Die Stücke sind größer, damit sie nicht schon beim ersten Biss zerkrümeln. Auf diese Weise werden die Zähne fast die ganze Zeit bearbeitet und dadurch bei diesem Vorgang geputzt. Für diejenigen, welche ihr eigenes Trockenfutter mit Vegedog/Vegecat herstellen, ist es einfach, dasselbe Ergebnis zu erhalten.

Zahnstein

Obwohl Phosphorsäure und Maissirup (in einigen Tiernahrungen) zunehmend zu Karies bei Hunden und Katzen beitragen, hält Tierarzt Michael Lemmon den Zahnstein für die Hauptursache aller Zahnprobleme.

Zahnstein entsteht durch einen Niederschlag von Schleim, Mikroben und phosphorsaurem Kalk, der sich aus dem Speichel bildet und erhärtet. Plaque entsteht hauptsächlich durch Getreide und Milch. Zahnstein sieht aus wie ein gelb-grauer Rand auf den Zähnen, der mit der Zeit derart anwachsen kann, dass er grösser wird als der Zahn selbst. Das Zahnfleisch schwillt vom Zahn weg, legt die Wurzeln frei, und Bakterien gelangen ins Zahnbett. So entstehen massive Infektionen, wackelnde Zähne und Abszesse.

Dr. Belfield sagt: „Um das Entstehen von Plaque (Zahnstein) zu verhindern, müssen Zähne sauber gehalten werden. Eine Ansammlung von Zahnstein schwächt das Zahnfleischgewebe oder bildet einen fruchtbaren Boden für Bakterien. Ich habe schon Tiere gesehen mit einem derartigen Ausmaß an Zahnstein, bakterieller Infektion und Eiter in der Mundhöhle, dass sie fast vergiftet und somit in Lebensgefahr waren. Durch Zahnreinigung konnten wir ihre Gesundheit wieder herstellen. Zähne und Zahnfleisch von Haustieren sollten mindestens einmal pro Jahr durch einen Tierarzt untersucht und, wenn nötig, gereinigt werden."

Gummispielzeug

Peter Emily, Direktor der Zahnheilkunde am Colorado State University College of Veterinary Medicine and Biomedical Sciences in Fort Collins und Mitautor von *The Manual of Veterinary Dentistry* (Das Handbuch der Zahnheilkunde für Tierärzte), empfiehlt für Hunde ein hartes Gummispielzeug mit Rillen. Der Gummi schabt beim Kauen das Zahnfleischgewebe und hilft bei der Entfernung von Fremdkörpern, die zu Infektionen führen könnten.

Barry Bush, Autor von *Cat Care* (Katzenpflege), empfiehlt für Katzen zur Vorbeugung von Zahnstein ein Kauspielzeug aus Vinyl.

Vegetarische Knochen

Üblicherweise helfen Knochen dabei, Zähne sauber zu halten. Hunde kauen Knochen und Katzen zerbeißen knochige kleine Tiere, aber Leon Whitney geht in seinem Buch *The Complete Book of Dog Care* (Das komplette Gesundheitsbuch für Hunde) trotzdem auf Nummer sicher mit der Anmerkung: „Die Zahnqualität eines Hundes wird nur sehr wenig durch die Festigkeit seines Futters beeinflusst.... Ob das Futter hart oder weich ist, spielt keine wichtige Rolle, solange es einen ausreichenden Anteil notwendiger Nährstoffe enthält. Vom Ernährungsstandpunkt aus kann harte Nahrung gut und auch schlecht sein. Der einzige besondere Vorteil von hartem und festem Futter ist, dass es die Zahnreinigung unterstützt.

Wenn jeder Hundehalter seinem Tier ab und zu einen flachen Rippenknochen vom Rind geben würde ... könnte er sicher sein, dass die Zähne des Hundes durch das Zerbeißen dieser Knochen blendend weiß erhalten würden. ... Jedoch dies sollte nicht so ausgelegt werden, als ob Knochen unentbehrlich für die Entwicklung von gesunden Zähnen seien. Hunde, die weiches Futter erhalten, können auch im hohen Alter noch perfekte Zähne haben, wenn ihnen gelegentlich der Zahnstein entfernt wird. Ein Knochen ist nichts als eine geeignete Zahnbürste zum Entfernen von Zahnstein."

In einigen Tierhandlungen erhältliche Karotten- und Getreideknochen sind eine besonders gute vegane Alternative zu Tierknochen, um die Hundezähne sauber zu halten. Hergestellt durch Nylabone Products in Neptun/NJ werden diese aus ganz natürlichen Zutaten hergestellt und enthalten keine Konservierungsmittel, keine Farbstoffe und kein Plastik und werden in fünf Größen angeboten.

In seinem Buch *Keep Your Pet Healthy the Natural Way* (Halte deinen Hund auf natürliche Weise gesund) sagt Pat Lazarus: „(Drs. Robert and Marty Goldstein) empfehlen, Hunden rohe Karotten (vorzugsweise biologische) zu geben, da diese fast denselben Anreiz zum Kauen wie Knochen bieten. Auch Karotten können in gewissem Umfang wie ein Knochen zur Zahnpflege beitragen. Da wir bei Katzen allerdings wohl bis zum jüngsten Tag warten müssen, bis sie sich für eine Karotte interessieren, empfehlen die Goldsteins für sie feste Vollkornkekse."

Hundekuchen

Einige Tierärzte empfehlen Vollkornleckereien für Zähne und Zahnfleisch. Im Handel sind bereits vegetarische Hundekuchen erhältlich, von denen auch Katzen eine begrenzte Menge knabbern könnten.

Einige normale Kräcker, wie z.B. harte schwedische Roggenkräcker, erhältlich in Lebensmittelgeschäften, sind auch akzeptabel. Man kann auch Kräcker oder harte Kekse selbst herstellen. Allerdings besteht auch die Theorie, dass durch Kekse der Zahnstein gefördert wird, da Plaque durch Getreide gebildet wird.

Nach einer Untersuchung der Harvard Medical School sind Tierhautkauknochen im Vergleich zu Getreidekeksen bis zu zehnmal wirksamer beim Entfernen von Zahnstein: Täglich erhielt jeder Hund, zusätzlich zu Trockenfutter und Wasser, entweder drei Hautstreifen oder zehn Hundekuchen. Die „Leckerli" wurden dreimal am Tag gefüttert. Nach drei Wochen waren durch die Tierhautkauknochen 62,6 % und durch Kekse 6,3 % vom Zahnstein des vierten Backenzahns im Oberkiefer entfernt worden. Jedoch war die Wirkung auf die anderen Zähne gering, wenn man von einer allmählichen Reduktion der Steinbildung an den oberen Schneidezähnen der Hunde absieht, die Tierhaut bekommen hatten.

Es ist schwierig, den Kauf von Tierhautkauknochen zu rechtfertigen, da es sich hier um Schlachthausprodukte handelt, durch die bei der Zahnreinigung nur wenig mehr erreicht wird als durch Kekse, außerdem bezieht sich die Wirkung nur auf wenige Zähne.

Zähneputzen

Dr. Colin Harvey, der an der Universität von Pennsylvania Professor für Chirurgie in der Veterinärmedizin ist, erklärt, dass 95 % der Hunde über fünf Jahre unter Entzündungen der Zahnwurzelhaut leiden. Plaque ist der Auslöser dieser Krankheit. Auf den Oberflächen der Zähne bilden sich weiche Rückstände, die fast ausschließlich aus Bakterien bestehen. Wenn diese sich vermehren, breiten sie sich über das Zahnfleisch aus, führen zur Zahnfleischentzündung und setzen schließlich einen Teufelskreis in Gang dadurch, dass sich das Zahnfleisch vom Knochen löst, der Zahn Halt verliert und dann verloren ist. Obwohl einige Studien vermuten lassen, dass Trockenfutter und harte Kekse bei der Verhinderung von Zahnfleischkrankheiten wirksamer sind als weiches Futter, bemerkt Dr. Harvey außerdem: „Jedoch besteht das einzige nachweisbar bewährte Verfahren, Hunde (die Dosenfutter erhalten) über einen Zeitraum von mehreren Jahren zuverlässig frei von Anzeichen von Zahnfleischerkrankungen zu halten, im professionellen Zähneputzen."

Ähnlich objektive Informationen über Katzen sind nicht verfügbar, obwohl eine subjektiv belegte Studie andeutet, dass, im Vergleich mit Dosenfutter, trockene Nahrung wirkungsvoller die Steinbildung und Zahnfleischentzündungen kontrollieren kann.

In einer der „Liebe Ann Landers"-Kolumnen ging es um das Thema, dass Zahnpflege das Leben von Tieren retten kann. Die Briefe stammten hauptsächlich von Tierärzten als Reaktion auf eine früher veröffentliche Kolumne, die sich mit den Gefahren der Narkose beschäftigte. Übereinstimmung bestand darin, dass professionelle Zahnreinigung eine Notwendigkeit ist bei Hunden und Katzen, die Fertigfutter erhalten. Jedoch behauptete ein Tierarzt, dass eine Ernährung ausschließlich aus kommerziellem Hunde- und Katzenfutter, vorzugsweise trocken, jede professionelle Zahnpflege überflüssig mache.

Ein Leser aus Guam schrieb uns: „Ich habe mein ganzes Leben lang Haustiere gehabt, wie auch schon mein Vater vor mir. Unsere Tiere brachten wir nur für regelmäßige Routinekontrollen zum Tierarzt. Die einzige Ausnahme war, als Buster bei einem Unfall beim Schlittenfahren sein Bein brach und es geschient werden musste. Noch nie mussten bei einem einzigen unserer Hunde die Zähne professionell gereinigt werden. Wir putzten ihre Zähne jeden Tag selber, und das genügte."

In *The Cat Catalog* (Katzen-Katalog) empfiehlt Rebecca B. Marcus eine wöchentliche Reinigung: „Benutzen Sie eine Zahnbürste oder ein feuchtes, raues Tuch, das Sie um Ihren Finger gewickelt haben; damit säubern Sie die Vorderzähne wie auch das Zahnfleisch."

David Taylor rät: „Um die Entstehung von Zahnstein zu verhindern, müssen Katzenzähne sauber gehalten werden. Viele Katzen akzeptieren eine wöchentliche Reinigung mit einer weichen Zahnbürste, Salz und Wasser. Wenn die Katze sich wehrt, sollte sie einmal pro Jahr zum Tierarzt gebracht werden, wo unter Beruhigungsmitteln oder Narkose die Zähne gereinigt werden."

Barry Bush empfiehlt eine kleine weiche Kinderzahnbürste, die man in Zahnpulver oder auch Natron taucht. Er sagt, dass Haustiere den Schaum und Geschmack von Zahnpasta, die für den menschlichen Geschmack entwickelt wurde, nicht mögen. Außerdem kann es passieren, dass sie die Zahnpasta eher schlucken als ausspucken, was zu Bauchschmerzen führen kann.

Ein Trick, die Zahnbürste annehmbarer zu machen, besteht darin, die Borsten mit einem Geschmacksstoff anzufeuchten, den die Katze mag. Dr. Emily glaubt, dass alle Katzen und Hunde zu einem Teil italienischer Abstammung sein müssen, weil sie Knoblauch zu lieben scheinen. Versuchen Sie es mit etwas Knoblauchpulver, aufgelöst in lauwarmem Wasser, und feuchten Sie damit die Borsten an.

Anthony Shipp, ein Tierarzt spezialisiert in Zahnheilkunde und Mitautor von *The Practitioner's Guide to Veterinary Dentistry* (Einführung in die Praxis der tierärztlichen Zahnheilkunde), rät dazu, eine Woche lang täglich eine Minute lang Ihre Hand in den Mund des Tieres zu stecken. Dies sollten Sie tun, bevor Sie irgendeinen anderen Gegenstand der Zahnreinigung verwenden, nur um Ihr Tier an diese Idee zu gewöhnen. Wenn es das toleriert, bearbeiten Sie die Zähne mit einem Stück Verbandsstoff, das Sie um Ihren Finger gewickelt haben, aber nicht länger als eine Minute, um unnötige Angst zu verhindern. Wenn auch das erfolgreich funktioniert, ist es Zeit für das Zähneputzen.

Sie könnten sogar eine elektrische oder batteriebetriebene Zahnbürste verwenden, wenn der Lärm Ihr Tier nicht stört. Wendy Beers, eine auf Zahnheilkunde spezialisierte Tierärztin, rät dazu, das Badezimmer offen zu lassen, wenn Sie Ihre Zähne putzen, damit Ihr Tier Ihnen beim Gebrauch der Zahnbürste zusehen kann. Wenn Ihr Tier nicht freiwillig ins Badezimmer kommt, können Sie Ihre Zähne auch direkt vor dem Schlafplatz Ihres Tieres putzen.

Leon Whitney meint dazu: „Die Beseitigung von Zahnstein ist eine Arbeit, die von jedem Hundebesitzer selbst durchgeführt werden kann, wenn er nicht zwei linke Hände hat und nicht allzu zimperlich ist. Die ganze Ausrüstung, die dazu benötigt wird, ist ein spezieller Zahnsteinkratzer, wie er auch von Zahnärzten verwendet wird. Allerdings wird Ihr Zahnarzt den ganzen Zahnstein normalerweise schneller entfernen als Sie – und vor allem mit weniger Unbehagen für Besitzer und Tier. Tierhalter warten häufig zu lange, bis sie ihren Hund zum Tierarzt bringen. Bis dann sind die Backenzähne manchmal schon bis zu 6 mm mit Zahnstein überzogen und die Eckzähne stark verkrustet. Zu diesem Zeitpunkt riecht der Atem des Hundes meistens sehr schlecht. Mehr als ein Tierhalter hat mich schon darum gebeten, seinem Hund alle Zähne zu ziehen, weil sie so schrecklich aussehen. In solchen Fällen narkotisiere ich den armen Hund einfach, entferne jedes kleinste Stückchen Zahnstein, und wenn der Besitzer dann zurückkommt, zeige ich ihm ein Tier mit einem Mund voll wunderschöner Zähne."

Auswirkungen auf lebenswichtige Organe

Tierärztin Donna Semich warnt vor ernsten Gesundheitsproblemen bei unterlassener Zahnreinigung, selbst im Hinblick auf ein bei dem Verfahren bestehendes Narkoserisiko. Auch wenn die Zähne täglich durch den Hundebesitzer geputzt werden, hält sie ein professionelles und gründliches Reinigen für erforderlich. Dies unterbinde Zahnkrankheiten, eine Infektionsquelle für den ganzen

Körper. Sie sagt: „Viele Tiere leiden unter Herz-, Leber- oder Nierenkrankheiten, die durch gründliche und zeitgerechte Zahnpflege hätten verhindert werden können."

Eines Tages rief mich eine Frau an wegen ihres dreizehnjährigen Hundes (diagnostiziert mit einem Herzklappenfehler), der Atemschwierigkeiten hatte. Sie wollte den Grund für diese Herzkrankheit wissen. Ich sagte, dass eine solche Krankheit angeboren oder auch von einer chronischen Infektion herrühren könne. Paradontose ist der wahrscheinlichste Auslöser.

Tierzahnärzte

1977 arbeiteten nicht mehr als acht Tierärzte in der American Veterinary Dental Society (Amerikanische Gesellschaft für Tierzahnärzte), heute hat sie mehr als 1.000 Mitglieder. Einige Tierärzte spezialisierten sich in der Zahnheilkunde, machen Wurzelbehandlungen, führen chirurgische Eingriffe im Mund durch, setzen Zahnspangen und sogar Kronen ein.

Gelegentlich gibt es auch Zahnärzte, die sowohl eine Zahnarztpraxis für Menschen als auch für Tiere haben, wie z.B. diejenige von Dr. T. Keith Grove, der in Vero Beach, Florida praktiziert.

Nur zwei Veterinär-Hochschulen, die Universität von Pennsylvania und die Universität von Illinois, beschäftigen Dental-Dozenten, und es gibt nur vier lokale Dentalprogramme. Dr. Harvey sagt: „Jeder Hund und jede Katze verdient ein anständiges Gebiss. Sie wollen doch nicht, dass Ihren Lieblingen im Alter und bei erhöhtem Narkoserisiko Zähne gezogen werden müssen."

Zur Beachtung

Gegenüber den Tiergefährten in unserer Obhut haben wir die Verpflichtung, für deren Gesundheit zu sorgen und ihnen zu einem langen und angenehmen Leben zu verhelfen. Diese Fürsorge beinhaltet auch, dass wir gelegentlich mal in ihren Mund schauen und den Zustand ihrer Zähne kontrollieren. Überprüfen Sie sie von Zeit zu Zeit, um zu sehen, ob sie gereinigt werden müssen (nicht alle Tiere neigen zu Zahnstein). Sie können die Reinigung selbst versuchen oder sie durch einen Tierarzt durchführen lassen.

Hartes Futter zum Kauen kann durchaus angeboten werden, aber man soll nicht erwarten, dass dadurch die Zähne gesäubert werden. Wenn man aber je richtig saubere Zähne gesehen hat, weiß man, worauf man in Zukunft achten muss.

Impfungen

Bei der Teilnahme von 600 Lesern der Zeitschrift *Cat Fancy* an einer Meinungsumfrage über Gesundheit stellte sich heraus, dass vier Prozent der im Bericht erfassten Katzen nachteilige Reaktionen auf Impfungen zeigten, meistens nach

Impfungen gegen Katzenleukämie. Schwache Reaktionen äußerten sich in leichter Müdigkeit und Muskelschmerzen. Seltener waren Schaum im Mund, hohes Fieber, Erbrechen, Verlust von Körperfunktionen und Anfälle.

Seit im Jahre 1978 die American Veterinary Medical Association (Amerikanische tierärztliche medizinische Gesellschaft) die generelle Empfehlung aussprach, Hunde und Katzen jährlich zu impfen, haben Tierärzte Milliarden Dosen an Impfstoffen für Haustiere verabreicht. Lebend- und modifizierte Lebend-Impfstoffe verursachen die stärksten Reaktionen, da sie sich im Körper ihres Wirtes vermehren.

Viele Tierärzte sind besorgt über den rapiden Anstieg des ganz besonders aggressiven, sehr bösartigen Tumors, dem Felinen Impfsarkon. Es scheint, als ob einige Katzen eine genetische Veranlagung haben, auf Impfungen mit der Entwicklung von Krebs an der Injektionsstelle zu reagieren!

Viele dieser Tumore enthielten Spuren von Aluminium, das Impfstoffen als Konservierungsmittel zugefügt wird. Aber nicht nur Impfstoffe richten Zerstörungen bei diesen Katzen an, sondern jede Spritze kann diese Tumore auslösen. Eine zur Untersuchung dieses Problems gebildete Arbeitsgruppe gibt folgende Empfehlungen:

1. Impfungen müssen auf die speziellen Bedürfnisse jedes einzelnen Tieres abgestimmt sein. Ein im Haus gehaltenes Tier braucht weniger als ein anderes, das sich vorwiegend draußen aufhält.
2. Verschiedene Impfungen sollten alternierend nur jedes zweite Jahr durchgeführt werden.
3. Katzen sollten nur an ganz bestimmten Körperstellen geimpft werden.

Einige Hersteller bieten bereits Impfstoffe ohne Aluminium an.

Auch Hunde zeigen spezifische Reaktionen auf Impfungen, nämlich einen höheren Anteil von immunitätsbezogenen Krankheiten (Hyperthyreose, entzündliche Darmkrankheiten usw.), die nach der Ansicht einiger durch die Überstimulierung des Immunsystems hervorgerufen werden. Richard Pitcairn glaubt, dass die meisten Hautallergien, die er in den vielen Jahren seiner Tätigkeit als homöopathischer Tierarzt gesehen hat, auf wiederholte jährliche Impfungen zurückzuführen sind.

Herkunft der Impfstoffe

Wichtig für einen von ethischen Grundsätzen geleiteten Vegetarier, der Schlachthausprodukte ablehnt, ist auch die Herkunft der Impfstoffe. Aus dem Weitergeben des Tollwutvirus von Gehirn zu Gehirn (wie es auch in der Natur geschieht) entsteht ein „fixierter“ Virus.

Durch die Injektion dieses Virus in das Gehirn von Kaninchen (und anderer Tiere) schafft man einen Bestand an tollwütigen Tieren. Diese Tollwut-Tiere zeigen Appetitlosigkeit, haben Schmerzen auf der Seite der Impfung, reagieren extrem sensibel auf Lärm und Zugluft, haben Schaum vor dem Mund, können nicht schlucken, finden keine bequeme Stellung, zittern und haben Zuckungen. Ein starker Krampfanfall, Herz- oder Atmungsversagen würde diese Tortur beenden, aber sie werden erst im letzten Stadium ihrer Krankheit getötet. Ihr Gehirn mit dem dazugehörenden Rückenmark bildet die Basis für den Tollwutimpfstoff, der aus 20 % Gehirngewebe besteht, das in einer 0,5 %igen Phenol-Lösung schwimmt. Bei der Impfung erhalten Hunde normalerweise eine Dosis von einem Kubikzentimeter.

Empfehlungen

Richard Pitcairn befürwortet vorsichtig einige Impfungen. Aufgrund vieler Nebenwirkungen und manchmal ungenügendem Schutz empfiehlt er allerdings, nicht gegen alles zu impfen. Bei Hunden sind die einzigen wichtigen Impfungen die gegen Staupe und Parvovirose. Bei Katzen empfiehlt er nur diejenigen gegen Staupe und Katzenleukämie, die riskanteste. Er warnt vor wiederholten Impfungen bei Katzen, da diese eine latente Virusinfektion aktivieren können.

Die Häufigkeit des Zusammentreffens Ihres Tieres mit anderen sollte Ihre Entscheidung in der Frage der Impfungen beeinflussen. Wenn Sie sich zur Impfung entscheiden, empfehlen ganzheitliche Tierärzte das Verabreichen einzelner Wirkstoffe, da die multiplen das Immunsystem in Unordnung bringen können. Die mancherorts vorgeschriebene Tollwutschutzimpfung ist mehr für die Sicherheit von Menschen bestimmt.

Als Alternative zu Impfstoffen verabreicht Pitcairn ausschließlich Nosoden. Dies sind homöopathische Mittel, die vorsorglich verabreicht werden und das Immunsystem des Körpers für die Abwehr einer bestimmten Krankheit stärken.

Anhang

1. Kommerzielles Tierfutter

Dein Tier hat gespeist
Wie gewissenhaft der Schlachthof auch arbeitet
in der Distanz sorgsam verborgen
lauert Mittäterschaft

Fernab der hell erleuchteten Gänge des Supermarktes vermitteln die fensterlosen Schlachthöfe, die wie Gefängnisse bewacht werden, ein beklemmendes Gefühl. Wir sollten unseren vierbeinigen Freunden vegetarisches Futter anbieten, da wir sonst eine perverse Futtermittelindustrie unterstützen. Ich habe mir die Freiheit genommen, das obige Zitat von Ralph Waldo Emerson ein wenig zu verändern und statt „Du" „Dein Tier" zu wählen.

Karen Konzlow schrieb uns aus New York:

„Mir wurde klar, dass kommerzielles Tierfutter nichts taugt, als mein Hund Epoo an Krebs erkrankte und unter Herzbeschwerden litt. Der Tierarzt riet mir, es mit einem naturbelassenerem Hundefutter zu probieren, also kaufte ich „XX" im Reformhaus.

Das Futter enthielt keinerlei Konservierungsmittel, wodurch es häufig von Motten befallen wurde. Irgendwann wurde mir das zu dumm und ich begann, für den Hund vegetarisch zu kochen.

Epoo ist mittlerweile gestorben und mein neuer Hund Misha wird überwiegend vegetarisch ernährt. Im August wird sie drei Jahre alt, aber sie hat immer noch etwas Welpenhaftes an sich. Ich bin sehr erleichtert, dass ich meinem Hund dank Ihres Futters etwas Gutes tun kann.

Manchmal versuchen meine Freunde mir ein schlechtes Gewissen einzureden, aber ein Blick auf Mishas glänzendes, schwarzes Fell und ihre ungebeugte Lebenslust beweist mir, dass ich kein schlechtes Frauchen sein kann."

Bevor es kommerzielles Tierfutter gab, wurden Hunde und Katzen meist mit fleischhaltigen Tischabfällen gefüttert. *The Dog in Health and Disease* (Der gesunde und der kranke Hund) schrieb 1872:

„Das Hundefutter setzt sich aus einem gewürzten Eintopf mit oder ohne Fleischeinlage zusammen, in dem auch andere Essensreste verarbeitet werden können.

Nachdem Sie das Fleisch gekocht haben, bis es sich leicht vom Knochen lösen lässt, lassen Sie es abkühlen, schöpfen Sie das Fett von der Brühe und füllen Sie diese mit Wasser auf.

Danach mischen Sie das Fleisch vorsichtig unter. Kochen Sie es 30 Minuten auf kleiner Flamme, lassen Sie es dann abkühlen, bis es eine puddingartige Konsistenz aufweist. Einmal pro Woche sollte das Futter mit grünem Gemüse, Kartoffeln oder Steckrüben zubereitet werden."

Da diese Prozedur sehr aufwändig war, war es nur noch eine Frage der Zeit, bis jemand auf die Idee kam, die Erkenntnisse der Industrie auf das Tierfutter anzuwenden. Diese hatten für die Soldaten des amerikanischen Unabhängigkeitskrieges bereits lange haltbare Nahrungsmittel entwickelt.

Industrielle Hundekuchen

James Spratt, ein Vertreter für Blitzableiter, gab seinem Hund einige harte, trockene Schiffskekse zu fressen. Sein Hund verschlang diese gierig. Pratt kam der Gedanke, dass der Markt für „Hundekuchen" größer sein könnte als der für Blitzableiter, und so machte er sich ans Werk. Es war im Jahr 1860, ein Jahr später brach der amerikanische Bürgerkrieg aus.

Die ersten Kuchen, die auf riesigen Blechen gebacken wurden, enthielten überwiegend Getreide. Sie ließen sich leicht brechen und waren so trocken, dass sie Wasser und andere Flüssigkeiten gut aufsaugten, wodurch die Hunde sie leicht kauen konnten. Bald wurde dem Teig zusätzlich Fleisch beigemischt. Die Kunden schätzten diese bequeme Art der Tierfütterung sehr, und das Fleisch-Faser-Futter wurde ein voller Erfolg. Riesige, bunte Werbetafeln warben mit Darstellungen von bisonjagenden Indianern selbst in London für das Futter.

1930 gab es bereits über 200 verschiedene Tierfuttermarken, die um die Gunst der Käufer konkurrierten. Da die Hersteller kaum etwas über die unterschiedlichen Nährstoffbedürfnisse der Tiere wussten, wurde meist für Hunde und Katzen das gleiche Futter angeboten, lediglich das Bild auf der Dose war ein anderes. Vor dem Ausbruch des Zweiten Weltkriegs bestand das Angebot an Tierfutter zu 91 % aus Konservenware. Durch den Krieg entstand ein Mangel an Metall, und die Industrie begann, Trockenfutter zu produzieren. Am Ende des Krieges machte dies einen Marktanteil von 85 % aus. Im Jahr 1960 produzierten 3.000 unterschiedliche Firmen insgesamt 15.000 verschiedene Tierfutterprodukte. Dabei machte das Dosenfutter einen Anteil von 60 % aus. 1972 gab es nur noch 1.500 Firmen mit insgesamt 10.000 Produkten, und fünfzehn Jahre später hatten sich diese auf 150 Firmen mit 1.200 Produkten reduziert.

Gegen alle Vorbehalte

Die Regierung verbietet es nicht, verdorbenen Fisch zu verkaufen. Aus diesem Grund tauchten zig Millionen Dosen verdorbener Tunfisch aus einer wegen unzureichender Hygiene geschlossenen kanadischen Fabrik als 7th Heaven Cat Food auf dem Markt auf.

Findige Geschäftsleute entfernten von vielen dieser Dosen die Beschriftung und verkauften den Fisch wieder als Tunfisch für Menschen. Einige der 1985 hergestellten Dosen erschienen 1992 als „Tunfisch im eigenen Saft“ wieder in den Supermärkten. Ein Regierungssprecher fragte bezüglich der gefundenen 38.640 Konserven: „Aber wer will denn bloß verdorbenes Katzenfutter essen?“ Katzen! Aber untersuchen Sie das Dosenfutter für Ihre Katze nur nicht allzu gründlich.

Geschmacksstoffe

Small Animal Clinical Nutrition (Die klinische Ernährung von Kleintieren) schrieb:

„Die Geschmacksstoffe sind vermutlich die wichtigsten Faktoren der letzten Jahre. Besonders bei Katzen, aber auch bei Hunden kommt es wesentlich auf die Schmackhaftigkeit des Trockenfutters an.“

Wenn Sie Ihr Tier von kommerziellem auf selbst zubereitetes Futter umstellen wollen, müssen Sie damit rechnen, dass ihr Tier bereits süchtig nach den Geschmacksstoffen geworden ist.

Darum ist eine schrittweise Nahrungsumstellung oft notwendig.

Der kontrollierte Enzymabbau von Hühnereingeweiden ist eine Herstellungsweise dieser Stoffe. Bei der Verwendung von Fisch, Leber oder Rinderlungen wird ein proteolytisches Enzym benötigt. Durch die Veränderung des pH-Wertes der Innereien vergrößert sich die Bekömmlichkeit. Damit sich die Bestandteile nicht vollends auflösen, wird anschließend wieder eine Säure (meist phosphorhaltig) zugefügt.

Können Sie sich vorstellen, wie diese Brühe nach einigen Wochen riecht und aussieht?

Trockenfutter enthält diese pasteurisierten und getrockneten Zusatzstoffe. Für Hunde macht es ca. ein bis drei Prozent des Futters aus, für Katzen ein bis sieben Prozent. Verschiedene Geschmacksstoffe rechtfertigen unterschiedliche Zusammensetzungen für mehr oder weniger das gleiche Futter. Die Tierfutterindustrie ist mit über zehn Milliarden Dollar an der Börse vertreten, 3.000 Katzen werden als Versuchstiere für diese Industrie missbraucht. Die verschiedenen Enzyme und Mixturen gelten als streng gehütete Geheimnisse der Branche.

Tierische Nebenprodukte

In den Fabriken der USA fallen jährlich ca. zwanzig Milliarden Kilogramm Tierkadaver an. Die Hälfte davon landet in der Futtermittelproduktion. Katzenfutter besteht durchschnittlich zu 35–50 % aus Tierabfällen, Hundefutter enthält etwas weniger (25–40 %).

Die Abfallprodukte im Tierfutter sind überwiegend: Schweineohren und -schnauzen, Rinderhufe und -schwänze, Häute, Knochen, Haiknorpel sowie Kaninchen und Wildkadaver. Die Konsistenz des Endprodukts sowie unzureichende Kontrollen machen es immer wieder möglich, dass gefährliche und giftige Produkte in die Nahrungskette geraten. 1999 schiffte eine belgische Firma Tierfette zu Futtermittelfirmen in ganz Europa. Dieses war mit Dioxinen und PCB vergiftet. Diese Stoffe gerieten in den Nahrungsmittelkreislauf in Europa und durften nicht in die USA importiert werden. Erst nach ausgiebigen Kontrollen gab es Entwarnung.

Futterarten

Die Produktpalette an Tierfutter ist erstaunlich groß.

Die Standardlektüre der Tierfutterhersteller *The Petfood Report* (Der Tierfutterbericht), gab folgende Information heraus:

Tierfutterumsatz der USA in Milliarden $

Beschreibung	1998	(geschätzt) 1999
Hundefutter, trocken	3,471	3,670
Hundeleckerli	1,204	1,241
Hundefutter, Konserven	1,120	1,123
Hundefutter, feucht	0,104	0,105
Hundefutter, gesamt	**5,899**	**6,139**
Katzenfutter, Konserven	2,414	2,561
Katzenfutter, trocken	2,023	2,118
Katzenleckerli	0,128	0,137
Katzenfutter, feucht	0,091	0,087
Katzenfutter, gesamt	**4,656**	**4,903**

Die meisten dieser Futtermittel enthalten Konservierungsstoffe wie BHA oder Ethoxyquin.

Ethoxyquin gilt als giftiges Pestizid und darf Nahrungsmitteln für Menschen nicht zugesetzt werden. In den meisten europäischen Ländern ist es in keiner Form zugelassen, da es als zu gefährlich für Mensch und Tier gilt. Anita Frazier engagiert sich für das Verbot von Halbtrockenfutter, da es Konservierungsmittel enthält, die lediglich der längeren Lagerungszeit in den Supermärkten dienen. Tierische Nebenprodukte (Schlachtabfälle) sind in England seit 1990 verboten, werden aber in den USA weiterhin angeboten. Solange dieser Abfall in schönen, bunten Dosen und Tüten angeboten wird, werden die Verbraucher auch weiterhin zum Kauf verführt.

Pressfutter

In den 50er Jahren wurde in den Laboratorien von Ralston Purina das Pressfutter entwickelt. Mittlerweile macht es den Hauptanteil des Tierfutters aus. Durch die Herstellungsweise sind die unterschiedlichsten Formen, Farben und Konsistenzen möglich geworden.

Die Zutaten werden vermengt und auf 200 °C erhitzt. Mit hohem Druck wird diese Masse dann durch eine kleine Öffnung gepresst und gleich darauf portioniert. Hoch erhitzt werden diese Portionen mit Geschmacksstoffen überzogen. Durch den Prozess werden die Moleküle derart verändert, dass schließlich eine vergrößerte, poröse und haltbare Struktur entsteht, die dem Verbraucher vertraut ist.

Im Jahr 1998 teilten sich folgende Anbieter den US-Markt:

Die umsatzstärksten Tierfutterhersteller

1. Ralston Purina	15,0 %
2. Friskies Pet Care (Nestlé)	12,1 %
3. Heinz	11,4 %
4. Hill's	7,6 %
5. Doane & Windy Hill	7,4 %
6. Iams	5,0 %
7. Kal Kan (Mars)	4,9 %
8. Nutro Products, Inc.	2,5 %
Alle Übrigen	34,1 %

Ralston Purina

1926 startete Ralston Purina mit der Entwicklung von Geschmacksstoffen für Hundefutter.

Sie begannen mit dem Verkauf von Dog Chow Checkers 1927. 1930 verfütterte Admiral Richard Byrd auf seiner Arktisexpedition insgesamt 50 Tonnen davon an seine Schlittenhunde. Mitte der 50er Jahre hatte Ralston Press-Maschinen entwickelt, die ihre Müslimischungen in Großpackungen abfüllten, dies geschah dann auch bald mit dem Hundefutter. 1958 war Ralston die umsatzstärkste Hundefuttermarke.

Aber Ralston Purina hat weltweit auf verschiedene Pferde gesetzt. So gehören auch Eveready Battery Company (die Batterien mit dem rosa Duracell Hasen), BeechNut (Babynahrung) und die Continental Baking Company zum Unternehmen. Durch Ralston sind wir auch in den zweifelhaften Genuss von Produkten wie „Nintendo Müsli“ und „Frühstück mit Barbie“ gekommen.

Friskies Pet Care Products

Die meistverkauften Produkte sind Come'N Get It, Alpo, Mighty Dog, Blue Mountain, Chef's Blend und Kleen Kitty Cat Litter (Katzenstreu). Seit 1984 gehört Friskies zu Nestlé SA. Friskies wird in insgesamt 37 Ländern vertrieben und hat den Hauptsitz in der Schweiz.

Heinz Pet Products

1996 hatte H.J.Heinz Co. einen Umsatz von zwölf Milliarden Dollar. Das Tierfutter wird in zwanzig Ländern vertrieben und ist wohl am bekanntesten für Morris. Andere Marken sind: Skippy, Vets, Sturdy, Glamour Puss, Figaro und 9-Lives. Als Leckerlis bietet die Firma Hot Dogs, Grillwürstchen und Hundewurst an. Ihre Kampagne für delfinfreie Lebensmittel macht zwar Mut, dennoch wünschen wir uns tierfreie Produkte!

In Rockford in Illinois begannen die Channel-Brüder mit der Produktion von Pferdefleisch in Dosen mit dem Namen Ken-L-Ration. Die amerikanische Bevölkerung verabscheute jedoch diese Verarbeitung von Pferden, und auch der US-Kongress machte einen Handel über die Staatsgrenzen hinaus fast unmöglich. Kurz vor dem finanziellen Ruin stehend, entwickelten die Brüder in den 30er Jahren Hundefutter.

Im Jahr 1942 kaufte Quaker Oats die Firma und den Namen Gaines auf. Sowohl Ken-L-Ration als auch Puss'N Boots wurden Verkaufsschlager. 1995 kaufte Heinz die Tierfutterlinie von Quaker's auf.

Nature's Recipe

1996 wurde die Firma Nature's Recipe von Heinz aufgekauft. Ihr Umsatz betrug zu der Zeit 50 Millionen US-Dollar. Sie hatten sich einen Namen mit der Entwicklung von fleischlosem Hunde-Trockenfutter gemacht, das zunächst als Futter gegen allergische Reaktionen angeboten wurde. Firmengründer Jeffrey Bennett (der heute für Heinz arbeitet) sagte mir, dass es für Katzen und Hunde gesünder sei, kein Fleisch zu fressen. Hunde, die allergische Reaktionen gegen Fleisch entwickelt haben, reagieren am stärksten auf Rindfleisch, gefolgt von Pferdefleisch, Schwein, Fisch, Geflügel und Schaf.

Das in Nature's Recipe enthaltene Vitamin D_3 stammt aus der Wolle von Schlachtschafen. Die meisten ihrer Produkte enthalten Teile von Schlachttieren, offensichtlich bereitet es ihnen keine Probleme, einerseits vegetarisches Tierfutter anzubieten und andererseits Schlachtvieh zu verarbeiten.

1995 beklagte Nature's Recipe einen Verlust von zwanzig Millionen Dollar, da sie tausende Tonnen Hundefutter vom Markt nehmen mussten, das durch verschimmeltes Getreide kontaminiert war. Die Gesundheitsbehörde stellte fest, dass durch den Schimmelpilz zu keiner Zeit Menschen in Gefahr waren, da „ das für Tierfutter verwendete Getreide kein hochwertiges Getreide sei".

Durch den schleppenden Verkauf der 9-Lives-Katzenfutterprodukte war Heinz gezwungen, die Nature's-Recipe-Fabrik in Kalifornien zu schließen. Nun befindet sich die Produktion im zentralen Werk in Pittsburgh.

Hill's Pet Nutrition

Aus Kansas stammen die Hill's-Pet-Nutrition-Produkte (Science Diet, Prescription Diet), die zunächst ausschließlich durch Züchter und Tierärzte vertrieben wurden. Hill's ist sehr auf den Schutz des Markenbegriffs „Science" bedacht, so dass es bereits zu Klagen gegen die Firmen Kal Kan (für den Zusatz „a Scientific Diet“) und Ralston Purina (für den geplanten Produktnamen „Science Select“) gekommen ist.

Die Firma betont stets die Popularität ihrer Produkte unter Tierärzten, wodurch viele Verbraucher das Gefühl vermittelt bekommen, sie würden mit der Science Diet das bestmögliche Futter für ihre Tiere wählen. Leider sind die meisten Tierärzte keine Experten im Bereich Tierernährung. Viele ihrer Informationen erhalten sie durch die Tierfutterindustrie.

Science Diet verspricht, dass „nur Zutaten von höchster Qualität“ verarbeitet werden. In ihrer Katzenfutterlinie machen „Nebenprodukte“ von Hühnern den Hauptbestandteil aus. Bevor die Schlachthöfe die Tierfutterindustrie als zahlenden Kunden entdeckte, war dies ein reines Abfallprodukt. Tierarzt Alfred Plechner beschreibt die Zusammensetzung dieser Nebenprodukte: „Verdorbenes Gewebe, Eiter, Federn, Schlachtabfälle und Kadaver in verschiedenen Stadien der Verwesung.“

Die Werbung verspricht: „Wenn Sie Science Diet Produkte für Ihren Hund oder Ihre Katze wählen, entscheiden Sie sich für viel mehr als nur für Tierfutter.“ Wollen wir denn wirklich mehr als nur Tierfutter? Wollen wir das vermutlich krebserregende BHA (Butylatisches Hydoxan), das in den Produkten entdeckt wurde? Dieses umstrittene Konservierungsmittel steht im Verdacht, Leberschäden, Hirndefekte und Verhaltensstörungen hervorzurufen. In einer Studie von 1980 hieß es, dass es die Hirntätigkeit um 50 % herabsetze und die neurologische Entwicklung junger Tiere beeinflusse. Unglücklicherweise enthält Science Diet diese Stoffe sowohl in ihrem Futter für ausgewachsene als auch für Jungtiere. BHA ist auch in den Produkten anderer Hersteller enthalten. Vermutlich ist es zudem nicht einmal wirksam als Konservierungsmittel. So schrieb Eastman Chemical Products in einer ihrer Broschüren, dass „ BHA und BHT keine bedeutende Verbesserung der Haltbarkeit von pflanzlichen Ölen bewirkt“.

Darüber hinaus enthält das Futter Geflügel-Geschmacksstoffe und das krebserregende Propyl-Gallat, das mit Leberschäden und Geburtsdefekten in Verbindung gebracht werden kann.

Science Diet verspricht: „Wir tun alles, um unser Futter so gesund wie möglich zu machen“, doch um ihre Produkte länger haltbar zu machen (vermutlich für die Tierärzte, die nur ab und zu bestellen), verwenden sie Ethoxyquin. Dieses gilt nicht nur als Konservierungsmittel für Tierfutter, sondern auch als Fungizid, Pflanzenschutzmittel, Insektenschutzmittel und Stabilisator für Gummi. Es gibt keine Versuchsreihen mit Hunden oder Katzen, aber Züchter bestätigen, dass Haut- und Zyklusprobleme nach dem Absetzen von Ethoxyquin verschwanden. Eine bessere Möglichkeit, pflanzliche Fette haltbar zu machen, ist der Zusatz von Vitamin E und C. Dr. H. Klaui bestätigt dies in einem Bericht der Abteilung für Vitamine und Nährstoffanalyse der Firma Hoffman-La Roche & Co.: „Diese (die Vitamine) sind nicht nur nachweislich ungiftig und nebenbei natürliche Futterbestandteile… sie haben als Vitamine oder Provitamine auch noch einen zusätzlichen Wert.“

Hill's Pet Products werden in insgesamt 65 Ländern vertrieben und sind „das goldene Ei" der Firma Colgate-Palmolive. Die Firma, die vor allem mit Reinigungs- und Pflegemitteln einen Jahresumsatz von neun Milliarden Dollar (1998) erzielte.

Doane Pet Care Company

Die Doane Pet Care Company aus Tennessee ist die größte privat betriebene Fabrik für Hundefutter und die zweitgrößte für Trockenfutter in den USA. Vor kurzem nahmen sie die Produktion von Bonkers Cat Treats wieder auf und vertreiben diese wieder an Supermärkte.

Auch Produkte wie z.B. das bei WalMart angebotene Ol'Roy und Maximum Nutrition werden von der Firma produziert.

1998 starben mindestens 25 Hunde nach einer Versuchsfütterung in der Fabrik in Texas. Die gesamte Produktion aus Texas und Louisiana wurde daraufhin zurückgeordert, da sie mit Aflatoxin, einem starken Krebserreger, kontaminiert war. Entstanden war der Stoff durch die Trockenprozesse. Um den Umsatz zu retten, hat das Landwirtschaftsministerium eine Ausnahme bezüglich der strengen Aflatoxin-Richtlinien gemacht, es ist nun in Tierfutter zugelassen (in Nahrungsmitteln für den menschlichen Verzehr jedoch nicht).

Iams

In den 50er Jahren entwickelte Paul Iams das erste auf Fleisch basierende Hundetrockenfutter, Iams 999. Die Produkte von Iams (Iams und Eukanuba) werden zur Zeit ausschließlich in Fachmärkten angeboten, sie stellen die größte Konkurrenz zu den Produkten von Hill's dar. Iams betont stolz die tierische Eiweißquelle ihrer Futtermittel und verspottet die Bemühungen der Marktbegleiter um pflanzliche Alternativen. Ihr Motto lautet: „More Meat Matters" (Mehr Fleisch bringt's). Iams ist eine der wenigen Firmen, die natürliche Konservierungsstoffe nutzt. Die Haltbarkeit wird durch Vitamin E, Rosmarinextrakt, Zitronensäure und Lecithin erreicht. 1998 erzielte Iams einen weltweiten Jahresumsatz von 800 Millionen US-Dollar. Die Procter & Gamble Company hatte in jenem Jahr einen Umsatz von 38,1 Milliarden US-Dollar. 1999 kaufte sie die Firma für 2,3 Milliarden US-Dollar auf, was ihre bis dahin größte Akquisition darstellte. Dadurch steht die Firma P & C in direktem Wettkampf mit Hill's Pet Nutrition von Colgate-Palmolive.

Kal Kan

An siebenter Stelle im Wettkampf um die Tierfutter-Einnahmen befindet sich die kalifornische Firma Kal Kan Foods. Sie ist ein Zweig des Unternehmens Mars, das stolz von sich behauptet, ein Drittel aller Hunde und Katzen weltweit zu versorgen und der weltgrößte Tierfutterhersteller zu sein. Mit den Marken Pedigree für Hunde- und Whiskas und Sheba für Katzenfutter machte sich der Konzern einen Namen. Ihr „Puppy with Lamb" (Welpe mit Lamm) hat allerdings nichts mit der Option zu tun, dass Hunde und Schafe beste Freunde sein können. Für das Unternehmen spricht allerdings, dass Kal Kan eine Reihe von Hilfsprogrammen aufgebaut und unterstützt hat, die sich unter anderem mit Such-, Rettungs- und Blindenhunden beschäftigen.

Nutro Products

Mit Verkäufen in insgesamt achtzehn Ländern hat sich Nutro seit der Gründung 1926 in Kalifornien auf dem Markt etabliert. Es bietet unabhängigen Tierfutterläden mit höchstens drei Niederlassungen einen eigene Marke. Da Hunde und Katzen eher schlecht lesen können, richten sich die Produktnamen wohl eher an die etwas spleenigen Käufer, so gibt es Lamm & Pasta für Katzen und Lamm, Ente & Pasta für Hunde. Kalbfleisch-Paté, Lamm & Truthahn-Schnitzel und California Chicken Supreme sollen Katzenbesitzer verführen.

Sunshine Mills

Die Firma Sunshine befindet sich in Privatbesitz und hat ihren Stammsitz in Alabama. Sie stellt Superpremium Futter in Großpackungen her, wie z. B. Nurture Pet Products, Canine/Feline Principle Pet Products und Golden Blend Pet Products. Durch farbenprächtige Packungen sind ihre Welpen-Produkte schnell erkennbar.

Windy Hill Pet Food Co.

Dieses Unternehmen befindet sich im Besitz einer spekulationsfreudigen Investorengruppe, die bereits Firmen wie zum Beispiel Van de Kamp, Mrs. Paul's, Celeste frozen pizza und Aunt Jemima aufgekauft hat. Durch den Erwerb der Markenrechte von verschiedenen Tierfuttern wie zum Beispiel Kozy Kitten und Tuffy (beides vormals Heinz) wuchs der Umsatz von Windy Hill schnell und stetig.

Nabisco Brands, Inc.

Als James Spratt 1895 nach Amerika kam, hatte er keinerlei Konkurrenz, bis die Bennet Biscuit Company ihre Milk Bone Dog and Puppy Foods auf den Markt brachte. Auch wenn diese in Kartons verpackt waren, wurden sie dennoch schnell ranzig, da sie keinerlei Konservierungsmittel beinhalteten.

1931 kaufte Nabisco Brands, Inc. (Firmensitz in New Jersey) Milk-Bone auf. Die 3.000 Handelsvertreter des Unternehmens überzeugten die Supermärkte von ihrem Produkt. Dies stellte zu jener Zeit eine kleine Sensation dar, da die Öffentlichkeit der Meinung war, dass Tierfutter (aus Abfall hergestellt) nichts neben Lebensmitteln für Menschen zu suchen hat.

Evolution

Evolution behauptet, mit ihrem fleischlosen Futter den Ansprüche der AAFCO (AAFCO – Amerikanische Gesellschaft für die amtliche Nahrungsmittelkontrolle) zu genügen.

Leider waren wir bis zum Erscheinen dieser Ausgabe nicht in der Lage, diese Behauptung auf Grund des von ihnen bereitgestellten Materials zu überprüfen. 1995 mussten wir feststellen, dass der Anteil an Arachidonaten im Trockenfutter nur 20 % der von der AAFCO herausgegebenen Richtlinien entsprach. Ein Bestandteil ist Sonnenblumenöl, das schnell ranzig wird und deshalb nur kurzzeitig haltbar ist. Der Aufdruck auf einer Dose Erbsen & Avocado, welches als „weltbeste Kraftdiät für Katzen“ angepriesen wird, stellt wohl die seltsamste Garantie der gesamten Tierfutterindustrie dar:

„Falls Ihr Hund (sic) nicht mindestens fünf bis zehn Jahre länger leben sollte als der Durchschnitt des Wurfs, nachdem Sie ihn mindestens fünf Jahre mit Evolution gefüttert haben, bezahlen wir Ihnen eine neue Katze aus einem Zwinger oder Tierheim Ihrer Wahl. Bewahren Sie also bitte die Kaufnachweise sorgfältig auf.“

Als Vitamin-A-Quelle ist Beta-Karotin aufgeführt. Katzen sind allerdings nicht in der Lage, dieses Vitamin zu verarbeiten und benötigen daher eine andere Vitamin-A-Quelle (als Acetat oder Palmitat nicht tierischen Ursprungs erhältlich).

Evolution rät, das Katzenfutter mit frischem Obst und Gemüse anzureichern. Es sollen dem Futter für ein mexikanisches Gericht zerkleinerter Blattsalat, Salsa, gebackene Bohnen (ohne Fett) und ein Teelöffel gehackter Zwiebeln beigefügt werden. Es findet sich auch ein Hinweis auf die schrittweise Einführung des neuen Futters: „Füge 25 % mehr Evolution bei jeder vierten Fütterung hinzu.“

Cuddles, unsere vegetarische Katze, verweigerte Evolution komplett, egal wie wir es zubereiteten. Jewie, der einen sehr weit gefächerten Geschmack hat, war zumindest ansatzweise interessiert.

Zur Verteidigung von Evolution soll allerdings gesagt sein, dass sie bei der Produktion komplett auf tierische Zutaten verzichten.

Wysong

Wysong stellt Canine/Feline Anergen III her, eine fleischlose Diät, die von Tierärzten angewandt wird. Das Produkt kann nur für eine befristete Dauer ausschließlich gefüttert werden, es wird empfohlen, frisches Fleisch zuzufüttern.

Ein Produkt mit dem Namen Vegan stellt eine Basis dar, mit der Allergien auf zugefütterte Fleischsorten getestet werden können. Den Verbrauchern wird nahe gelegt, dem Futter frisches Fleisch zuzufügen und auf das behandelte Fleisch der meisten anderen Tierfutter zu verzichten.

Die Vegepet-Produkte von HOANA

Diese Produkte durchbrachen erstmalig die Verbindung zu jeglichen Schlachthäusern. Die Nahrungsergänzungen Vegecat, Vegekit und Vegedog stellen eine sichere, gewaltlose und tierfreundliche Futteralternative für Haustiere dar. Der Kunde erhält die Zutaten frisch von einem lokalen Händler, wodurch frisches Futter gewährleistet wird. Es ist eine Vegecat-Fertigmischung für Trockenfutter erhältlich, für all jene Verbraucher, die das Futter so einfach wie möglich herstellen möchten. Lediglich Wasser, Öl und Mehl müssen noch hinzugefügt werden und schon kann es mit einer Sauce aus Babykost serviert werden.

Wow-Bow Distibutors Ltd.

Die New-Yorker Firma Wow-Bow bietet eine Reihe von vegetarischen Leckereien für Hunde, Katzen, Vögel, Kaninchen, Ziegen, Schweine und Pferde an. Für den besten Freund des Menschen werden wahre Kunstwerke per Hand hergestellt. Ihr Hund wird wissen, dass etwas Besonderes ansteht, wenn er zum Geburtstag einen ca. 40 cm langen Hundekuchen in seiner Lieblingsfarbe und mit seinem Namen versehen bekommt.

Falls Sie Vegecat- oder Vegedog-Futter nicht selbst zubereiten mögen, übernimmt Wow-Bow dies für sie. Es wird mit Zutaten von HOANA nach den Originalrezepten hergestellt.

2. Nährstoffanforderungen

Anforderungen der AAFCO (Amerikanische Gesellschaft für die amtliche Nahrungsmittelkontrolle) sind entweder in Milligramm oder als Internationale Einheiten (IE) per Kilogramm Futter oder als Prozentangabe des Gesamtgewichts des Futters angegeben. Alle Angaben beziehen sich auf die Trockenmasse TM.

Die maximalen Nährstoffwerte sowohl für junge als auch für ausgewachsene Katzen betragen für Zink 2.000 mg/kg, Vitamin A (Retinol) 75.000 IE/kg, Vitamin D 10.000 IE/kg, Methionin 1,5 %TM.

Katze

Ausgewachsene Katze (Vegecat-Kibble-Rezept)

Nährstoff	Bedarf	Tagesbedarf gedeckt zu
Fett	9 % TM	105 %
Eiweiß	26 % TM	100 %
Kalzium	0,6 % TM	104 %
Kupfer	5 mg /kg	271 %
Jod	0,35 mg/kg	7.800 %
Eisen	80 mg/kg	123 %
Magnesium	0,04 %	181 %
Mangan	7,5 mg/kg	114 %
Phosphor	0,5 % TM	105 %
Kalium	0,6 % TM	107 %
Selen	0,1 mg/kg	221 %
Natrium	0,2 % TM	114 %
Zink	75 mg/kg	103 %

Biotin	0,07 mg/kg	186 %
Cholin	2.400 mg/kg	104 %
Folsäure	0,8 mg/kg	190 %
Nikotinsäure	60 mg/kg	277 %
Panthothensäure	5 mg/kg	1.307 %
Vit. A Retinol	5.000 IE/kg	108 %
Vit. B_1 Thiamin	5 mg/kg	2.300 %
Vit. B_2 Riboflavin	4 mg/kg	1.900 %
Vit. B_6 Pyridin	4 mg/kg	1.310 %
Vit. B_{12}	0,02 mg/kg	118 %
Vit. D_1	500 IE/kg	109 %
Vit. E	30 IE/kg	231 %
Arginin	1,04 % TM	113 %
Histidin	0,31 % TM	187 %
Isoleucin	0,52 % TM	217 %
Leucin	1,25 % TM	152 %
Lysin	0,83 % TM	106 %
Methionin	0,62 % TM	101 %
Methionin + Cystin	1,1 % TM	148 %
Phenylalanin	0,42 % TM	313 %
Phenylalanin + Tyrosin	0,88 % TM	189 %
Taurin	0,2 % TM	107 %
Threonin	0,73 % TM	123 %
Tryptophan	0,16 % TM	185 %
Valin	0,62 % TM	200 %
Linolsäure 18:2	0,5 % TM	538 %
Arachidonat 20:4	0,02 % TM	111 %

Junge Katze (Vegekit-Kibble-Rezept)

Nährstoff	Bedarf	Tagesbedarf gedeckt zu
Fett	9 % TM	122 %
Eiweiß	30 % TM	179 %
Kalzium	1 % TM	103 %
Kupfer	5 mg /kg	333 %
Jod	0,35 mg/kg	7.446 %
Eisen	80 mg/kg	105 %
Magnesium	0,08 %	170 %
Mangan	7,5 mg/kg	535 %
Phosphor	0,8 % TM	101 %
Kalium	0,6 % TM	138 %
Selen	0,1 mg/kg	226 %
Natrium	0,2 % TM	250 %
Zink	75 mg/kg	149 %
Biotin	0,07 mg/kg	519 %
Cholin	2.400 mg/kg	149 %
Folsäure	0,8 mg/kg	295 %

Nikotinsäure	60 mg/kg	318 %
Panthothensäure	5 mg/kg	273 %
Vit. A Retinol	9.000 IE/kg	103 %
Vit. B_1 Thiamin	5 mg/kg	1.839 %
Vit. B_2 Riboflavin	4 mg/kg	793 %
Vit. B_6 Pyridin	4 mg/kg	163 %
Vit. B_{12}	0,02 mg/kg	106 %
Vit. D_1	750 IE/kg	103 %
Vit. E	30 IE/kg	260 %
Arginin	1,25 % TM	216 %
Histidin	0,31 % TM	433 %
Isoleucin	0,52 % TM	486 %
Leucin	1,25 % TM	330 %
Lysin	1,2 % TM	157 %
Methionin	0,62 % TM	180 %
Methionin + Cystin	1,1 % TM	204 %
Phenylalanin	0,42 % TM	673 %
Phenylalanin + Tyrosin	0,88 % TM	500 %
Taurin	0,2 % TM	103 %
Threonin	0,73 % TM	241 %
Tryptophan	0,25 % TM	248 %
Valin	0,62 % TM	446 %
Linolsäure 18:2	0,5 % TM	1.095 %
Arachidonat 20:4	0,02 % TM	106 %

Vegecat

Zusammensetzung:
Ascophyllum nodosum (Quelle des Arachidonats), Kalzium-Karbonat, Di-Kalzium-Phosphat, DL-Methionin, Taurin, Cholin-Chlorid, Vitamin E (dl-alpha-Tocopherol-Acetat), Zinkoxid, Eisensulfat, Vitamin-A-Acetat, Kupferoxid, Vitamin D_2 (Ergocalciferol), Sodium Selenit, Vitamin-B_{12}-Supplement

Vegekit

Zusammensetzung:
Ascophyllum nodosum (Quelle des Arachidonats), Di-Kalzium-Phosphat, Kalzium-Karbonat, Taurin, DL-Methionin, Cholin-Chlorid, Vitamin E (dl-alpha-Tocopherol-Acetat), Sodium Selenit, Zinkoxid, Vitamin-A-Acetat, Kupferoxid, Vitamin-B_{12}-Supplement, Vitamin D_2 (Ergocalciferol)

Hund

Die maximalen Nährstoffwerte sowohl für junge als auch für ausgewachsene Hunde betragen für Kalzium 2,5 %, Phosphor 1,6 %, Kalzium-Phosphor-Verhältnis 2:1, Magnesium 0,3 %, Eisen 3.000 mg/kg, Kupfer 250 mg/kg, Zink 1.000 mg/kg, Vitamin A (Retinol) 250.000 IE/kg, Vitamin D 5.000 IE/kg, Vitamin E 1.000 IE/kg.

Ausgewachsener Hund (Vegedog-Haferflocken/Soja-Rezept)

Nährstoff	Bedarf	Tagesbedarf gedeckt zu
Fett	8 % TM	175 %
Eiweiß	18 % TM	135 %
Kalzium	0,6 % TM	134 %
Kupfer	7,3 mg /kg	170 %
Jod	1,5 mg/kg	150 %
Eisen	80 mg/kg	113 %
Magnesium	0,04 %	447 %
Mangan	5 mg/kg	662 %
Phosphor	0,5 % TM	133 %
Kalium	0,6 % TM	142 %
Selen	0,11 mg/kg	134 %
Natrium	0,06 % TM	111 %
Zink	120 mg/kg	122 %
Cholin	1.200 mg/kg	111 %
Folsäure	0,18 mg/kg	616 %
Nikotinsäure	11,4 mg/kg	187 %
Panthothensäure	10 mg/kg	143 %
Vit. A Retinol	5.000 IE/kg	133 %
Vit. B_1 Thiamin	1 mg/kg	1.228 %
Vit. B_2 Riboflavin	2,2 mg/kg	155 %
Vit. B_6 Pyridin	1 mg/kg	250 %
Vit. B_{12}	0,022 mg/kg	131 %
Vit. D	500 IE/kg	128 %
Vit. E	50 IE/kg	233 %
Arginin	0,51 % TM	344 %
Histidin	0,18 % TM	321 %
Isoleucin	0,37 % TM	297 %
Leucin	0,59 % TM	311 %
Lysin	0,63 % TM	201 %
Methionin + Cystin	0,43 % TM	192 %
Phenylalanin + Tyrosin	0,73 % TM	284 %
Threonin	0,48 % TM	191 %
Tryptophan	0,16 % TM	203 %
Valin	0,39 % TM	324 %
Linolsäure 18:2	1 % TM	710 %

Heranwachsender Hund (Vegedog-Haferflocken/Soja-Rezept)

Nährstoff	Bedarf	Tagesbedarf gedeckt zu
Fett	8 % TM	170 %
Eiweiß	22 % TM	110 %
Kalzium	1 % TM	106 %
Kupfer	7,3 mg /kg	166 %
Jod	1,5 mg/kg	202 %
Eisen	80 mg/kg	129 %
Magnesium	0,04 %	441 %
Mangan	5 mg/kg	645 %
Phosphor	0,8 % TM	111 %
Kalium	0,6 % TM	140 %
Selen	0,11 mg/kg	159 %
Natrium	0,3 % TM	110 %
Zink	120 mg/kg	156 %
Cholin	1.200 mg/kg	110 %
Folsäure	0,18 mg/kg	610 %
Nikotinsäure	11,4 mg/kg	198 %
Panthothensäure	10 mg/kg	141 %
Vit. A Retinol	5.000 IE/kg	174 %
Vit. B_1 Thiamin	1 mg/kg	1.197 %
Vit. B_2 Riboflavin	2,2 mg/kg	155 %
Vit. B_6 Pyridin	1 mg/kg	252 %
Vit. B_{12}	0,022 mg/kg	177 %
Vit. D	500 IE/kg	173 %
Vit. E	50 IE/kg	305 %
Arginin	0,62 % TM	280 %
Histidin	0,22 % TM	260 %
Isoleucin	0,45 % TM	243 %
Leucin	0,72 % TM	253 %
Lysin	0,77 % TM	164 %
Methionin + Cystin	0,53 % TM	154 %
Phenylalanin + Tyrosin	0,89 % TM	231 %
Threonin	0,58 % TM	157 %
Tryptophan	0,2 % TM	163 %
Valin	0,48 % TM	262 %
Linolsäure 18:2	1 % TM	690 %

Vegedog

Zusammensetzung:

Di-Kalzium-Phosphat, Kalzium-Karbonat, Ascophyllum nodosum (Quelle des Arachidonats), Taurin, Zinkoxid, Eisensulfat, Vitamin E (dl-alpha-Tocopherol-Acetat), Cholin-Chlorid, Sodium Selenit, Vitamin-B_{12}-Supplement, Vitamin D_2 (Ergocalciferol), Vitamin-A-Acetat

Bibliografie

„A Rat May Be Somebody's Mother," Vegetarian Times May 1992: 24-25.

„Acetone." Encyclopædia Britannica, 15th ed. (1976), I: 54.

Aguirre, G., „Retinal degeneration associated with the feeding of dog foods to cats." in J. Am. Vet. Med. Assoc., 172 (1978): 791-96.

Aihara, H., Acid and Alkaline, 5th ed. (Oroville: George Ohsawa Macrobiotic Foundation, 1986).

Allan, E. & Bonning, L., The Cat Owner's Manual (New York: Gramercy Books, 1994).

Alderton, D., The Dog Care Manual (London: Quarto Pub. Ltd., 1986).

Anderson, J., „Poisons in Pet Food," Petfood Industry May 1998: 82-86.

Anderson, P. et al., „Nitrogen Requirement of the kitten," in Am. J. Vet. Res. 41 (1980): 1646-49.

Anderson, R. & Wrede, B., Caring for Older Cats & Dogs (Charlotte: Williamson Publishing Co., 1980)

Animal Protection Institute, „What's Really in Pet Food," retrieved Sep 4 1999 from the World Wide Web: http://www.api4animals.org/Petfood.htm

Assoc. Am. Feed Control Officials, Official Publication 1998 (West Lafayette: Assoc. Am. Feed Control Officials, 1998).

Authur, G., Noakes, D. & Pearson, H., Vet. Reproduction & Obstetrics, 5th ed. (London: Bailliere Tindall, 1982).

Axelson, M. et. al., „Soya — a dietary source of the non-steroidal oestrogen equol in man and animals," J. Endocr., 102 (1984): 49-56.

Bair, J. „Heinz putting U.S. operations under one roof," Bergan Record Online retrieved Oct 5 1999 from the World Wide Web: http://www.ohio.com:80/ bj/news/ohio/docs/014314.htm

Balch, J.F. & Balch, P., Prescription for Nutritional Healing (Garden City Park: Avery Pub. Group Inc., 1990).

Barker, J.C., Williams, H.R., Greene County Animal Mortality Collection Ramp, Publication No. EBAE-186-93 (North Carolina Cooperative Extension Service: 1993).

Beadle, M., The Cat (New York: Simon & Schuster, Inc, 1977) 33-34.

Belfield, W. & Zucker, M., The Very Healthy Cat Book (New York: McGraw-Hill Book Co., 1983).

— & —, How to Have a Healthier Dog (New York: Doubleday & Co., 1981).

Berson, E. & Hayes, K., „Retinal degeneration in cats fed casein. I. Taurine deficiency," Invest. Ophthalmol., 15 (1976): 47-52.

—, et al. „Retinal degeneration in cats fed casein. II. Supplementation with methionine, cysteine, or taurine," Invest. Ophthalmol., 15 (1976): 52-61.

Bible, Trans. (1611), King James. (Philadelphia: A.J. Holman Co.).

Bibus, D., „Omega Progress," Petfood Industry May/Jun 1997: 60-65, 81.

Black, D., „Excretory System Diseases," Encyclopædia Britannica, 15th ed. (1976) 2: 1107-1111.

Block, J. et al., Amino Acid Handbook (Springfield: Charles C. Thomas, 1956).

Booth, N. & McDonald, L., Vet. Pharmacology and Therapeutics, 5th ed. (Ames: The Iowa State Univ. Press, 1982).

Bryant, D., Pet Cats (New York: Ives Washburn, Inc., 1963).

Bueler, L., Wild Dogs of the World (New York: Stein and Day, 1980).

Budwig, J., Oil Protein Diet (

Burger, I. & Barnett, K., „The taurine requirement of the adult cat," J. Small Ani. Practi., 23 (1982): 533-37.

Bush, B., The Cat Care Question and Answer Book (London: Macdonald & Co. Ltd., 1981).
Chatterjee, I.B. „Evolution and the Biosynthesis of Ascorbic Acid," Science 21 Dec 1973: 1271.
Cheraskin, E., Ringsdorf W. Jr., & Sisley, E., Vitamin C Connection (New York: Harper & Row, 1983).
Coe, S., Dead Meat (New York : Four Walls Eight Windows, 1995).
Cohn, J., „Surprising cheetah genetics," BioScience 36 (1986): 358-62.
Collins, D., Collins Guide to Dog Nutrition, 2nd ed. (New York: Howell Book House, Inc., 1987).
Cone, J., Coine, A. & George, R., Feeding Fido (McLean: EPM Pub., Inc., 1982).
Conley, C., „Blood, Human." Encyclopædia Britannica, 15th ed. (1976), 2: 1111-1121.
Costa, P. & Hoskins, J., „The Role of Taurine in Cats," Compendium on Continuing Education for the Practicing Veterinarian Sep 1990.
Davidson, M.K. and Mahan, L.K., Food, Nutrition and Diet Therapy (Philadelphia: W.B. Saunders Co., 1979).
Deady, J. et al., „Effects of level of dietary glutamic acid and thiamin on food intake, weight gain, plasma amino acids, and thiamin status of growing kittens," J. Nutri., 111 (1981): 1568-79.
Diehl, K., „The Natural Animal," Body Mind Spirit Sep/Oct. 1992: 40-45.
Doctor's Book of Home Remedies for Dogs & Cats (Emmaus: Rodale Press, Inc., 1996).
Donadio, O., Repel Fleas Nutritionally (Fort Lauderdale: The Pet Health Publications, 1979).
Downing, N., „1999 & Beyond," Petfood Industry Jan/Feb 1999: 36-43.
Eckhouse, J., „How Dogs and Cats Get Recycled Into Pet Food." San Francisco Chronicle 19 Feb 1990.
Edwards, D., „Feeding a Finicky Cat," Cat Fancy Jan. 1992: 17-19.
Ehret, A., Mucusless Diet Healing System, 15th ed. (Beaumont: Ehret Literature Pub. Co., 1972).
Eisnitz, G., Slaughterhouse (Amherst: Prometheus Books, 1997).
Erasmus, U., Fats and Oils (Burnaby: Alive Books, 1986).
Erasmus, U., Fats that Heal Fats that Kill 2nd ed. (Burnaby: Alive Books. 1993).
Ewer, R. The Carnivores (Ithaca: Cornell Univ. Press, 1973).
Fireman, J. ed., Cat Catalog (New York: Greenwich House, 1982).
Fox, M., Understanding Your Cat (New York: Bantam Books, Inc., 1977).
—. Agricide (New York: Schocken Books, 1986).
Frankel, T., Essential fatty acid deficiency in the cat, Ph.D. thesis, Wollfson Coll., Univ. Cambridge, U.K., 1980.
Frazier, A. & Eckroate, N., The Natural Cat (San Francisco: Harbor Pub., 1981).
—, & —, It's A Cat's Life (New York: Berkley Books, 1990).
—, & —, The New Natural Cat (New York: Dutton, 1990).
Gaines Dog Research Center, Basic Guide to Canine Nutrition, 3rd ed. (White Plains: General Foods Corp., 1974).
Galli, C. et al., „Comparative effects of olive oil and other edible fats on brain structural lipids during development," Lipids, Vol. 1: Biochemistry. New York: Raven Press, 1976.
Gershoff, S., Legg, M. & Hegsted, D., „Adaptation to different calcium intakes in dogs," J. Nutr., 64 (1957): 303-12.
Gierhart, D., „Palatability," Pet Food Industry Mar/Apr. 1991: 16.
Glaberson, W., „Legal Pioneers Seek to Raise Lowly Status of Animals," New York Times on the Web, retrieved Jan 18, 1999 from the World Wide Web: http://partners.nytimes.com
Gosselin, S. et. al., „Veno-occlusive Disease of the Liver in Captive Cheetah," Vet. Pathol., 25 (1987): 48-57.
Graf, E. & Eaton, J., „Effects of phytate on mineral bioavailability in mice," J. Nutri., 114 (1984): 1192-98.
Gregory, D., Dick Gregory's Natural Diet for Folks Who Eat: Cookin' with Mother Nature (New York: Harper & Row, 1973).
Gurkin, A. & Fenstermacher, S., „The Petfood Report," Petfood Industry Sep/Oct 1999: 20-24.
Guthrie, H., Introductory Nutrition (St. Louis: The C.V. Mosby Co., 1975).

Guyton, A., Basic Human Physiology (Philadelphia: W. B. Saunders Co., 1977).

—, Function of the Human Body (Philadelphia: W. B. Saunders Co., 1964).

Hamilton, R., „Best medicine' may have adverse effects," Petfood Industry Jul/Aug 1987: 26-27.

Harper, J., Feed the Kitty-Naturally (Richland Center: Pet Press, 1991).

—, The Healthy Cat and Dog Cook Book (Richland Center: Pet Press, 1992).

Hayes, K., Carey, R. & Schmidt, S., „Retinal degeneration associated with taurine deficiency in the cat," Science 188 (1975): 949-50.

Human Information Service, USDA Nutrient Database for Standard Reference, Release 12 (Hyattsville: 1998).

Hedhammer, A. et al., „Overnutrition and skeletal disease," Cornell Vet., 64 (1974): 5-135.

Hegsted, M., et al, eds. Present Knowledge In Nutrition (New York: The Nutrition Foundation, Inc., 1976).

Heritage, F. Composition and Facts About Foods (Mokelumne Hill: Health Research, 1968).

Hesser, J. „Uses and Functionality of Wheat Gluten." in Gluten Proteins, eds. R. Lásztity & F. Békés. (Singapore: World Scien. Pub. Co. Pte. Ltd., 1987), 441-55.

Hoff-Jorgensen, E. „The influence of phytic acid on the absorption of calcium and phosphorus," Biochem., 40 (1946): 189-92.

Howell, E., Enzyme Nutrition (Wayne: Avery Pub. Group Inc., 1985).

—, Food Enzymes For Health and Longevity (1946; rpt. Woodstock Valley: Amangod Press, 1980).

Howard, J., „Carnivora," Encyclopædia Britannica, 15th ed. (1976), 3: 926-944.

Hur, R., „Six Inches from Starvation; How and Why America's Topsoil is Disappearing," Vegetarian Times Mar 1985: 45-47.

Gaull, G., in „Taurine in Development," in „Taurine in Nutrition and Neurology," eds. Huxtable, R. & Pasantes-Morales, H. (New York: Plenum Press, 1982), 92, 491, 507.

„Industry News," Pet Food Industry Jul/Aug. 1987: 10.

„ —," Pet Food Industry May/Jun. 1991: 18.

„ —," Petfood Industry Jul/Aug 1999: 66-68.

„ —," Petfood Industry Jan/Feb 1999: 51-61.

„ —," Petfood Industry Mar/Apr 1998: 72-85.

„Is our fish fit to eat?" Consumer Reports Feb 1992: 103-114.

Jacobsen, J. & Smith, L. Jr., „Biochemistry and physiology of taurine and taurine derivatives," Physio. Rev. 48 (1968): 424-511.

Jacoboson, M., Eater's Digest (Garden City: Anchor Books, 1972).

Jaggar, D. „Veterinary Acupuncture," Vegepet Gazette Spr 1989: 9-11.

James, R., Cat Repair Book (Mills: Alpine Press, 1996).

Jenkins, K., & Phillips, P., „The mineral requirements of the dog (the relation of calcium, phosphorus and fat levels to minimal calcium and phosphorus requirements)," J. Nutr. 70 (1960): 241-46.

Johnson, P., Cat Love (Pownal: Storey Communications, Inc., 1990).

Kaeberle, M., „Vaccine quest," Pet Veterinarian Jul/Aug. 1992: 16-19.

Kallfelz, F., „The 'natural' myth," Petfood Industry Sep/Oct 1990: 29-31.

Kane, E., et al., „Zinc deficiency in the cat," J. Nutr. 111 (1981): 488-95.

Kasturi, N. ed., Sathya Sai Speaks (Tustin: Sai Baba Society, 1972) 7: 437.

Kay, W., et al., Euthanasia of the Companion Animal (Philadelphia: The Charles Press, 1988).

Keene, B., „L-Carnitine Deficiency in Canine Dilated Cardiomyopathy," in Current Veterinary Therapy XI (Philadelphia: W. B. Sanders Co., 1994), 780-783.

Keene, B., et al., „Myocardial L-carnitine deficiency in a family of dogs with dilated cardiomyopathy," in Jour. Am. Vet. Med. Assoc., 168 (1991), 647-50.

„Killer Cats?" Pet Veterinarian Jul/Aug 1992: 22-23.

Kloss, J., Back To Eden (Calmont: Longview Publishing House, 1939).

Konlande, J. and Robson, J., Foods & Nutrition Encyclopedia 2 vols. (Clovis: Pegus Press, 1983).
Kulvinskas, V., Survival Into the 21st Century (Wethersfield: Omangod Press, 1975).
Kulvinskas, V., Nutritional Evaluation of Sprouts and Grasses (Wethersfield: Amango D'Press, 1978).
Landers, A. „Dental care can save pet's life," The Spokesman-Review 30 Mar 92.
Lands, W., ed., Biochemistry of Arachidonic Acid Metabolism (Boston: Martinus Nijhoff Pub., 1985).
Lásztity, R. and Békés, F., eds. Gluten Proteins (Singapore: World Scientific Pub. Co. Pte. Ltd., 1987).
Lazar, V., „Now a 'Member of the Family," Petfood Industry Sep/Oct. 1987: 6-7.
Lazar, V., „Dog food history," Pet Food Industry Sep/Oct. 1989: 40.
Lazarus, P., Keep Your Pet Healthy The Natural Way (Indianapolis: The Bobbs-Merrill Co., Inc., 1983).
Lemmon, M., „Arthritis Help," Vegepet Gazette Spr/Sum 1991: 3-5.
— . „Homeopathy." Vegepet Gazette Sum 1990: 9-10.
Letter received from M. Kittleson, DVM, 30 Jul 1993.
Letter received from K. Porreca, 7 Dec 1994.
Levy, J., The Complete Herbal Handbook for the Dog and Cat (New York: Arco, 1986).
Lewis, L., Morris, M. & Hand, M., Small Animal Clinical Nutrition III (Topeka: Mark Morris Assoc., 1987).
Lloyd, H., The Red Fox (London: B.T. Batsford, Ltd., 1980).
Loucks, M., „Ethoxyquin safety disputed," letter, Pet Veterinarian Mar/Apr. 1990: 14-15.
MacDonald, M., Rogers, Q., & Morris, J., „Effects of dietary arachidonate deficiency on the aggregation of cat platelets," Comp. Biochem. Physiol., 78C (1984): 123-26.
—, —, —, „Nutrition of the domestic cat, a mammalian carnivore," Annual Review of Nutrition, 4 (1984): 521-62.
—, —, —, „Role of linoleate as an essential fatty acid for the cat independent of arachidonate synthesis," J. Nutr., 113 (1983): 1422-33.
—, et al., „Effects of linoleate and arachidonate deficiencies on reproduction and spermatogenesis in the cat," J. Nutr., 114 (1984): 719-28.
—, et al., „Essential fatty acid requirements of cats: pathology of essential fatty acid deficiency." Am. J. Vet. Res., 45 (1984): 1310-17.
MacEwen, G., „Fat cats and dogs," Petfood Industry Jul/Aug 1989: 30-33.
Macfarlane, R.G., „Bleeding and Blood Clotting," Encyclopædia Britannica, 15th ed. (1976), 7: 54-60.
Machlin, L., ed. Handbook of Vitamins (New York: Marcel Dekker, Inc., 1984).
Mason, J. & Singer, P., Animal Factories (New York: Crown Pub., 1980).
Matta, Michael S. and Wilbraham, Antony C., Atoms Molecules and Life (Menlo Park: The Benjamin/Cummings Pub. Co., Inc., 1981).
McGee, H., On Food and Cooking (New York: Charles Scribner's Sons, 1984).
McGinnis, T., Dog & Cat Good Food Book (Brisbane: Taylor & Ng, 1977).
—, The Well Cat Book 2nd Ed. (New York: Random House Inc., 1993).
McHattie, G., Your Cat Naturally (New York: Carroll & Graff Publishers, Inc., 1992).
McLaughlin, D., „Doberman Dilated Cardiomyopathy What Can Be Done Now?" Retrieved Sep 14 1999 from the World Wide Web: http://members.tripod. com/~dpfa/dcm.html
Merchant, I.A. & Packer, R.A., Vet. Bacteriology and Virology, 5th ed. (Ames: The Iowa State College Press: 1956).
Milani, M., Body Language and Emotion of Cats, (New York: William Morrow & Company, Inc., 1987).
Miller-Hjell, M. et al., „Polycystic Kidney Disease: An Unrecognized Emerging Infectious Disease?" Emerging Infectious Diseases 3(2) (Alexandria: Centers for Disease Control 1997: 113-127)

Mitchell, H.S., et al., Nutrition In Health and Disease (New York: J. B. Lippincott Co., 1968).

Moosewood Collective Sundays at Moosewood Restaurant (New York: Simon and Schuster/Fireside, 1990).

Morgan, A. et al., „The effect of acid, neutral, and basic diets on the calcium and phosphorus metabolism of dogs," in Univ. Calif. Pub. Physiol., 8:61 (1934): 61-106.

Morris, D., Catlore (New York: Crown Publishers, Inc., 1987).

Morris, M. Jr., „Diet and disease," Pet Food Industry Mar/Apr 1992: 28.

Morris, J. & Rogers, Q., „Metabolic basis for some of the nutritional peculiarities of the cat." J. Small Ani. Pract., 23 (1982): 599-613.

Murphy, P., „Phytoestrogen Content of Processed Soybean Products," Food Tech. Jan (1982): 60-64.

National Research Council, Nutrient Requirements of Cats, (Washington: National Academy of Sciences, 1978).

National Research Council, Nutrient Requirements of Cats, (Washington: National Academy of Sciences, 1986).

—, Nutrient Requirements of Dogs, (Washington: National Academy of Sciences, 1985).

—, Recommended Dietary Allowances, (Washington: National Academy of Sciences, 1974).

Neff, J., „There's a reason this tuna tastes like cat food," The Spokesman-Review 24 Mar 92.

Noel, R., „AAFCO," Petfood Industry Sep/Oct 1998: 4-11.

Nowell, I., Dog Crisis, (New York: St. Martin's Press, Inc., 1978).

„NRC profile," Pet Food Industry Mar/Apr. 1992: 10.

O'Brien, S. et. al., „Genetic Basis for Species Vulnerability in the Cheetah." Science, 227 (1985): 1428-34.

O'Grady, M. & Holmes, J., „Acquired Heat Disease," Cardiology Concepts, retrieved Aug 14 1999 from the World Wide Web http://www.onvcnet.uoguellph. ca/ClinStudies/Courses/Public/Cardiology/welcome. htm

Oliver, M., Add A Few Sprouts, (New Canaan: Keats Pub., Inc., 1975).

Orr, M. & Watt, B., Amino Acid Content of Foods, (USDA Home Economics Research Report No. 4 Washington: GPO, 1957).

Papas, A., „Antioxidants," Petfood Industry May/Jun. 1991: 8+.

Peden, B., Dogs & Cats Go Vegetarian, 3rd ed. (Hayden Lake: Harbingers of a New Age, 1988).

Pennington, J. & Church, H., Food Values, (New York: Harper & Row, 1985).

Petersen, D. E., Dog & Cat Longevity. (Bloomington: Pet Life Extension Associates, Inc., 1993).

Petrey, S., „Absolutely NO-KILL," Animals' Agenda Nov/Dec 1998: 30-31.

Pike, R., & Brown, M., Nutrition: An Integrated Approach, (New York: John Wiley & Sons, Inc., 1967).

Pion, P. et al., „Myocardial failure in cats associated with low plasma taurine: a reversible cardiomyopathy." Science 237 (1987): 764-68.

Pitcairn, R., & Pitcairn, S., Dr. Pitcairn's Complete Guide to Natural Health for Dogs & Cats. 2nd Ed (Emmaus: Rodale Press, Inc., 1995).

Pottenger, F. Jr., Pottenger's Cats, (La Mesa: Price Pottenger Nutrition Foundation, Inc., 1983).

Pragyanand, S., „Vegetarianism: Roots of Righteousness." Hinduism Today May 1997: 50.

Ratnayake, W. & Ackman, R., „A research report on the fatty acid composition of dried ascophyllum nodosum," (Halifax: Can. Inst. Fish. Tech., 1987).

„Rendered Products Guide," Pet Food Industry Jan/Feb. 1994: 12-17, 21.

Renner, E., Milk and Dairy Products in Human Nutrition. Munich: 1983.

„Research Notes," Pet Food Industry Nov/Dec. 1988: 49.

„ —," Pet Food Industry Jul/Aug. 1992: 54.

„ —," Pet Food Industry May/Jun. 1991: 34.

Reuters Limited, „This Cat Is Still Purring After 203 Years," retrieved Oct 17 1999 from the World Wide Web: http://news.excite.com/news/r/991015/ 09/odd-cat

Rivers, J., „Essential fatty acids in cats," J. Small Ani. Pract. 23 (1982): 563-76.

—, & Frankel, T., „Essential fatty acid deficiency," Br. Med. Bull. 37 (1981): 59-64.

Robbins, J., Diet For A New America, (Walpole: Stillpoint Pub., 1987).

Rogers, Q. & Morris, J., „Do cats really need more protein?" J. Small Ani. Pract. 23 (1982): 521-32.

— & —, „Essentiality of amino acids for the growing kitten," J. Nutr. 109 (1979): 718-23.

Schlosser, E., „Meat & Potatoes," Rolling Stone Nov 26, 1998: 74, 79-80, 83, 134, 136, 138-139.

Selig, D., „Vaccinations can be lively topic," Sun Herald Online 1999 retrieved Aug 31 1999 from the World Wide Web: http://wwwvh1459.infi.net:80/ living/docs/petdoc083199.htm

Setchell, K. et al., „Dietary Estrogens — A Probable Cause of Infertility and Liver Disease in Captive Cheetahs," Gastroenterology 93 (1987): 225-33.

— et al., „Nonsteroidal estrogens of dietary origin: possible roles in hormone-dependent disease," The Amer. Jour. of Clin. Nutr. 40 (1984): 569-78.

Shandler, N. & Shandler, M., How to Make all the Meat You Eat Out of Wheat, (New York: Rawson, Wade Publishers, Inc., 1980).

Shojai, A., „Allergy Alert." Cat Fancy Mar 1992. 17-21.

—, „Keeping Cats Healthy" Cat Fancy Sep 1992: 26.

Shutt, D., „The effects of plant oestrogens on animal reproduction," Endeavour 35 (1976): 110-13.

Siegmund, O., ed., The Merck Vet. Manual 5th ed. (Rahway: Merck and Co., 1979).

Sinclair, A., „Essential fatty acid requirements of different species," Proc. Nutr. Soc. Aust. 10 (1985): 41-48.

—, „Metabolism of linoleic acid in the cat," Lipids 14 (1979).

—, „Determination of essential fatty acid requirements," Proc. Nutr. Soc. Aust. 5 (1980): 44-51.

— et al., „Essential fatty acid deficiency and evidence for arachidonate synthesis in the cat," Br. J. Nutr. 46 (1981): 93-96.

Smalley, K., Rogers, Q. & Morris, J., „Methionine requirement of kittens given amino acid diets containing adequate cystine," Br. J. Nutr. 49 (1983): 411-17.

Stein, D., Natural Healing for Dogs & Cats, (Freedom: The Crossing Press, 1993).

Steinman, D. Diet For A Poisoned Planet, (New York: Harmony Books, 1990).

Stepaniak, J., The Nutritional Yeast Cookbook, (Summertown: Book Publishing Co., 1997).

Stolz, J., „Ask Dr. Judy," Natural Paws News Vol II Fall 1996, retrieved Sep 4 1999 from the World Wide Web: http://www.softrain.com/natpaws/drjudy2.htm

Stone, L., Vitamin C Against Disease, (New York: Grosset & Dunlap, 1972).

SouthPaws Veterinary Referral Center, Canine Dilated Cardiomyopathy," retrieved Aug 8 1999 from the World Wide Web: http://www.southpaws.com/topics /canine-dcm.html

Sullivan, J.E., Bradfield, R. & Halpine, L., „By-products usage," Petfood Industry May/Jun 1999: 37-42

Switzer, L. Spirulina, (Berkeley: Proteus Corp., 1980).

Taylor, D., You & Your Cat, (New York: Alfred A. Knope, Inc., 1986).

Thorne, C., „Feeding behaviour in the cat — recent advances," J. Small Ani. Pract. 23 (1982): 555-62.

Thrash, A. & Thrash, C. Jr., Nutrition For Vegetarians, (Seale: Thrash Publications, 1982).

Thomas, E., Tribe of Tiger, (New York: Simon & Schuster, 1994).

Tinoco, J. et al., „Linolenic acid deficiency," Lipids 14 (1979): 166-73.

„Top Ten," Pet Food Industry Jan/Feb. 1994: 22.

Turner, R., „Effect of prolonged feeding of raw carrots on vitamin A content of liver and kidneys in the dog," Proc. Soc. Exper. Bio. & Med. 31 (1934): 866-68.

Uehling, M., „Farms or Pharmacies?" Popular Science Aug 1999: 26.

Verdeal, K. & Ryan, D., „Naturally-Occurring Estrogens in Plant Foodstuffs — A Review," Jour. of Food Prot. 42 (1979): 577-83.

Veterinary Network, „L-carnitine Deficiency in Dogs." Retrieved Sep 4 1999 from the World Wide Web: http://www.vetnetwork.com/cardi/l-carnidefic.html

Walford, L., Living Resources of the Sea, (New York: Ronald Press Co., 1958).
Walker, B., „Maternal diet and brain fatty acids in young rats," Lipids 2 (1967): 497-500.
Wever, E., „Sound Reception," Encyclopædia Britannica, 1976 ed., 17: 50.
Wigmore, A., Our Precious Pets, (New York: Copen Press, 1987). 138.
Webb & Alrod, eds., Fundamentals of Dairy Chemistry, (Westport: AZ Pub. Co., 1974).
Westbeau, G., Little Tyke, (Boise: Pacific Press Pub. Assoc., 1956).
White, N., „How Many Tomatoes Gave Their Lives For That Salad?" Our Sunday Visitor 26 Apr 92: 19.
Whitney, L., The Complete Book of Dog Care, (New York: Doubleday & Co., Inc., 1953).
Yogananda, P,. Autobiography of a Yogi, 9th ed. (Los Angeles: Self-Realization Fellowship, 1968).
Zimmer, R., „More veterinarians practicing dentistry." The Spokesman-Review and Spokane Chronicle 21 Jan 92: A5.
„Zoo diet to blame for cheetahs' sterility," New Scientist 1 Oct 1987: 31.
Zorn, J. W., Seaweed and Vitality, (New York: Popular Library, 1974).

Von James Peden empfohlene Bücher

Dead Meat
by Sue Coe
Preface by Tom Regan: The Burden of Complicity, Introduction: A Short, Meat-Oriented History of the World from Eden to the Mattole by Alexander Cockburn
Four Walls Eight Windows 1995
ISBN 1-56858-041-X

Diet for a New America
by John Robbins
Stillpoint Publishing 1987
ISBN 0-913299-54-5

Dr. Pitcairn's Complete Guide to Natural Health for Dogs & Cats (updated edition)
by Richard & Susan Pitcairn
Rodael Press, Inc. 1995
ISBN 0-87596-243-2

Doctors Book of Home Remedies for Dogs & Cats
by Editors of Prevention Magazine
Rodael Press, Inc. 1996
ISBN 0-87596-294-7

Natural Healing for Dogs & Cats
by Diane Stein, Foreword by Dr. Gloria Dodd
Crossing Press 1993
ISBN 0-89594-614-9

Little Tyke
by Georges H. Westbeau, The true story of a gentle vegetarian lioness
Theosophical Publishing House 1986
ISBN 0-8356-0605-8

Slaughterhouse
The Shocking Story of Greed, Neglect, and Inhumane Treatment Inside the U.S. Meat Industry
by Gail A. Eisnitz
Prometheus Books 1997
ISBN 1-57392-166-1

„Zehn Leben“

„Zehn Leben" – so könnte man mit einiger Berechtigung, wie ein begeisterter Tierhalter vorschlug, eine vegetarische Hunde- und Katzennahrung nennen. Neun Leben für die Haustiere und eines für das Tier, welches nicht geschlachtet wurde. Durch die eigene Ernährung sensibilisiert, geben sich immer mehr Vegetarier keinen Illusionen und Verdrängungen mehr hin: Wie kann man andere Tiere leiden und töten lassen, um die eigenen Tiere, denen man genau dieses Schicksal erspart hat, zu füttern?

Die europäische Haustierfutterindustrie

Auch der europäische Heimtiermarkt ist ein milliardenschweres Geschäft mit Zuwächsen. Obwohl das Jahr 2002 von Kaufzurückhaltung geprägt war, konnte der Zentralverband Zoologischer Fachbetriebe stolz 2,7 Milliarden Euro Umsatz in diesem Bereich für Deutschland vermelden. Zwei Milliarden Euro entfallen auf die Fertignahrung, rund 700 Millionen werden beim Zubehör umgesetzt (Zahlen für Katzen, Hunde, Kleinsäuger und Vögel). In Deutschland wollen täglich 6,9 Millionen Katzen und 4,7 Millionen Hunde als Heimtiere von ihren Besitzern ernährt werden. Sogar in der relativ kleinen Schweiz gibt es 1,4 Millionen Katzen und 450.000 Hunde, welche jährlich für über 350 Millionen Franken (=241 Mio. EURO) Futter* fressen – ein Riesengeschäft! Natürlich finanziert dieser Tierfuttermarkt-Boom auch den Betrieb in Schlachthöfen** und vergrößert das ohnehin schon unvorstellbar große Blutbad. In nur wenigen Jahrzehnten schaffte es die Haustierfutterindustrie, sich einen Markt aufzubauen, der zuvor schlicht nicht existierte, weil die Hunde- und Katzenbesitzer ihre Tiere mit ihren Essensresten und (bei den Katzen) mit etwas Milch fütterten. Für die Hunde war dies offensichtlich nie ein Problem und die Katzen holten sich, was sie zusätzlich brauchten, selbst auf der Jagd.

Die Industrialisierung des Heimtierfutter-Marktes und die zunehmende Undurchschaubarkeit, was eigentlich in den Dosen und im Trockenfutter enthalten ist, lässt immer mehr Tierhalter nach Alternativen suchen – auch aus Angst um das gesundheitliche Wohlbefinden ihrer Tiere.

Zunächst betrachtete man wegen der Gefahr von BSE, welches auch schon auf Katzen übertragen wurde, hauptsächlich Rindfleisch mit Argwohn, doch dann wurde die Qualität allen Tierfutters immer fragwürdiger, das auf Fleisch oder Fisch basierte. In Kanada stellte sich im Jahr 2000 sogar heraus, dass ein Salmonellenproblem in Zusammenhang gebracht werden musste mit Kauknochen aus Tierhaut. Diese ledernen Freizeitbeschäftigungen für Hunde waren gefährlich durch Salmonellen verunreinigt. Einige Salmonellenstränge hatten, zunächst un-

---

*) Schweizer Zahlen von Anfang 2000.
In Österreich leben etwa 1 Million Katzen und 620.000 Hunde als Haustiere.

**) Eine Dissertation von 1984 über „Absatz- und Verwertungsmöglichkeiten für Schlachtnebenprodukte und Schlachtabfälle in der Bundesrepublik Deutschland" von Claudia Große Frie macht den sich rasant entwickelnden Markt der Heimtiernahrung als wesentlichsten Absatzbereich für Innereien derzeit und in den kommenden Jahren aus.

bemerkt, selbst intensivste Reinigungsprozesse in den Hautstreifen überlebt, die, zu Kauknochen verarbeitet, nicht nur Hunde in Gefahr brachten, sondern auch Kleinkinder, die häufig mit Hunden und deren Spielsachen in Kontakt kommen. Dr. Willis vom Southampton General Hospital in Hampshire (UK) schlug sogar vor, die Verpackungen von Kaustangen mit Warnungen zu versehen.

Aber auch die beiden französischen Tierärzte Dr. Jacques Leguera und Dr. Hervè Jeanbourquin aus Ville d'Avray sorgten für Aufregung durch ihre Besorgnis erregenden Entdeckungen, dass in herkömmlicher Tiernahrung wenig Appetitliches enthalten ist, nämlich von Parasiten durchsetzte Leber, Lunge, Knorpel, Milz, pulverisierte Knochen und andere Organe zum Teil kranker Tiere, die im Moment der Schlachtung an Fieber, Abszessen, Viren, Tumoren usw. litten. Für die menschliche Ernährung nicht mehr verwendbares, angefaultes Gemüse und Abfälle der Öl-, Zucker- oder Bier-Produktion wie auch chemische Substanzen der Reinigung, Raffination usw. werden auch in die Rezepturen gemischt, aus denen die so ansprechend aussehenden Klöße und Kroketten hergestellt werden. Aufgeschreckt durch solche Veröffentlichungen gibt es nun auch Futterhersteller, die garantieren, dass für ihr Futter nur Fleisch von bester Qualität verwendet wird, welches auch der menschlichen Ernährung dienen könnte. Was natürlich zu noch viel mehr Tötungen der so genannten Schlachttiere führt.

Die erlaubten Ingredienzen im Heimtierfutter und die Deklarationspflicht werden durch die EU-Richtlinie 79/373/EWG geregelt. Danach müssen die hier relevanten Ingredienzen wie folgt deklariert werden: „Fleisch und tierische Nebenerzeugnisse" für alle Fleischteile geschlachteter warmblütiger Landtiere, frisch oder durch ein geeignetes Verfahren haltbar gemacht, sowie alle Erzeugnisse und Nebenerzeugnisse aus der Verarbeitung von Tierkörpern oder Teilen von Tierkörpern warmblütiger Tiere. Gleiches gilt für Fisch. Zur Verdeutlichung: Unter Fleisch wird nur Muskelfleisch verstanden, also schieres Fleisch und Herz, unter „tierische Nebenerzeugnisse" auch alles andere wie Leber, Niere, Pansen, Euter, Kopffleisch, Lunge etc.

Beim Heimtierfutter ist der Einsatz von Tiermehlen ausdrücklich erlaubt, Einschränkungen wurden ausschließlich für Nutztiere vorgenommen (z.B. das zeitlich beschränkte Fütterungsverbot von Tiermehlen für Wiederkäuer), für Heimtiere gibt es keine gesetzlichen Beschränkungen hierzu. Aus marktpolitischen und Imagegründen verzichten viele (aber nicht alle) Heimtiernahrungshersteller auf Tiermehle, sie setzen nur Fleischmehle von Tieren ein, die auch für den menschlichen Genuss tauglich wären. Also ist ausdrücklich die Fütterung von Tiermehlen aus Abdeckereien und/oder Tierkörperverwertungsanstalten erlaubt, wobei auch verendete und/oder sonstwie gestorbene Heimtiere mitverarbeitet werden.

Auch sonstige Stoffe dürfen so gut wie ohne Ausnahme eingesetzt werden. Darunter die Antioxidantien, zu denen vor allem BHT, BHA und Etoxyquin gehören. Diese Konservierungsstoffe brauchen ausdrücklich nicht deklariert zu werden, es ist erlaubt, diese als „EG-Zusatzstoff" zu umschreiben.

Die Futtermittelproduzenten (und somit auch deren Kunden), welche weiterhin auf den „Rohstoff" Fleisch setzen, stehen also heute vor dem Dilemma, entweder unappetitliche Schlachtabfälle und andere Produkte zu verwenden, oder aber Fleisch zu verwenden, das auch der menschlichen Ernährung dienen könnte und somit den Umsatz der Schlachthöfe weiter anzukurbeln.

Für das Endprodukt in den Dosen scheint es keine große Rolle zu spielen: Die tierischen Rohstoffe werden in jedem Fall so stark verarbeitet und unterliegen solch großen Schwankungen in der Zusammensetzung, dass man damit kein Haustier zuverlässig gesund erhalten kann. Deshalb werden all diesen Produkten die lebenswichtigen Vitamine, Mineralstoffe und Ähnliches dem Futter am Ende künstlich beigemengt (lesen Sie einmal die Zusammensetzungsliste). Die meisten Zutaten, welche das Fleisch angeblich so wertvoll machen (Taurin, Vitamin B_{12}, Eisen, etc.), werden heute dem Tierfutter künstlich beigefügt. Vielleicht wird es Sie beim Lesen der Zusammensetzungsliste überraschen, dass praktisch alle Produkte nicht nur aus Fleisch und den Zusatzstoffen bestehen, sondern auch einen wesentlichen Anteil an pflanzlichen Zutaten enthalten. In der Werbung wird dies leider verschwiegen, oder haben Sie schon einmal eine solche Katzenfutterwerbung gesehen: „Neu: Nun mit besonders viel Reis!". Dennoch wissen die Futtermittelhersteller, dass eine reine Fleischnahrung sogar für Katzen als typische Fleischfresser (und noch mehr für Hunde) ungesund ist.

Wenn also das konventionelle Tierfutter der Industrie die lebenswichtigen Zutaten künstlich zusetzt und darauf achtet, dass auch genügend pflanzliche Zutaten enthalten sind, liegt der Verdacht nahe, dass nur noch in der Werbung der tierische Anteil überproportional hoch bewertet wird, obwohl sein Beitrag zur Qualität des Futters immer geringer wurde.

Was liegt also näher als das sterile, denaturierte Fleisch durch ein pflanzliches Produkt zu ersetzen und den Rest beizubehalten? Die ethischen Gründe dafür sind ohnehin überzeugend und unabweisbar. Natürlich ist es von dieser Idee bis zur konkreten, praktischen Umsetzung noch ein langer Weg.

Dem amerikanischen Autor und Vegecat-Entwickler James A. Peden gebührt deshalb großer Dank dafür, dass er uns durch eine sorgfältige Entwicklung der gesunden vegetarischen Tiernahrungsergänzung endlich die Möglichkeit bietet, uns verantwortungsbewusst um unsere tierischen Freunde zu kümmern, aber dabei auch das Wohlbefinden anderer Arten zu respektieren: der so genannten Schlachttiere.

Der von James Peden entwickelte Futtermittelzusatz wird deshalb auch nach Europa importiert (in den meisten Ländern über die Vegetarier- oder Veganer-Organisationen erhältlich).

Die Entstehung des ersten vegetarischen Nassfutters für Katzen

Aus der Schweiz gibt es seit wenigen Jahren ein weltweit einmaliges, rein pflanzliches Nassfutter für Katzen, das auf dem Futtermittelzusatz Vegecat basiert. Wie kam es dazu?

Die Firma Vegi-Service AG, welche das neue Futter namens Vegusto Cat für Katzen produziert, hat zuvor bereits viele Erfahrungen in der Entwicklung von vegetarischen Fleischalternativen für Menschen erarbeitet. Neben der Entwicklung und Lizenzierung von Rezepturen an andere Firmen beliefert die Firma auch direkt Privatkunden (allerdings ausschließlich innerhalb der Schweiz). Durch diesen Kontakt mit Vegetariern und weil die Firma selbst von Vegetariern geführt wird, wurde das Thema der Katzenfütterung öfter angesprochen. In Zusammenarbeit mit dem Vegi-Büro der Schweizerischen Vereinigung für Vegetarismus (SVV) entstand daraus das Projekt, eine Fleischalternative für Katzen zu entwickeln, auf Basis des vorhandenen Know-hows, welches bei den Fleischalternativen für Menschen erworben wurde. Das Vegi-Büro war bereits damals Generalimporteur der Nahrungsergänzungsmittel Vegecat, Vegekit und Vegedog von James Peden aus den USA, um diese auch in der Schweiz anbieten zu können.

Es stellte sich beim Verkauf des Vegecat-Pulvers heraus, dass zwar Tierhalter gerne bereit sind, viel Geld für ihre Tiere auszugeben, aber vielen es an der Zeit mangelt, um selbst für ihre Tiere in der Küche zu stehen und deren Futter mit dem pulverförmigen Futtermittelzusatz gemäß den beigelegten Rezepten zuzubereiten. Deshalb suchten wir nach einer Möglichkeit, ein Fertigfutter anbieten zu können, das offenbar noch nirgends existierte. Daraus ergab sich die Kooperation mit der Vegi-Service AG, um diese Lücke im Angebot ethischer Alternativen in der Tiernahrung zu schließen.

Die Entwicklung:

Durch den Vertrieb des Vegecat waren bereits einige Rezepte für vegetarisches Katzenfutter bekannt, und Erfahrungen von Anwendern dieses Pulvers konnten ausgewertet werden. Da die Vegi-Service AG ihre Fleischalternativen für Menschen auf Basis von Weizeneiweiß herstellt, war es naheliegend, dies mit dem Vegecat-Rezept für Seitan zu kombinieren. Wir begannen also die verschiedenen Möglichkeiten zu analysieren, alle Zutaten (nebst dem Weizeneiweiß) auf ihre optimale Verträglichkeit für Katzen zu überprüfen und gegebenenfalls durch besser geeignete zu ersetzen.

Als das erste Rezept auf dem Papier fertig war, wurden die Nährwerte nochmals durchgerechnet und daraus noch letzte Korrekturen beschlossen, um einem herkömmlichen Katzenfutter und den offiziellen Nährwertempfehlungen für Katzen möglichst nahe zu kommen.

Sehr wichtig dabei war natürlich auch immer, die optimale Menge an Vegecat exakt zu berechnen.

Allerdings kam erst nach der ersten Testproduktion der kritischste Teil, den man auch mit den besten theoretischen Überlegungen nicht vorwegnehmen kann: Der Geschmackstest bei den Katzen. Genausowenig wie man einen Menschen von optimal zusammengesetzter, aber schlecht schmeckender „Astronautennahrung“ überzeugen kann, reicht es auch nicht dafür zu sorgen, dass die

Katzennahrung alles enthält, was eine Katze benötigt. Es ging ja darum, eine Mischung zu finden, die einerseits alles für die Gesundheit der Katze notwendige enthält, aber andererseits auch möglichst vielen Katzen schmeckt. Hinzu kommt noch, dass es für die Katzenbesitzer möglichst einfach sein soll, es zu verfüttern.

Aus diesen verschiedenen Anforderungen entstanden dann die drei Produkte: Vegusto Cat Gourmet Fix (Stehbeutel 200 g und 600 g), Vegusto Cat Gourmet Red (Stehbeutel 200 g) und Vegusto Cat Gourmet Maxi (500 g Wurst).

Damit deckt man zwar noch nicht 100 Prozent aller Geschmacksrichtungen der Katzen ab, aber erstens ist dies auch mit kaum einem Fleischfutter möglich, und zweitens geht die Entwicklung nach neuen Geschmacksrichtungen stetig weiter, um noch mehr Katzen davon zu überzeugen, dass man auch gut vegetarisch essen kann. Da schon zu Beginn der Entwicklung die Erfahrungen mit den Rezepten zu Vegecat eingeflossen sind, war schon der erste Versuch mit diesen neuen Produkten bei vielen Katzen ein Erfolg.

Erfahrungen

Thomas L. berichtet über die Ernährungsumstellung bei seinen Katzen: „Für mich war eigentlich gleich klar, dass die Fütterung nur mit Fertigfutter klappen kann. Ich bin beruflich sehr angespannt, außerdem verreise ich auch gelegentlich gern. Da müssen die Katzen auch von einer anderen Person problemlos versorgt werden können. Mit dem Feuchtfutter Vegusto Cat hat das ziemlich gut funktioniert.

Ich bin ganz klassisch vorgegangen, habe also erst ein Löffelchen neues Futter unter das alte gemischt. Und dann ganz allmählich gesteigert. So habe ich schon mal eine Futterumstellung hinbekommen, die aus Allergie-Gründen notwendig geworden war. Beide Katzen, es sind zwei Kater, vier und sechs Jahre alt, haben das prima mitgemacht. Etwa drei Monate hat es aber dennoch gedauert. Das hat vielleicht auch am Trockenfutter gelegen. Beide Kater haben immer gern Trockenfutter gefressen. Das habe ich erst ganz weggelassen, wahrscheinlich waren sie sauer deswegen. Dann habe ich eine größere Menge des ‚Kibble' nach dem amerikanischen Rezept mit dem Pulver selbst gebacken! Leider hat das überhaupt keine Freunde gefunden. Sie haben aussortiert, Katzen sind wirklich gut darin! Es hat einfach nicht geklappt.

Ich habe dann eine ganze Zeit nur das Feuchtfutter angeboten, wir hatten den Speiseplan inzwischen auf das Wurstprodukt erweitert. Die Kater mögen das Essen und vertragen es auch sehr gut. Vor einiger Zeit habe ich mir etwas vegetarisches Hunde-Trockenfutter von einer Freundin mitgebracht. Diese Bröckchen sind gleich mit Interesse und Freude akzeptiert worden! Nun gibt es also auch wieder was zum Knabbern, das freut mich richtig für meine Zwei. Ich bin eigentlich etwas ängstlich in Bezug auf die Tierernährnung und möchte, dass alles auf die Katzen gut abgestimmt ist. Deswegen bleiben die Hunde-Knabberchen nur eine Dreingabe bei mir und sollen nicht zu einem größeren Nahrungsbestandteil werden. Aber wahrscheinlich bin ich da auch etwas übervorsichtig."

Auch bei Anna-Katharina fand das vegetarische Fertigfutter Akzeptanz: „Obwohl ich selbst nach langer vegetarischer Phase schon drei Jahre vegan lebe, habe ich mich mit der Ernährungsumstellung bei meinen Tieren echt schwer getan. Bei mir leben Hunde und Katzen und immer mal wieder Pflegetiere beider Arten, oft kranke, welche, die Medikamente bekommen müssen und so. Da stand ich der Leberwurst eher dankbar gegenüber, weil es damit so einfach ging, irgendeine Pille in das Tier zu bekommen. Die Hunde vegetarisch zu ernähren, war ja ganz leicht. Bzw. vegan. Das Angebot für Hunde bei Trockenfutter dieser Art ist schon ziemlich gut. Dazu bekamen sie nahezu alles, was bei mir auch auf den Tisch kam. Und das schmeckt ihnen.

Die Katzen habe ich wenigstens mit dem Öko-Futter von Yarrah ernährt, als kleineres Übel sozusagen. Beim radix-Versand habe ich dann die Feuchtfutter aus der Schweiz für Katzen kennen gelernt. Es gibt ja gar nichts anderes auf dem Markt. Vorher erschien es mir jedenfalls unmöglich, mit der Ernährung der Tiere irgendwie ‚rumzuexperimentieren'. Da hört es dann bei mir auf. Ich will nicht, dass meine Katze krank wird, weil ich ihr mit fleischloser Nahrung nicht alles geben kann, was ihr Stoffwechsel braucht. Das Futter habe ich dann bestellt und erstmal pur angeboten. Wurde sofort geradezu gierig gefressen und ich war ganz happy! Aber das war nur ein Strohfeuer. Wer mit Katzen zusammenlebt, kennt das Phänomen: Schon beim nächsten Mal gucken sie das tolle Essen, was eben noch so interessant schien, nicht mehr an, bzw. versuchen es zuzuscharren. Aber ich habe dann über eine lange Zeit allmählich umgestellt, und das hat auch gut geklappt.

Jetzt essen alle Katzen überwiegend vegetarisch, allerdings trotzen sie mir einen kleinen Löffel Yarrah-Futter über das andere verteilt regelmäßig ab. Für mich ist es trotzdem ein Riesen-Erfolg! Jetzt probiere ich mit Hilfe des Vegecat-Pulvers eigene Rezepturen aus, was meinem nicht zu prallen Geldbeutel hoffentlich zugute kommt. Da stehe ich aber erst am Anfang. Ein toller Ersatz für Trockenfutter sind übrigens gut getrocknete Vollkornbrotstückchen mit verschiedenen Pasten auf Nährhefe-Basis ganz dünn bestrichen. Die sind sehr knusprig und werden von den Katzen gern genommen. Mit den Aufstrichpasten (bei mir gehen am besten die Geschmacksrichtungen Delikatess, Prima bella, Champignon und Shiitake) hat sich auch das Leberwurstproblem von allein erledigt, sie wird einfach nicht mehr benötigt!"

Eines der Hauptprobleme des hochwertigen, vegetarischen Katzenfutters ist noch der Preis. Da alle verwendeten Zutaten ebenso hochwertig sind wie diejenigen für die menschliche Ernährung, sind die Produktionskosten auch in derselben Größenordnung. Daher ist es einerseits wegen der höheren Rohstoffpreise, andererseits aber auch wegen der (noch) relativ geringen Nachfrage nicht möglich, in die Preiskategorie der Produkte aus den sogenannten „Fleischnebenerzeugnissen" heranzukommen. Es liegt allerdings durchaus schon im Bereich von Produkten mit Fleisch aus so genannter „artgerechter“ Tierhaltung. Um den Preis noch attraktiver zu machen und damit noch mehr von der vegetarischen Ernährung ihrer Tiere zu überzeugen, ist die Vegi-Service AG dabei, Kooperationspartner in der EU zu finden und den Markt auszudehnen.

Neben dem vegetarischen Katzenfutter bietet die Vegi-Service AG auch vegetarisches Hundefutter an, welches viel unproblematischer im Geschmack ist als das Katzenfutter. Alle Produkte (egal ob für Menschen oder Tiere) der Vegi-Service AG sind übrigens rein pflanzlich, also vegan.

Vegetarische Hundeernährung

Vegetarische Ernährung von Hunden ist wesentlich einfacher als diejenige von Katzen. Hunde sind in ihrer Nahrungsauswahl schon immer viel flexibler gewesen. Die üblichen Dosenfutter für Hunde und Katzen gibt es erst seit wenigen Jahrzehnten. Zuvor war es (zumindest für die Nichtadligen) kaum denkbar, dass man ein extra Futter für seine Haustiere kauft. Vegetarisches Fertigfutter für Hunde ist inzwischen auf dem Markt etabliert, da es ursprünglich für Hunde mit Allergien (z.B. Allergie gegen tierisches Eiweiß) gedacht war und von den Tierärzten verschrieben wurde und noch verschrieben wird. Natürlich profitieren auch völlig gesunde Hunde von einer ausgewogenen vegetarischen Ernährung.

Mit etwas Fachwissen ist es durchaus möglich, einen Hund selbst ohne Spezialfutter (also wie früher) vegetarisch zu ernähren*. Grundlage sollte hierbei sein, dass zumindest ein Teil frisch zubereitet wird und das Futter in seiner Zusammensetzung vielfältig genug ist. Da besonders der Hund wie ein Familienmitglied behandelt wird, kommt auch bei ihm viel von dem in den Napf, was auch seine Menschen verzehren. Daher finden Sie in den nachfolgenden Erfahrungsberichten auch noch laktovegetarische und ovo-laktovegetarische Beispiele.

Der vegetarische Hund Tarabas

Tarabas war zwölf Wochen alt, als ich ihn im Tierheim abgeholt hatte. Bis dahin bekam er von der sehr fürsorglichen Heimleiterin ein „hochwertiges“ Baby-Hunde-Trockenfutter.

Von Anfang an wusste ich, dass ich meinen neuen Hundefreund vegetarisch ernähren wollte. So musste er vom ersten Tag an, wo er bei mir wohnte, seine Kost umstellen. Er reagierte anfangs mit Unverständnis, gewöhnte sich aber sehr schnell an seine neue Speisekarte. Seine ersten Mahlzeiten bestanden aus geraspeltem Gemüse, gewürzt mit Bio-Käse, damit es dem Hund schmackhafter wurde. Ich bot ihm verschiedene Früchte und Nüsse an. Früchte mochte er nur püriert oder getrocknet, hingegen schienen ihm Nüsse, besonders Mandeln,

---

*) Eine 1999 vorgelegte Dissertation beschäftigt sich mit vegetarischer Ernährung von Hunden und Katzen (Radka Engelhard: Feldstudie zur vegetarischen Ernährung von Hunden und Katzen. München 1999). Die Nährstoffversorgung der Hunde stellte sich bei selbst gemachten Rationen als nicht immer vollständig bedarfsdeckend dar. Engelhard empfiehlt in Einzelfällen die Gabe von Mineralzusätzen. Lassen Sie sich ggf. von Ihrem Tierarzt beraten.

Paranüsse und Erdnüsse sehr zu schmecken.

Ich bin überzeugt, dass diese Ernährung dazu beigetragen hat, dass Tarabas bereits nach zwei Tagen stubenrein war.

In der Zeit, wo er heranwuchs, experimentierte ich mit verschiedenen Ernährungsweisen. Basis war immer Gemüse, Obst und Nüsse.

Tarabas hatte nach dieser Ernährungsumstellung wochenlang eine belegte Zunge, Zeichen dafür, dass sein junger vitaler Körper dabei war, die angesammelten Schlacken, die ihm das konventionelle Hundefutter eingebracht hatte, abzustoßen.

Mit der Zeit merkte ich, dass zu große Mengen Käse und Getreide Tarabas nicht gut taten, und Eier vertrug er von Anfang an nicht. Die Augen zeigten die für „normale“ Hunde typische Schleimabsonderung und Anfälle von Hyperaktivität häuften sich.

Die Lösung lag im Maß. 1–2-mal pro Woche würze ich sein Gemüse mit Käse, 1–2-mal mit Tofu oder anderen Reform-Fleischersatzprodukten. Die restlichen Tage schmecken ihm Früchte und Nüsse ganz hervorragend.

Ich halte mich nicht an strikte Fütterungszeiten. Manchmal bekommt er fünf kleinere Mahlzeiten, ein andermal 1–2 größere. Je nach Hunger und Tagesbedarf. Überfütterung ist bei dieser Ernährung nicht möglich; Tarabas frisst erstaunlich langsam – er weiß wohl, dass er soviel bekommt, wie er will, und hört auf zu fressen, sobald er satt ist.

Er ist nun eineinhalb Jahre alt. Er ist sehr vital, schläft tagsüber wenig, hat einen gesunden, muskulösen Körper und sein Fell glänzt wie ein Mondstein in einer klaren Sternennacht. Wenn es vorkommt, z.B. bei einem Besuch bei Katzenhaltern, dass er etwas „Fleisch“ erbeutet, reagiert er sofort mit Verdauungsstörungen wie Durchfall und Erbrechen. Vor einiger Zeit gelang es ihm, bei einem Spaziergang eine Maus zu fangen, und er fraß diese ziemlich unleidenschaftlich.

Tarabas riecht wie ein Baby. Frisch, rein, keine Spur vom sonst üblichen Hundegeruch. Nach seinem Maus-Erlebnis bekam er fürchterlichen Mundgeruch und schlief mehr. Bestimmt ist ihm das selbst aufgefallen. Auf jeden Fall jagt er nach wie vor nach den kleinen Wühlern, gibt sich aber keinerlei Mühe, diese zu erbeuten… es geht ihm wohl um den „Kick“.

Wenn Hunde wirklich jemals Fleischfresser waren, sind sie es heute bestimmt nicht mehr. Der moderne Hund entwickelt sich nach und nach zu einem friedfertigen, freundlichen Begleiter der Menschen.

Vielleicht scheint es etwas paradox – aber ein Hund lebt viel gesünder ohne Fleisch. Mit der Meinung von Tierärzten habe ich keine Erfahrung – wie auch – ich brauche sie nicht – Tarabas ist nie krank!

Reto Hintermeister, Schweiz

Belgischer Schäfer (Tervueren) Anja

Anja wurde als Welpe noch mit fleischhaltigem Trockenfutter gefüttert (die Besitzer wussten damals noch nicht, dass auch eine vegetarische Fütterung möglich gewesen wäre), danach erhielt sie ausschließlich vegetarische Kost. Es gab nie Probleme damit, obwohl kein spezielles vegetarisches Futter oder gar Futterzusatz verwendet wurde.

Ihr „Standardmenü" bestand aus folgenden Zutaten:

- ▷ Hauptbestandteil (ca. die Hälfte): verschiedene Getreideflocken mit Gemüse
- ▷ 2–4 gehäufte EL Quark (dass das tierische Eiweiss nicht notwendig gewesen wäre, war man sich noch nicht bewusst)
- ▷ etwas Nährhefe und Meeralgen
- ▷ 1–2 EL kaltgepresstes Öl
- ▷ das Ganze wird mit Wasser oder (Soja-)Milch angerührt.

Diesem Grundmenü wurde (fast) immer auch noch etwas anderes beigefügt, damit es nicht zu eintönig wurde, und der Hund nicht die Freude am Essen verlor. Die „Beilagen" bestanden z.B. aus: Kartoffeln, Reis, Teigwaren, diversen Essensresten (nicht zu stark gewürzt), Salat fein geschnitten, (gekochtes) Gemüse, Obst, Dörrfrüchte, Bananen, Käse, Gurken, Hirse, Brot, Polenta, Sojagranulat (Sojaeiweiß), Karotten, ...

Als Ersatz für Knochen liebte Anja auch immer ein Stück sehr hartes Vollkornbrot.

Anja hatte immer einen sehr guten „Appetit", sie hätte aber sicher auch Fleisch gefressen, wenn sie es bekommen hätte, da sie nie sehr wählerisch war.

Mit ihrer Ernährung war sie immer sehr fit und gesund, was auch viele Leute bestätigten, die nichts von ihrer speziellen Kost wussten.

Drei australische, vegetarische Hunde

Karen, du hast gleich 3 vegetarische Hunde, wurden diese von Geburt an vegetarisch ernährt?

„Nein, sie waren nicht seit ihrer Geburt Vegetarier. Sysie erhielt drei Jahre lang Huhn und Fisch, allerdings nur sehr wenig, etwa ein- bis zweimal pro Woche. Sie ist nun acht Jahre alt. Snowy ist vier Jahre alt und ernährte sich praktisch sein ganzes Leben vegetarisch. Wir erhielten Brutus, als er etwa vier Jahre alt war. Etwa zwei Jahre lang erhielt er auch rotes Fleisch, danach noch Huhn und Fisch und anschließend nur noch Vegetarisches. Allerdings muss ich noch erwähnen, dass Brutus selbst zu der Zeit, als er noch Dosenfleisch erhielt, das meiste stehen ließ und die vegetarische Nahrung bevorzugte. Er kam von einem Ort, wo er Dosenfutter erhielt, deshalb behielt er diese Ernährung noch eine Weile bei. Sysie und Snowy erhielten nie Dosenfutter. Alle drei Hunde sind unglaublich gesund. Und Brutus, trotz seines Alters von fünfzehn Jahren, ist sehr aktiv, sobald er am Morgen aufgestanden ist. Er schläft gut und tief, aber hat keine Probleme mit dem Aufstehen. Am Morgen ist er sofort fit. Er hat leuchtende Augen und ein glänzendes Fell. Kein Hinweis auf irgendwelche Probleme, welche von der vegetarischen Ernährung stammen könnten.

Auch Sysie und Snowy sind gesund, glücklich und voller Leben.

Alle drei Hunde begannen ihre vegetarische Ernährung zu unterschiedlichen Zeiten, aber nun hat es sich seit einigen Jahren eingespielt und sie lieben ihr Futter."

Was fütterst du den Hunden?

„Das Futter enthält Freilandeier, welche ich direkt vom benachbarten Bauer einkaufe, Bohnen, Teigwaren, Weizeneiweiß, verschiedene Fleischalternativen, Reis, Soja, eine kleine Menge vegetarischen Käse (ohne Kälberlab) und eine große Menge Nutri-grain brekky cereal (Getreidetrockenmischung)."

Vegetarisches in Tierheimen

Da die meisten Menschen erst durch konkrete Beispiele, die sie mit eigenen Augen gesehen haben, überzeugt werden können, wären ein guter Ansatz zur Verbreitung der vegetarischen Tierernährung die Tierheime. Obwohl man davon ausgehen können sollte, dass dort die Tierliebe nicht bei den Hunden und Katzen aufhört, hat sich leider die vegetarische Ernährung in Tierheimen noch nicht breit durchsetzen können. Einerseits liegt das sicher noch an den relativ hohen Preisen der vegetarischen Fertigfutter gegenüber dem Futter aus Schlachtnebenprodukten aus Tierfabriken, andererseits gibt es aber auch noch eine prinzipielle Ablehnung gegen die vegetarische Ernährung von Hunden und Katzen, auch in diesen Kreisen. Eine Ausnahme bildet hierbei das Tierheim in Siegen (Deutschland). Da man dort nicht nur Hunde und Katzen betreut, hat man sich gefragt, ob es richtig ist, die Schweine, Ziegen und anderen Tiere, die den Weg in ihr Heim gefunden haben, so gut als möglich zu betreuen und gleichzeitig nebenan den Hunden und Katzen das Fleisch von den weniger glücklicheren Artgenossen zu verfüttern. Die Folge dieser Überlegung war, dass dieses Tierheim nun seit 2001 auf weitestmögliche vegetarische Ernährung all seiner Tiere umgestellt hat. Gleichzeitig empfehlen sie die vegetarische Ernährung für Hunde und Katzen all ihren Kunden weiter.

Bis heute (Anfang 2003) hat das Tierheim etwa 1.000 Hunde aufgenommen. Alle wurden sofort auf vegetarisches Futter umgestellt. Dies ging völlig problemlos.

Bei den Katzen ist dies leider nicht ganz so einfach. Manche Katzen mögen das neue Futter der Vegi-Service AG und erhalten es natürlich, andere lehnen es ab, wenn man es pur füttert. Deshalb wird es bei den Katzen noch mit konventionellem Futter vermischt, um sie langsam daran zu gewöhnen. Das Problem der Futterumstellung bei Katzen ist auch vom Ersetzen eines Fleischfutters durch ein anderes bekannt, deshalb war dies auch hier zu erwarten.

Das Tierheim hat auch bereits Seminare zur vegetarischen Fütterung von Hund und Katze geplant. Bei Interesse fragen Sie einfach mal nach den aktuellen Terminen. Die Adresse des Tierheims finden Sie im Anhang dieses Buches.

Löwen als Friedensbotschafter

In den letzten Monaten tauchten vermehrt Meldungen in den Medien auf, welche auf speziell friedfertiges Verhalten von einigen Löwen hinwiesen. Wie bei Little Tyke sind manche Phänomene für die Wissenschaft bei diesen Beispielen ebenso unerklärlich, wie für die Schulmediziner die vegetarische Ernährung von Menschen noch vor wenigen Jahrzehnten ein Rätsel darstellte.

Die „Spaghetti-Löwin“ – Raubtier verschmäht Fleisch

Unter diesem Titel konnte man Ende Januar 2002 in den Medien von einer vegetarischen Löwin lesen, welche Fleisch als Nahrungsmittel verschmähte. Die vegetarisch groß gewordene Löwin wurde von ihrem Besitzer mit Spaghetti, Gemüse und Kartoffeln gefüttert und lehnte deshalb in ihrer neuen Heimat in Südafrika noch immer Fleisch ab. Lea war im Zoo von Neapel geboren und dann als sechswöchiges Jungtier an einen italienischen Tiernarren verkauft worden. Der fütterte sie mit vegetarischer Kost. Als das Tier größer wurde, und er sich nicht mehr darum kümmern konnte, kam es in einen Käfig. Nun bringt es in der Nähe von Johannesburg im Löwenpark die Tierpfleger zum Staunen. Dort versucht man nun, die Löwin auf Fleischnahrung umzustellen.

Löwin adoptiert Antilope

Anfang 2002 wurde in den Medien mehrfach von einer Löwin berichtet, welche eine Oryx-Antilope in einem kenianischen Wildpark adoptierte. Sie sorgte und beschützte das Antilopenkalb, obwohl Antilopen normalerweise für Löwen nur als Nahrung dienen.

„Dies ist entweder ein außergewöhnlicher Fall von Mutterinstinkt oder schlicht das achte Weltwunder. Es ist unglaublich", meinte der Wildhüter Herman Mwasaghua dazu.

Im Samburu-Nationalpark hat die Raubkatze im Januar 2002 ein Antilopenkälbchen adoptiert und es vor allen anderen Raubkatzen zwei Wochen lang beschützt. Sie ließ es sogar zu, dass dessen Mutter das Kalb säugte. Leider fand dieses außergewöhnliche Verhältnis ein unschönes Ende: Als die Löwin an einem Fluss Wasser trank, sprang ein anderer Löwe das Antilopenkalb an und tötete es. Nachdem die Löwin dies bemerkt hatte, brüllte sie für Stunden und verschwand aus den Augen der Wildhüter.

Einige Zeit später tauchte sie jedoch wieder auf, als sie einer Antilopenherde folgte.

Am 14. Februar adoptierte sie dann das zweite neugeborene Oryx-Antilopenkalb und nimmt es seither vor den anderen hungrigen Löwen in Schutz. Die Aufseher des Nationalparks unterstützen nun die Bewachungsbemühungen der Löwin. Zuerst hat die Löwin die Mutterantilope an ihr Kälbchen zum Säugen herangelassen, dann aber wieder verjagt.

Der Chefaufseher des Parks sagte der kenianischen Zeitung *Daily Nation*, man sorge sich jetzt um die Ernährung des Antilopenkälbchens. Nach der Erfahrung mit dem ersten Antilopenbaby lasse die Löwin niemanden mehr heran. Sie habe auch die Jagd aufgegeben. Alle Aufseher im Park seien angewiesen worden, alle Raubkatzen von dem ungleichen Pärchen fern zu halten.

Da die Löwin die Mutter der Oryx-Antilope immer nur sehr kurz zum Stillen des Jungen heran ließ, war es bald sehr schwach. Die Wildhüter beschlossen deshalb, das Kalb von der Löwin zu trennen, um es füttern zu können.

Vegetarische Alternativen

Noch ist der Markt an vegetarischen Produkten für Hunde und Katzen sehr klein.

Viele vorhandene vegetarische Hundefutter wurden für Hunde mit einer Fleischallergie oder anderen gesundheitlichen Problemen entwickelt. Ethische Gesichtspunkte scheinen bisher eine untergeordnete (oder gar keine) Rolle gespielt zu haben, wenn Hunde- und Katzenbesitzer nur das „Beste" für ihre Freunde einkauften. Deshalb sind einige dieser Futter hauptsächlich über den Tierarzt erhältlich. Andere Futtermittel dienen lediglich als Ergänzungsfutter zum Fleisch (z.B. Gemüseflocken), wobei diese auch als Grundlage für eine vegetarische Ernährung genommen werden können, wenn man es entsprechend ergänzt (z.B. mit Vegecat/Vegedog). Für nierenkranke Katzen gibt es zwar auch diverse auf Pflanzen basierenden Futterprodukte, allerdings ist keines davon ausschließlich vegetarisch. Die einzige Ausnahme sind hierbei die Produkte der Vegi-Service AG aus der Schweiz.

Bei vegetarischem Hundefutter ist die Auswahl größer. Trockenfutter als Komplettfutter sind bereits in einiger Auswahl erhältlich, zum Beispiel Yarrah, Pitti Boris, Ropomix, Vets for pets, Allco Vegetarian plus, Petino Vega Croq, Regular Vegetalis, Grau Vegeta-Kroketten und -Mix und Bellos Crunchy. Vegetarisches Feuchtfutter für Hunde ist wesentlich schwieriger zu bekommen und wird unseres Wissens nach auch nicht in dem Umfang angeboten. Einer der ersten Hersteller war „The Original Recipe“ mit seinem Produkt „Nature’s Recipe Vegetarian Canine Formula“, welches in fast allen Fachgeschäften erhältlich ist. Daneben gibt es noch „Natural Life Vegetarian Dog Formula“ als Dosenfutter und die Vegusto-Würste für Hunde von der Vegi-Service-AG. Inzwischen wurden sogar vegetarische Kauknochen und Vegi-Ohren zum Drauf-herum-Beißen entwickelt (auch von Yarrah). Vegetarische Leckerli, z.B. Möhrensticks oder Spinat-Gemüsestreifen, sowie diverse Biskuits sind erhältlich. Die Liste ist nicht vollständig und stellt auch keine Empfehlung dar.

Erstaunlicherweise lehnen gerade Tierfutterläden jegliche Diskussion über vegetarische Futtermittel (zumindest für gesunde Tiere) rigoros ab. Deshalb ist es auch sehr schwer, ein gutes vegetarisches Futter auf dem Markt zu etablieren.

Aktuelle Informationen

Da sich der Markt auf diesem Sektor schnell ändert, haben wir Internetseiten eingerichtet, wo Sie aktuelle Informationen zu vegetarischem Tierfutter abrufen können: www.veganimals.de

Wichtige Adressen

Hersteller der Futterzusätze
Harbingers of a New Age (HOANA)
717 E Missoula Ave, Troy MT 59935, USA,
www.vegepet.com

Vertrieb

England
Vegan Society
7 Battle Road, St Leonards-on-Sea
East Sussex TN37 7AA
www.vegansociety.com

Frankreich
l´association Veg´et Chat
70 bis rue Richelieu, 30.000 Nimes
www.vegechat.org

Niederlande
Vega-Life
Postbus 7301, 2701 AH Zoetermeer
www.vega-life.nl

Schweden
Weganaggah Widakring
Stockared, 565 93 Mullsjö
weganaggah@home.se

Italien
Associazone Progetto
Via Copernico 41
20125 Milano
elio@progettogaia.org

Schweiz
Vegi-Service AG
Bahnhofstrasse 52, 9315 Neukirch
Telefon: +41(0)71/470 04 04
kontakt@vegi-service.ch
www.vegi-service.ch

Österreich
Humanitas
Verein für Tierrechte und
Naturschutz
Pb 13, 6866 Andelsbuch
Telefon: +43(0)5512/4344
Fax: +43(0)5512/6066
www.vrz.net/humanitas
(Hier gibt es die Vegusto-Produkte)

Deutschland
Radix Vegan Versand
Neumayerring 17, 67227 Frankenthal
Telefon: +49 (0)6233-319434
Fax: +49(0)6233-319435
www.radixversand.de
(Hier gibt es die Vegusto-Produkte
u.a., die Nahrungsergänzungspulver
auf Anfrage)

Nützliches

www.vegetarisch-einkaufen.de
Wegweiser für den fleischfreien Einkauf

Gesellschaft für ganzheitliche Tiermedizin e.V.
Geschäftsstelle
Dr. Michael Wolters
Dahlienstraße 15
53332 Bornheim-Waldorf
Telefon: +49 (0)2227-7788
Fax: +49 (0)2227-911174
www.ggtm.de
(Adressen von ganzheitlich arbeitenden Tierärzten in Ihrer Nähe)

Aus-, Fort- und Weiterbildung
für klassische Homöopathie in der Tiermedizin
Christiane P. Krüger
prakt. Tierärztin und Naturheilpraktikerin
Ina P. Krüger, Organisation
Höristrasse 5
78337 Öhningen
Telefon: +49 (0)7735/8884
Fax: +49 (0)7735/98848
www.homoevet.de

Tierheim Siegen
Heidenbergstrasse 91
57072 Siegen
Telefon: +49 (0)271-310 620
info@tierheim-siegen.de
www.tierheim-siegen.de

Zum Weiterlesen

Das Imperium der Rinder
Der Wahnsinn der Fleischindustrie
Jeremy Rifkin
281 Seiten, Campus Verlag 2001
ISBN 3-593-36806-4

Ernährung für ein neues Jahrtausend
John Robbins
412 Seiten, Hans-Nietsch-Verlag 1995
ISBN 3929475081

Vegan-Küche
Kochen mit Gemüse und Getreide
Brigitta Klingel
96 Seiten, Südwest Verlag, 1996
ISBN 3517017787

Unsere Katze – gesund durch Homöopathie
Heilfibel eines Tierarztes
H.G. Wolff
152 Seiten, 9., ergänzte Auflage
Sonntag Verlag, 2001
ISBN 3877582613

Unsere Hunde – gesund durch Homöopathie
Heilfibel eines Tierarztes
H.G. Wolff
248 Seiten, 14., verbesserte Ausgabe
Sonntag Verlag, 2002
ISBN 3830490372

Traditionelle Chinesische Medizin für Hunde und Katzen
Ch. Schwartz
324 Seiten, Sonntag Verlag, 2001
ISBN 3877582060

Index

T

U

V

Z

Dank

Dank an alle, die Fotos ihrer Tiere zur Verfügung stellten:
Reto Hintermeister, Karen, Stephanie Kindermann, Isabella Lutz, Renato Pichler, Lars Thomsen und Tierheim Siegen

Bildlegende Rückseite

(von links nach rechts, von oben nach unten)

Cheeky, Border-Collie-Retriever-Münsterländer-Mix, acht Jahre alt, wird seit ihrer neunten Lebenswoche vegetarisch ernährt.

Merlin, sechs Jahre, hat seine vegetarische Karriere gerade begonnen.

Tarabas, anderthalb Jahre alt, wird seit seiner zwölften Lebenswoche vegetarisch ernährt.

Lucky, neun Jahre, lebt seit zwei Jahren vegetarisch, davor fleischarm.

Krümel (links) und Uto, fünfeinhalb und drei Jahre alt, leben seit fünf bzw. zweieinhalb Jahren vegetarisch.

Anja, belgischer Schäfer (Tervueren), wurde als Welpe noch mit fleischhaltigem Trockenfutter gefüttert, danach erhielt sie nur noch vegetarische Kost.

Maike, vier Jahre alt, wird seit zwei Monaten vegetarisch ernährt.

Cora (links) und Rolf, Border-Collies, sieben und vier Jahre alt, leben beide seit drei Jahren vegetarisch.

Cleo, sechzehn Jahre alt, wird seit anderthalb Jahren vegetarisch ernährt.

Miriam, Pointer-Mastino-Mix, acht Jahre alt, lebt vegetarisch seit zwei Jahren, zuvor schon sehr fleischarm.

Snowy, vier Jahre alter Pudel, ernährt sich praktisch sein ganzes Leben lang vegetarisch. Brutus, schwarzer Staffordshire-Terrier, fünfzehn Jahre alt, wurde mit ungefähr fünf Jahren Vegetarier. Sysie, acht Jahre alt, wird seit fünf Jahren vegetarisch ernährt.

Joya, Podenco, ist ca. fünfzehn Jahre alt und wird seit acht Monaten vegetarisch ernährt.

Durch Hilfe beim Übersetzen, Sachverstand und Einsatz haben das Erscheinen dieses Buches hier ermöglicht:
Ute Abele, Peter Beck, Herma Caelen, Andrea Clages, Claudia, Fredy Forster, Sandra Herzog, Petra Jenni, Sylvia Laver, Karin Linsi, Flisvi Mougridis, Stefanie Pech, Renato Pichler, Claudia Pfiffner, Eva Stabenow und Yvonne.